Teoría y práctica
de la historiografía
hispánica medieval

Teoría y práctica de la historiografía hispánica medieval

Edited by Aengus Ward

THE UNIVERSITY
OF BIRMINGHAM

UNIVERSITY PRESS

First published in the United Kingdom by The University of Birmingham Press, Edgbaston, Birmingham, BI5 2TT, UK.

ISBN 0-902459-08-3

British Library Cataloguing in Publication data
A CIP catalogue record for this book is available from the British Library

Printed in Great Britain by Henry Ling Limited

Tabla de materias

Agradecimientos

La publicación del presente libro ha sido posible gracias a la ayuda generosa de la Fundación Cañada Blanch y de la School of Humanities de la Universidad de Birmingham, por lo cual el editor quisiera dar las gracias al Professor Trevor Dadson del Department of Hispanic Studies, University of Birmingham, al Professor Jeremy Lawrance del Department of Spanish and Portuguese, University of Manchester, y al Consejo Asesor de Birmingham University Press. La deuda contraida con Vicki Whittaker y Alec McAulay de la University of Birmingham Press es enorme; agradezco sus esfuerzos y buen humor frente a mis preguntas constantes y las exigencias de la publicación. De la misma manera quisiera dar las gracias por su trabajo no-remunerado y por sus consejos sabios a Manolo Hijano Villegas y a Patricia Plaza.

Introducción

Aengus Ward
University of Birmingham

En julio de 1.996 se celebró en la ciudad holandesa de Utrecht un congreso cuyo fin era reunir a especialistas en historia y historiografía medieval bajo el título de "The Medieval Chronicle / La Chronique Médiévale / Die Mittelalterliche Chronik. El creciente interés por la historiografía medieval llevó a más de ciento cincuenta eruditos a Utrecht donde se debatieron a diario nuevos enfoques sobre los textos medievales. Sin embargo, y posiblemente debido a la ausencia del castellano entre las lenguas oficiales del congreso, el número de ponencias que tocaban temas hispánicos fue notablemente bajo, y ninguna de ellas había de aparecer en las Actas del congreso, publicadas en 1.999. La impresión dada, de que poco interés había en el mundo hispano por la fructífera e interdisciplinaria combinación de métodos tradicionales e ideas nuevas que tantos beneficios ha reportado al estudio de la crónica medieval, era, y es, errónea. Pero a pesar de los trabajos espléndidos de algunos estudiosos, entre los cuales destacan Diego Catalán, Inés Fernández-Ordóñez, Georges Martin y Leonardo Funes, se ha dedicado poco espacio hasta ahora al estudio de los textos 'historiográficos' como tal, es decir, como lugar dinámico y fluido donde la teoría y la práctica de la historia conviven en forma de textos manuscritos abiertos a análisis textuales de todo tipo. O para desarrollar una idea que aparece en el libro magistral de Georges Martin, donde 'discours' y 'histoire' se encuentran y se influyen mutuamente. Por supuesto, el presente libro no pretende llenar el vacío percibido. Sin embargo, sí puede ayudar a crear un espacio en el cual múltiples y diversas lecturas de los textos históricos medievales puedan florecer.

Los estudios reunidos aquí tienen en común una preocupación con la teoría y la práctica por medio del examen de la forma y los contenidos de algunos textos medievales hispánicos, mayoritariamente crónicas. El hispanismo ha dedicado más esfuerzo al estudio filológico, al establecimiento de los textos, a la relación entre los códices, que al tipo de estudio que arroja luz sobre las estructuras de poder y los contextos que forman los textos. Sin embargo, el presente tomo no intenta compensar tal desequilibrio y presentarse como un ejemplo del segundo tipo de estudio. Teoría y práctica, pues, en este contexto tienen un sentido bastante amplio. Se reconoce el valor de todos los enfoques. Y si el intento de aproximarse a la realidad textual medieval necesariamente tiene que fallar, se espera que dicho intento, como diría Samuel Beckett, falle lo mejor que pueda, al utilizar todos los recursos disponibles. La imagen que nos proporcionan las herramientas de la historia, de la crítica literaria y textual, de la codicología etc. por muy provisional que sea, por su propia naturaleza interdisciplinaria tiene que ayudarnos a comprender mejor el objeto de estudio.

Últimamente se ha empezado a apreciar las posibilidades ofrecidas por el espacio liminal entre la historia y la ficción donde existe la crónica medieval. Si antes lo más importante era la aproximación del contenido de la crónica a la verdad/realidad histórica, y la consecuente descalificación de los textos que suspendieron el examen de autenticidad, ya no es posible dejar al lado ningún testimonio, por muy inverosímil que parezca su contenido. No es que los estudiosos ignoren el aspecto referencial de la lengua, pero si la historia tiene que ser más cuestión de discursos que de hechos, no hay mejor ejemplo del discurso histórico que la crónica, que a la vez que reclama su poder referencial deja al descubierto los procesos y las estructuras que lo forman, incluso cuando niega la existencia de tales procesos y estructuras. Y es el conjunto de elementos que contribuyen a la formación de este dicurso histórico lo que proporciona la materia prima de este libro. Reconocer la validez de todos los enfoques no es más que el primer paso. Apenas hay una crónica hispánica medieval de la cual podamos decir que las relaciones textuales se han establecido más que de manera parcial, los ejemplos de la *Estoria de Espanna* y las crónicas de López de Ayala son las excepciones que prueban la regla de que en el ámbito de la codicología queda mucho por hacer. Una vez identificados los textos se nos presenta la tarea de analizarlos, de identificar qué nos cuentan del mundo que los produjo y del mundo que produjeron y siguen produciendo. Como ejemplo de estudio de este tipo tenemos la obra incomparable de Georges Martin sobre los jueces de Castilla; decir que hay pocos estudios de este tipo no es menospreciar lo que sí se ha escrito sino reconocer que en este campo también queda mucho por hacer. Y, finalmente, las herramientas poderosas de la crítica literaria podrán añadir sus resultados a nuestros conocimientos del discurso histórico. Muchos son los esfuerzos que se han gastado en el análisis de las obras alfonsinas como objeto de estudio literario, pero la tradición castellana (por no hablar de la leonesa, portuguesa, aragonesa etc.) es muy amplia y los monumentos de la historiografía hispánica son numerosos, ¿cuánto más podría añadir a nuestro conocimiento del discurso histórico medieval hispánico un análisis detallado de la retórica, de la textualidad, de la narrativa y de los recursos para- y intertextuales de los múltiples textos historiográficos que inéditos reposan en los archivos?

Huelga repetir que esta colección de estudios no pretende ser exhuastiva. Lo que sí tiene como objetivo es ofrecer una visión de la riqueza de la tradición historiográfica hispánica, e ilustrar cómo los diferentes métodos de análisis podrán ampliar nuestro conocimiento de los textos y de la textualidad, de su forma y de su contenido, en fin, de la teoría y de la práctica. Y cabe notar que en la segunda edición del congreso de Utrecht, en julio de 1.999, el número de ponencias sobre las crónicas hispánicas y el número de sesiones dedicados en exclusiva a los textos peninsulares había aumentado hasta constituir una presencia ya notable, no solo por su envergadura numérica sino también por la calidad de los debates que generaron.

El artículo de LEONARDO FUNES cabe perfectamente no sólo en las líneas generales del presente tomo sino también en el marco de los trabajos sobre historiografía que este estudioso viene compilando en los últimos años. Su mirada es bien amplia: se propone examinar la contienda entre el poder real y el poder noble reflejada en la producción historiográfica y en los textos legales desde mediados del siglo trece hasta finales del siglo catorce. Su propósito no es el de demostrar cosmovisiones diferentes en las obras medievales sino manifestar como la práctica de la historia medieval responde no sólo a una serie de presupuestos teóricos sino que también al proyecto político que le sirve de impulsor, y, por supuesto, a las relaciones de poder que condicionan su producción y consumo. Mediante un análisis tripartito de los contextos históricos e historiográficos el autor lleva a cabo un estudio de la dinámica producida por las relaciones políticas en la corona de Castilla y su reflejo en los textos históricos y legales que sirvieron de campo de batalla gráfica en las guerras continuas entre corona y nobleza hasta que el canciller pudiera reconciliar los diversos hilos narrativos para elaborar una nueva forma de narrativizar el pasado a finales del catorce. El proyecto historiográfico se nos presenta como un proceso dinámico; una re-elaboración constante de fuentes que representa una amplia gama de funciones ideológicas. En su exposición del tema el Dr. Funes enfatiza la inseparabilidad de forma y contenido, y la importancia de la historia como fuente de la ley, y a la vez resalta el papel fundamental de la *fazaña* en la historiografía medieval.

La misma noción del pasado al servicio del presente es clave en el artículo de MANUEL HIJANO VILLEGAS. Su estudio abarca una investigación de las múltiples teorías según las cuales es posible analizar los textos históricos medievales, y una explicación a la luz de dichas teorías de un texto en concreto, la *Estoria del fecho de los godos*. Se interesa al principio por el establecimiento del texto histórico como género, lo cual ya implica enfrentarse a la dinámica poder/historia que desempeña un papel subyacente, aunque no por ello menos importante, en la construcción de cualquier texto histórico. Partiendo de un enfoque barthesiano sobre la historia, se plantea la cuestión de las convenciones de la historiografía hispánica medieval; la naturaleza del discurso histórico; la naturaleza autoreflexiva del mismo y la cuestión de la autoridad. De la misma manera surgen problemas de coherencia narrativa y organizativa de las crónicas medievales, exemplificados en la *Estoria*. Establece una lectura de la crónica según los trabajos de Hayden White que indica una *closure* propia tanto de las crónicas como de la textualidad medieval en general. Al final busca una manera de leer tales textos dentro de los contextos de producción de los mismos, que evita los juicios de valor, y que explica la práctica de la historiografía 'alfonsina' del siglo quince no únicamente en función de la teoría explícita de sus fuentes sino también en términos de la teoría implícita en su confección.

Otro producto del siglo quince castellano que parece formar parte de la tradición alfonsina, sin haber merecido por ello la atención de la crítica, es el llamado *Arreglo toledano de la crónica de 1344*. Dicha crónica sirve de punto de partida de un examen de teoría y práctica de la historiografía en el estudio de AENGUS WARD. A base de la premisa que hay que tratar cada texto por sus propios méritos y no por su aproximación (o falta de ella) a un original canónico, el estudio desarrolla una lectura detallada de la crónica en cuestión, por la cual se trata al texto como medio de acceso a otro mundo y como artefacto literario. La relación entre teoría y práctica está, una vez más, implícita en la organización del texto, en lo que se incluye y en lo que queda excluido en los diversos procesos de editar. La lectura revela una composición compleja que indica diversos baluartes ideológicos y estructuras de poder en un texto que, superficialmente, parece concordar con los demás productos de la misma tradición. En concreto el estudio examina el contenido y forma de la crónica bajo cinco categorías, enfatizando la indivisibilidad de los dos y su naturaleza sútil y dinámica que desemboca en textos fluidos que responden a contextos de producción muy diferentes. La diversidad de dos códices extantes de lo que ha sido tratado como texto único por la crítica confirma la premisa principal y pone en duda la clasificación tradicional, y sobre todo los *stemma codicum*, según la cual ha sido organizado hasta ahora el estudio de las crónicas medievales.

Un examen de la adaptación de la tradición 'épico-romanesca' a la historia portuguesa narrativa en prosa es el enfoque principal del artículo de ISABEL BARROS DIAS. Mediante un estudio detallado de varios episodios de índole legendario, y especialmente la humillación de Egas Moniz frente a Alfonso VII y las actividades de Afonso Henriques que constituyen las orígenes del reino de Portugal, desvela la manera en que los mismos temas pueden ponerse al servicio de fines distintos, y, a veces, opuestos. Del mismo modo, el estudio deja al descubierto una serie de paralelismos entre la forma y contenido de los productos historiográficos portugueses y castellanos/leoneses. En concreto, se comenta el hecho de que los mitos de origen del condado de Castilla (y sobre todo las leyendas acerca de la figura del conde Fernán González) pudieran haber servido de modelo para la construcción de un pasado portugués igualmente glorioso y admirable encarnado en la persona del primer rey, Alfonso Henriques. La ambiguedad inherente en tales leyendas proporciona la oportunidad de manipularlas a beneficio de posturas ideológicas bien distintas de las originales. Es más, la adaptación de materiales castellanos, y su referencia implícita a autoridades ajenas, conlleva un cambio notable de retórica. Como muestra el autor, la pluralidad de lecturas consecuentes puede ser un arma de doble filo en la construcción de un pasado ideal. Al final el artículo trae a nuestros ojos un ejemplo perfecto de la teoría medieval llevada a la práctica, una práctica en la cual la naturaleza ideológica de la fuente apenas importa ya que materiales muy diversos se ven adaptados a múltiples realidades históricas e historiográficas.

El tema de la incorporación de materiales de origen épico vuelve al escenario y le proporciona a FERNANDO GÓMEZ REDONDO la oportunidad de sacar a la luz la naturaleza de una crónica medieval, en este caso la materia cidiana en la *Estoria de Espanna*. Una inspección minuciosa de los pasajes en los que se narra la vida del Cid, procedentes tanto de fuentes historiográficas como épicas, lleva al autor a unas conclusiones interesantes y originales sobre el tema. El artículo toca muchos de los asuntos generales que se ven comentados en los otros artículos del presente libro: el reflejo de los varios contextos en la producción historiográfica, la contienda entre nobleza y corona; y presenta unos más: la defensa de los derechos castellanos frente a la curia leonesa y su impacto sobre los textos, la busqueda de orígenes y la cuestión problemática de la recepción de los textos épicos e historiográficos. El examen del texto pone al descubierto cuatro fases en la constucción del Cid alfonsí, conclusión basada no solo en las fuentes utilizadas sino también en un estudio de la retórica y formulas utilizadas a lo largo de los episodios cidianos. El intento de redacción de la versión en prosa se convierte una vez más en un proceso creativo cuyo fin es el estabecimiento de la historia y la deconstrucción del cual desvela unas tensiones ideológicas entre las fuentes, un tensión inevitable dados los lazos estrechos entre ideología y narración.

La *General Estoria* es una crónica calificada por la crítica de fundamental para el estudio de la historiografía alfonsina y hispánica y que, sin embargo, raras veces merece atención detallada. El artículo de INÉS FERNÁNDEZ-ORDÓÑEZ empieza la ardua tarea de rescatar la crónica del olvido, y al mismo tiempo se acerca al tema de la teoría y práctica de la historia desde una óptica bien distinta de la de los demás trabajos de esta colección. El problema planteado es sencillo: en contraste evidente con la *Estoria de Espanna*, y a pesar de los esfuerzos del Hispanic Seminary of Medieval Studies, falta una edición realmente crítica del texto completo. La edición de Solalinde, continuada por Kasten y Oelschläger, excelente donde las hay, no solo es incompleta sino que en la segunda parte no empleó métodos suficientemente exigentes en el examen de códices para ser del todo fiable. Empezando el trabajo de establecer el mejor texto de la *General Estoria* con la misma segunda parte, la Dra. Fernández-Ordóñez lleva a cabo examen de los códices que se transforma en un *tour de force* codicológico que aclara la confusión hasta ahora reinante. Su estudio realza el valor de todos los manuscritos, incluso los que han sido descartados por poco fiables, y demuestra que cualquier intento de comprender la historia medieval y su manifestación escrita tiene que ser parcial si no toma en cuenta la multiplicidad de los testimonios gráficos. Al mismo tiempo destaca la importancia de las descripciones internas y externas, reveladas por los métodos filológicos.

La recepción de los textos históricos sirve de contexto general para el trabajo de María del Mar de Bustos Guadaño sobre la crónica de Ocampo. Utilizando las herramientas de la filología, y sobre todo las de la codicología, traza la génesis de la obra que había de ser el acceso principal a las crónicas alfonsinas durante siglos. Puestas al servicio de un proyecto humanístico, y por lo tanto ya no medieval, las estorias alfonsinas, y en especial la versión llamada *Crónica General Vulgata* pudieron demostrar su vitalidad casi trescientos años después de su composición original. El hecho de que el mismo Ocampo no sospechara que la versión que publicó distaba mucho de parecerse a la versión regia del trescientos nos dice ya mucho de la transmisión de los textos de esta índole. Basándose en una investigación precisa del texto fuente y sus varias secciones, la autora puede mostrar que la versión ocampiana compuesta de una multiplicidad de tradiciones, no es de las más autorizadas, pero aún así llega a la cumbre de la autoridad historiográfica hispánica. Y lo que puede decirse de los procesos compilatorios del cronista de Carlos V igualmente aplica a toda la tradición de la *Crónica General Vulgata* en donde encuentra su inspiración: la práctica de la historiografía responde a determinados principios teóricos, frecuentemente más implícitos que explícitos eso sí, pero cualquier estudio de las crónicas tiene que reconocer que la recepción y las expectativas de los recipientes son también factores importantes en la construcción del discurso histórico.

El trabajo de Juan Carlos Conde tiene como foco principal un género de importancia capital para la historiografía medieval: el de la historia universal, entendido como la historia del mundo en su totalidad. Las obras de nombres tan ilustres como Hayden White, Roland Barthes y Paul Ricœur proporcionan al autor un trasfondo teórico para explicar el fenómeno de la historia universal y, en concreto, uno de sus más notables ejemplos *Las siete edades del mundo* de Pablo de Santa María. Coloca el texto de Santa María en una tradición amplia, que incluye tales obras como las de Eusebio, Juan de Bíclaro, San Isidoro y la *General Estoria* alfonsina, para luego mostrar que el referente de la historiografía no es factual sino textual, en la medida en que cada escritor se basa en otros relatos precedentes. El autor resalta la importancia de este tipo de referente en el texto de Santa María y así deja al descubierto la manera en que textos medievales construyen su universo.

La composición y, como se demuestra aquí, la recomposición de los textos medievales, y sobre todo las crónicas, nos proporcionan una riqueza textual por medio de la cual tenemos acceso a otro mundo. La naturaleza de estos textos, su producción y re-producción constante, su matización según determinados condiciones y contextos ideológicos, su fuerza moral en tanto que ilustración ejemplar del pasado, nos sirve de material idóneo para el estudio de la cultura medieval en general y la construcción de discursos e identidades oficiales en particular. Pero para fallar mejor en nuestro intento de aproximarnos a la gama de posibilidades que nos ofrecen estos textos es preciso disponer de todas las herramientas posibles, quizá podemos aquí mostrar la utilidad de algunas de ellas.

Dos versiones antagónicas de la historia y de la ley: una visión de la historiografía castellana de Alfonso X al Canciller Ayala

Leonardo Funes
Universidad de Buenos Aires
SECRIT-CONICET

El vasto corpus cronístico que hoy testimonia la actividad historiográfica castellana desplegada en el lapso que va desde Alfonso X hasta el Canciller Ayala, es decir, desde el último tercio del siglo XIII hasta finales del siglo XIV, posee rasgos de parentesco suficientes para ver en él un proceso perfectamente acotado, cuyas líneas de evolución han sido interpretadas diversamente por la crítica.[1]

Me propongo aquí ofrecer otra interpretación de tal proceso, que tendrá, lógicamente, puntos de contacto y divergencias con las explicaciones circulantes, pero que se diferencia por fundarse en el enfoque de la interrelación entre lo jurídico y lo historiográfico y situarse en el marco del antagonismo entre el pensamiento regalista y el pensamiento aristocrático. Dentro de la problemática delimitada por tales cuestiones, me interesa ahondar en dos aspectos: el específicamente histórico-literario de la evolución de los modelos y formas historiográficas del período y el aspecto discursivo de la producción del relato histórico. En ambos casos, el cruce de lo ideológico y de lo formal funcionará como guía de lectura e indagación.

Este proyecto tuvo su punto de arranque en un estudio particular de la leyenda sobre los dichos blasfemos de Alfonso el Sabio.[2] En el rastreo de las varias versiones de la leyenda y sus diversas manipulaciones desde finales del siglo XIII hasta finales del siglo XV, se fueron aclarando los perfiles del cuadro más amplio en que este relato legendario se inserta. Aventuraba en esa oportunidad una hipótesis de tal cuadro, apenas vislumbrado, que la investigación posterior me permitió confirmar en parte y corregir en igual medida. Quizás, como entonces, convenga una advertencia previa: el entramado textual, integrado por crónicas, compilaciones jurídicas, leyendas y otras formas narrativas, representa la dimensión discursiva de una secular contienda político-social, pero este conflicto básico no debe crearnos la falsa impresión de estar ante dos ideologías enfrentadas. Un mundo ideológico escindido de modo irreconciliable, como puede ser para nosotros capitalismo y comunismo, era impensable en el imaginario político medieval. Todos los actores de esta contienda tenían la convicción de participar de una misma cosmovisión, de una misma escala de valores. Tanto las conductas políticas como las culturales seguían el patrón (paradójico a nuestros ojos) de ocultar la proliferación de diferencias bajo la apariencia de lo mismo.[3]

El punto de arranque de este proceso es, desde luego, la labor de las escuelas alfonsíes, en especial el grupo de cronistas reunidos en el llamado taller historiográfico y el grupo de juristas y letrados que tuvieron a su cargo las diversas compilaciones jurídicas; todos ellos trabajando según las pautas generales del proyecto político-cultural diseñado por Alfonso X.

Hablar aquí de 'proyecto' implica poner el acento en la existencia de un meditado programa de acción política, cuya impronta intelectual fue tan profunda como escasa su dimensión pragmática y su comprensión de las condiciones históricas concretas. 'Proyecto' debe entenderse, pues, como concepción teórica, diseño abstracto, pero también como intento de aportar racionalidad al ejercicio del poder.[4] Alfonso se proponía transformar la organización feudal del reino (con las peculiaridades conocidas) en un sistema que Maravall denomina 'corporativo de base territorial'.[5] Esto significaba cambiar la naturaleza misma del lazo social: ya no la relación personal señor-vasallo y su multiplicación en una estructura piramidal, sino la relación global del rey con su pueblo. El reino es concebido como un *corpus* del que los diferentes grupos sociales son los miembros y el rey es la cabeza, el corazón y el alma. De este modo, a la organización estamental (que el pensamiento alfonsí resignificó en sentido opuesto al original, coadyuvando al fortalecimiento y no a la disgregación del poder central) se superponía la noción de pueblo (conjunto de los habitantes de un reino sin distinción social), de la misma manera que a la condición de vasallo se superponía la de súbdito. En suma, con Alfonso X alcanza su expresión más acabada la concepción regalista del poder, la que pronto, por el impacto de la nueva situación que genera la controvertida elección imperial de Alfonso y sus esfuerzos por hacer efectiva la investidura imperial romano-germánica, derivará en una concepción universal del señorío regio que trasciende las condiciones particulares del reino castellano.

Las compilaciones historiográficas (*Estoria de España*, *General estoria*) y jurídicas (*Fuero Real*, *Espéculo*, *Libro del fuero de las leyes*, *Siete Partidas*) funcionaron, *grosso modo*, como legitimación y fundamento del nuevo orden proyectado. La Ley y la Historia venían a confluir en la justificación de la voluntad de Alfonso por imponer su idea de la Justicia y del Poder.

En el momento de iniciar su tarea, los letrados de la corte alfonsí ingresaban en un terreno jurídico e ideológico dominado por el particularismo señorial de la nobleza y el localismo foral de los centros urbanos: su concepción regalista venía a terciar en la contienda, según queda plasmado en los prólogos del *Fuero Real* y del *Espéculo*, donde se argumenta que con esos textos el rey viene a remediar la mengua de justicia que representan los fueros locales y el derecho consuetudinario de la nobleza:

> E por ende nos don Alfonso [...] entendiendo que muchas villas et muchas çibdades de nuestros rregnos non ouieron fuero fasta en el nuestro tienpo e iudgáua[n]sse por fazannas e por aluedríos departidos de los omnes et por usos desaguisados e sin derecho, de que uienen muchos males et muchos dannos a los omnes e a los pueblos, [...] diémosles este fuero que es escripto en este libro [...].[6]

> E por ende nos don Alffonso [...] entendiendo e veyendo los males que nasçen e se leuantan en las tierras e en los nuestros rregnos por los muchos ffueros que eran en las villas e en las tierras departidas en muchas maneras, que los unos sse iulgauan por ffueros de libros minguados e non conplidos e los otros se iudgan por ffazanas dessaguissadas e ssin derecho [...] ffeziemos estas leys que sson escriptas en este libro [...].[7]

Por cierto que, así como la obra jurídica alfonsí se nutre de la tradición foral y del derecho romano y canónico, su obra historiográfica aprovecha (dentro de un abanico amplísimo de fuentes) la tradición cronística hispano-latina, en especial sus obras culminantes, el *Chronicon mundi* del obispo Lucas de Tuy y el *De rebus Hispaniae* o *Historia Gothica* de don Rodrigo Ximénez de Rada, arzobispo de Toledo, terminadas en 1236 y 1243 respectivamente. Sin embargo, un antecedente más inmediato y en lengua romance pudo servir de inspiración directa de la puesta en relación de lo jurídico y de lo histórico en el diseño amplio del proyecto alfonsí: me refiero a la *Crónica de la población de Avila*, compuesta aparentemente en los inicios del reinado de Alfonso X y precisamente dirigida al propio rey. De acuerdo con Fernando Gómez Redondo, a quien debemos los comentarios más interesantes de esta obra, se trata de una compilación de sucesos, un relato híbrido que echa mano de 'fazañas' de esfuerzo militar y 'estorias' de concepción caballeresca y adopta la apariencia de una crónica, cuando en realidad se trata de la reclamación de un derecho forístico. El texto es a la vez el registro de los hechos notables y del pasado digno de memoria de una comunidad, y también la recopilación de antecedentes y méritos que fundamentan el alegato en favor de la confirmación regia de fueros, privilegios y libertades.[8] Es muy probable que leyendo este texto Alfonso X se haya percatado de esta fructífera y eficaz colaboración de lo jurídico y lo histórico en la justificación y legitimación de aspiraciones en última instancia políticas.

La especificidad del modo alfonsí de exponer su versión de la Ley y de la Historia se apoya en tres aspectos pertenecientes a dimensiones muy diversas de la elaboración discursiva.

Primero, el momento (político) de la enunciación. Se sabe que hay dos situaciones básicas a partir de las cuales se escribe la historia: la victoria y la derrota. Desde una situación victoriosa la historiografía justifica y legitima una hegemonía de hecho. Desde la derrota, la historiografía permite continuar la lucha por otros medios, reivindica una causa perdida, racionaliza los motivos de la derrota y denigra la legitimidad de los vencedores. Pero Alfonso X habla, en principio, desde otra situación: la que delimita un *proyecto* de hegemonización. En otras palabras: un *antes* y no un *después* de que el conflicto se dirima fuera del discurso; una instancia, pues, abierta a la victoria o a la derrota. Cuando Alfonso X enuncia la Ley y la Historia lleva a cabo una *acción discursiva* que acompaña la práctica política de administrar el poder y transformar sus términos. Pero, como sabemos, la actividad cronística y legislativa no fue una acción puntual sino que constituyó un proceso en sí misma: es por eso que los avatares de la práctica política llevaron a que las instancias finales de ese proceso sí fueran enunciadas desde una situación de derrota. Tal sería el caso de la llamada *Versión crítica de la Estoria de España*, reelaboración hecha entre 1282 y 1284, cuando el rey ha sido despojado del poder por un levantamiento general del reino en favor de su hijo don Sancho.[9] También sería el caso del *Setenario*, en el ámbito legislativo, si aceptáramos el carácter tardío de esta obra, cada vez más discutido en la actualidad.[10]

En segundo lugar, el modo de elaboración de estos discursos. Me refiero aquí al hecho de que en ambos casos nos encontramos con textos siempre *en obra*, en constante reescritura; textos en los que nunca se arriba a un punto final. La revisión permanente provoca la proliferación de versiones, origen a su vez de una frondosa tradición textual que hace tan difícil hoy nuestra comprensión de las distintas etapas de esta tarea colectiva. Este modo de elaboración les da el mismo carácter de proyecto: las compilaciones alfonsíes se quedan en proyecto (cada vez más ambicioso y, por ello mismo, cada vez más impracticable) y no alcanzan jamás una realización plena.

Por último, la fuerte impronta didáctica. Tanto el relato histórico como la exposición doctrinal y la formulación prescriptiva de la ley están dominados por el didactismo, lo que se explica, en principio, por la pertenencia a la gran empresa didáctica que es el proyecto cultural alfonsí, apoyado en el uso de la lengua romance y en el hincapié en la ciencia y el saber. Esta operación pedagógica en gran escala buscaba, en principio, formar cuadros para cubrir los puestos oficiales requeridos por una administración centralizada; pero también buscaba consenso: si el régimen impulsado por Alfonso era racionalmente superior al sistema señorial vigente, entonces un pueblo más educado y, por lo tanto, más inclinado al pensamiento racional, espontáneamente daría su adhesión al proyecto del rey.[11]

En esta etapa inicial del proceso que intento reseñar, el punto de encuentro de lo jurídico y de lo historiográfico será el didactismo, la voluntad pedagógica de la corte letrada alfonsí, poseedora del saber y ansiosa por comunicarlo. En el caso de los códigos, el *Espéculo*, el más interesante para nuestro propósito, no aborda lo estrictamente jurídico hasta el libro IV; antes explica paso a paso y argumenta pacientemente qué son las leyes, cómo deben ser, cómo se deben entender, obedecer, guardar, quién puede dictarlas y por qué. El discurso sigue un orden, organiza sus partes, ilustra con semejanzas, manifiesta, en fin, la voluntad estilística de adoctrinar y no simplemente de formular una norma obligatoria. Paralelamente, el modelo historiográfíco alfonsí, según lo he caracterizado en otro lugar, se afirma en el estrecho lazo entre la línea de la Historia como encadenamiento de los Grandes Fechos de los Altos Omnes y la línea de la Política como inventario de las conductas adecuadas para el ejercicio del poder. Entre ambas coordenadas se configura el hecho narrado y su sentido: así como el acontecimiento se moldea narrativamente mediante su actualización y adaptación a las prácticas contemporáneas del rey Alfonso (proyección de la Política en la Historia), así también los acontecimientos ofrecen claros modelos positivos y negativos para esa praxis contemporánea (proyección de la Historia en la Política).[12] De modo que, sea por vía legislativa o por vía historiográfica, el objetivo es imponer normas de conducta social que generen las condiciones necesarias para el establecimiento de un nuevo orden socio-político. Probablemente se relacione con este objetivo un rasgo primordial de los textos alfonsíes (que involucra también a las obras científicas): su carácter auto-explicativo. Me refiero a que, sea cual fuere la materia, el texto aspira a proveer toda la información necesaria para una correcta comprensión, sin remisiones a otros textos ni datos presupuestos: el discurso acoge racionalizaciones, glosas etimológicas, relato de antecedentes y consecuentes, manifestando una confianza absoluta en el poder didáctico de la escritura. Así como en el prólogo del *Libro de las armellas* o de la *Açafeha* se nos dice que el rey Alfonso ordenó a su 'sabio Rabiçag el de Toledo que le fiziesse bien conplido et bien llano de entender' para que cualquiera pudiera usarlo fácilmente,[13] es lícito conjeturar que un mandato semejante impulsa la redacción de los textos legales y cronísticos.

La nobleza, principal perjudicada por el nuevo orden socio-político que intentaba imponer Alfonso X, reaccionó violentamente en defensa de sus privilegios. Podría proponerse como punto inicial de esta etapa la llamada Conjuración de Lerma (1271–1272). Por supuesto que desde los mismos inicios de su reinado Alfonso debió afrontar la rebeldía de algunos nobles y de algunos miembros de la familia real, pero se trataba de cuestiones particulares y ambiciones personales (así, por ejemplo, el favoritismo regio por don Nuño González de Lara provocó el descontento de don Diego López de Haro, señor de Vizcaya, que se alió con el infante don Enrique a comienzos de 1255; con la venia de Jaime I de Aragón iniciaron una revuelta que terminó con el exilio del infante don Enrique y el sometimiento de los rebeldes en Orduña, a finales de ese mismo año). Pero el conflicto que se manifiesta en Lerma y que perduraría hasta el fin del reinado de Alfonso tuvo características más generales y profundas: la nobleza en su conjunto impugnaba las innovaciones alfonsíes en materia legal e impositiva, manifestaciones más inmediatas e irritantes de la concepción regalista del poder. El problema sucesorio derivado de la muerte del infante don Fernando de la Cerda (1275) complicaría aún más las cosas: por acumulación de conflictos, ya no habría paz interna en Castilla hasta la consolidación de la dinastía Trastámara luego de la guerra civil entre Pedro I y Enrique II, con los breves intervalos de los años finales del reinado de Sancho IV (1290–1295) y el último decenio de Alfonso XI (1340–1350).

Por cierto que detrás de la rebelión nobiliaria no hubo un proyecto político parangonable al proyecto alfonsí. Salvador de Moxó dice al respecto:

> ¿Llegó a poseer la nobleza vieja en Castilla un ideario político consciente, definido y homogéneo, como parece lo tuvo en el reino aragonés con los nobles agrupados en la Unión? La endeblez del contractualismo feudal y con ella una falta de institucionalización de los deberes de la nobleza fueron factores de los que se resintió probablemente la estructura política castellana.[14]

Sin embargo, el propio de Moxó concede que, más allá de la suerte de determinados linajes de la aristocracia, perduraron plenos de vitalidad el concepto y el prestigio de la nobleza como cuerpo político-social. A ello colaboró sin duda la presencia dominante de la impronta caballeresca en el sistema de géneros discursivos del Trecientos castellano. De modo que, aunque no haya alcanzado a formularse un ideario político como tal, es posible inferir sus líneas ideológicas fundamentales en toda una masa de discursos (literarios, historiográficos, jurídicos, sentenciosos, legendarios, genealógicos). Con esta convicción, y enfocado en la conexión histórico-jurídica, propongo este esbozo de lo que sería segunda fase del proceso en estudio.

Antes del último cuarto del siglo XIII ninguna versión nobiliaria de la historia o del derecho alcanzó la formalización del registro escrito. Tanto la producción historiográfica hispano-latina como los primeros intentos de la historiografía romance provenían del ámbito regio o del ámbito eclesiástico. Me atrevo a conjeturar, pues, una suerte de prehistoria de la historiografía y del derecho nobiliarios, de carácter oral, que abarcaría aproximadamente la segunda mitad del siglo XII y los dos primeros tercios del siglo XIII (aunque, en rigor, para el derecho habría que remontarse a los 'usos de la tierra' en los remotos orígenes de Castilla como zona fronteriza del reino astur-leonés).

En el ámbito de la historia, se habría tratado de un conjunto amorfo de anécdotas y de leyendas atribuidas a figuras notables de los principales linajes de la nobleza vieja (los Lara, los Haro, los Castro). Una huella posible de este tipo de relatos puede encontrarse quizás en la propia *De rebus Hispaniae* del Toledano. Al relatar el problemático comienzo de la minoría de Alfonso VIII, la crónica inserta, entre otros, los siguientes episodios:

> Inter hec autem Guterrius Fernandi uitam finiuit et in monasterio sancti Christofori de Eueis fuit sepultus. Et comes Amalricus in continenti peciit terram a nepotibus Guterrii Ferdinandi, et illi usque ad quintum decimum annum pueri iuxta statutum regis Sancii patris sui reddere noluerunt. Vnde et ipsi corpus Guterri Fernandi inhumaniter exhumantes de prodicione nisi terram restituerent, dicentes quod rex ab ipso nunquam pecierat terram suam, unde iam mortuus non poterat criminari; et sententia curie absolutus proprie restituitur sepulture.[15]

En el mismo capítulo se cuenta cómo el conde Manrique se compromete a entregar el rey niño a Fernando II de León, pero luego deja que el rey niño se escape, anteponiendo la libertad de su señor natural a la promesa y homenaje formulados al rey de León:

> Tandem cum rex Fernandus comitem Amalricum presencialiter reputaret, comes Amalricus sic dicitur respondisse: "Si sum fidelis aut proditor aut aleuosus, nescio, set quocumque modo potui, tenellum puerum dominum meum a seruitute indebita liberaui, cum sim eius dominii naturalis". Ad hec omnium iuditio est ab imposito crimine absolutus.[16]

Creo que el Toledano (y reconozco que la hipótesis es indemostrable) está aprovechando aquí algunas de esas anécdotas o relatos legendarios que los principales linajes se preocupaban por conservar y difundir oralmente para reafirmación de su prestigio.[17] No deja de ser interesante que estos episodios tengan precisamente un carácter jurídico: se plantea un caso, se resuelve con una sentencia; adopta, pues, la forma narrativa de una *fazaña*.

En el ámbito de la ley, sabemos que la nobleza se regía por el llamado derecho territorial castellano.[18] Hasta la época de Alfonso X, la función legislativa estuvo en manos de los jueces, que con sus sentencias iban estableciendo jurisprudencia. Castilla fue, así, la tierra del 'fuero de albedrío', expresión que parece referirse a la facultad de sentenciar por fazañas. Por esta vía se fue constituyendo una masa considerable de derecho territorial, de carácter disperso y amorfo y de tradición oral.

La profunda transformación jurídico-institucional impulsada por el Rey Sabio significó un arrinconamiento de este derecho consuetudinario:

la recepción de los derechos extranjeros (romano y canónico), la redacción de fueros municipales extensos, la acotación de la función judicial a la mera aplicación de la norma jurídica contribuyeron al desconocimiento del papel de la costumbre como fuente del derecho. Como reacción frente a este estado de cosas, la nobleza impulsó la redacción y fijación por escrito de este derecho: sus letrados se dedicaron a elaborar y compilar sentencias judiciales, privilegios reales y prescripciones consuetudinarias. El resultado conservado de esta labor fue un grupo de obras, algunas extensas, que aspiran a recoger el antiguo derecho en su conjunto, y otras breves, que sólo tratan aspectos específicos o extractan el contenido de las extensas. Estas obras se conservan en un códice formado en época de Pedro I y no antes de 1353, el MS Biblioteca Nacional, Madrid, 431.[19] Se trata del llamado *Libro de los fueros de Castilla*, que ocupa los fs. 2–105v; consta de 305 capítulos, sin ordenamiento en títulos ni libros; según Galo Sánchez, fue redactado en Burgos a mediados del s. XIII y constituyó la primera tentativa de redacción global del derecho territorial. También de un texto breve titulado 'Deuysas que an los señores con sus vasallos' (fs. 106 a 121v), que consta de 36 caps. y contiene el derecho de las behetrías. Por último, otro texto breve que la crítica identifica como *Pseudo-Ordenamiento de Nájera II* (fs. 122–163) y que aparece con el título de 'Libro que fezo el muy noble Rey don Alfonso en las cortes de Nagera de los fueros de Castiella'; son 110 caps. tomados del *Fuero Viejo* y refleja la fase más antigua de su redacción anterior a 1356, probablemente realizada en Burgos en la segunda mitad del siglo XIII. En el contexto de la explicación histórica que estoy esbozando, me atrevo a proponer una datación de estos textos contemporánea de la rebelión nobiliaria concertada en Lerma (h. 1270, pues) o, en todo caso, no anterior a la difusión del *Fuero Real* (es decir, no anterior a 1255).

La reacción nobiliaria contra la empresa político-cultural alfonsí en el ámbito historiográfico se plasmaría a lo largo de un período que arrancaría en fecha inmediatamente posterior a la muerte del rey Sabio (1284) y llegaría hasta el momento de la redacción de la *Crónica Abreviada* por don Juan Manuel (1320–1325), que, con sus peculiaridades, considero el último testimonio conservado de este impulso historiográfico. Estos serían los límites del período post-alfonsí; cualquier datación más precisa de los textos a considerar dentro de este lapso resulta hasta ahora bastante conjetural.

La actividad cronística de inspiración nobiliaria habría consistido, por un lado, en la elaboración de relatos originales referidos a la historia inmediata del reino castellano y, por otro, en la reelaboración y continuación de los borradores alfonsíes de la inconclusa *Estoria de España* (= *EE*). Ambas vertientes están de hecho subsumidas en la frondosa transmisión textual de las Crónicas Generales y sólo la paciente labor de estudiosos como Diego Catalán nos permite hoy discernir cómo debieron de ser los frutos de esta actividad.

En el primer grupo podemos ubicar una *Historia nobiliaria de Castilla*, hoy perdida como obra autónoma pero que, según hipótesis de Diego Catalán, habría sido una historia atenta al punto de vista nobiliario, que habría servido de fuente a ciertas interpolaciones y pasajes referentes al relato del reinado de Alfonso VIII (y de Fernando III, quizás) en la Cuarta Parte de la *EE*, tal y como aparecen en la *Crónica Abreviada* de don Juan Manuel, en la *Crónica Ocampiana* (es decir, la sección final de la Crónica General publicada por Florián D'Ocampo [Zamora, 1541], conservada también en el MS II-1877 de la Bibl. de Palacio Real, Madrid), en una *Crónica general manuelina interpolada y continuada* (MS 6441 de la Biblioteca Nacional de Madrid), en la *Crónica de Castilla* (= CC) y en la *Crónica de Veinte Reyes* (= CVR). La confrontación de estas crónicas ha llevado a Diego Catalán a la conclusión de que todas heredaron información de un mismo arquetipo 'transformado en direcciones divergentes bajo la presión de distintas ideologías políticas y en virtud de concepciones diversas de la prosa histórica', lo que llevaría a postular dos prototipos: 1) una Redacción concisa, aprovechada en la CC y la CVR y 2) una 'Historia menos atajante' en prosa ampulosa, aprovechada por la *Crónica manuelina* (modelo de la *Crónica abreviada* de don Juan Manuel), la *Crónica Ocampiana* y la *Crónica manuelina interpolada y continuada*.[20] También hay que considerar una *Historia hasta 1288 dialogada*, que abarcaría desde los últimos tiempos de Fernando III hasta la muerte del conde don Lope en Alfaro (junio de 1288) y que se conserva aparentemente completa en la *Estoria del fecho de los godos* del siglo XV (MS 9559 de la Biblioteca Nacional de Madrid). Otra vez debemos a Diego Catalán lo poco que se sabe de esta obra:

> El narrador no se propone historiar metódicamente este período: el entramado político de la historia castellana le es ajeno o indiferente, y no muestra gran interés en la organización cronológica del relato. Tiene una visión anecdótica de la historia, que le lleva a descomponer el relato en toda una serie de episodios particulares e inconexos. [...] Sus cuadros son muy animados, llenos de pormenores. Emplea, frecuentísimamente, un estilo dialogado muy curioso.[21]

En el segundo grupo podemos ubicar la CC y la llamada *Crónica Fragmentaria*. En un punto intermedio entre estas vertientes se encontraría la *Crónica Particular de San Fernando* (= CSF), la pieza historiográfica más significativa del período post-alfonsí.

Ahora bien, para comprender mejor la lógica evolutiva de las formas derivadas de la Crónica General alfonsí conviene tener en cuenta un factor ideológico que afectó el imaginario histórico castellano: la fragmentación del objeto histórico predicado por la *EE* alfonsí de acuerdo con la muy diferente relación que cada fragmento del pasado estableció con el presente de su narrativización (es decir, el período post-alfonsí).

Razones culturales, ideológicas y políticas subyacen en esta evaluación de los tiempos pasados que la cronística post-alfonsí puso de manifiesto:

El fragmento I (La historia antigua de Hispania) conservó la forma narrativa alcanzada en la Primera Parte de la *EE* y así fue transmitida hasta el siglo XVI sin mayores transformaciones por la que podemos llamar 'tradición troncal de la Crónica General'.

El fragmento II (La historia del pueblo godo y de su dominio en la Península) fue objeto de dos narrativizaciones: una que reproducía el relato alfonsí de la Segunda Parte de la *EE* (de acuerdo, también aquí, con la 'tradición troncal de la Crónica General') y otra que se limitaba a traducir la *Historia Gothica* del arzobispo don Rodrigo, tradición conocida como *Toledano romanzado* que, como Diego Catalán demostrara en su momento, tuvo su propia evolución hasta fines del siglo XV en la forma conocida como *Estoria del fecho de los Godos*.[22] En ambos casos el segmento II mantuvo la forma narrativa alcanzada a mediados del siglo XIII en todas sus reproducciones hasta el siglo XVI.

En el caso del fragmento III (El reino astur-leonés desde Pelayo hasta Ordoño II), a las narrativizaciones transmitidas por la 'tradición troncal de la Crónica General' y el *Toledano romanzado* hay que agregar una tercera forma que acusó el impacto de fuentes épico-novelescas de tema carolingio; nos referimos a la *Versión Anovelada* reproducida en la llamada *Crónica Fragmentaria*.

En los fragmentos IV (La historia de Castilla desde sus Jueces hasta la muerte de Alfonso VI, i.e. la 'edad heroica' castellana) y V (La historia de Castilla y León durante los siglos XII y XIII, i.e. la etapa 'contemporánea' iniciada por la dinastía borgoñona) se profundizó la tendencia innovadora de la *Versión Anovelada* y junto con el relato canónico del *Toledano romanzado* y a partir de los borradores alfonsíes se multiplicaron las narrativizaciones bajo la impronta del relato épico (para el segmento IV) y del relato caballeresco (para el segmento V). Estos fueron, sin duda, los segmentos que gozaron de un interés excluyente por parte del público de fines del siglo XIII y principios del XIV y a partir de ellos surgió todo un abanico de formas historiográficas sólo en parte derivadas del modelo alfonsí, entre las cuales la *CSF* ocupa un lugar fundamental.

El diferente comportamiento recepcional de los cronistas y del público según el segmento de que se trate explica la perduración, el agotamiento o la transformación de las diversas formas narrativas que aparecieron en los géneros y sub-géneros cronísticos del Trecientos. En términos histórico-culturales, este fenómeno prueba el influjo en la conciencia histórica medieval de la convicción de que el relato *es* la historia, es decir, que la forma narrativa reproduce fielmente la estructura del pasado histórico. De este modo, la historia antigua y visigoda de Hispania fueron lo que de forma indisputable les relataban el Toledano y la *EE*. Al no haber polémica ni disidencia, nada impedía la fiel reproducción de esos textos.

En cambio, el antagonismo político de nobleza y monarquía y la contienda de visiones divergentes de la historia y de la ley pusieron en entredicho el pasado heroico y el pasado inmediato de Castilla y León, abriendo una brecha en el espacio textual alfonsí para una reescritura de la historia sobre nuevos parámetros (tenemos aquí un inapreciable ejemplo de la inseparabilidad de forma y contenido: la reescritura no se limitó a narrar una nueva versión de los hechos con los mismos recursos y técnicas de la versión 'oficial', sino que apeló a una serie de procedimientos tomados de otros discursos narrativos que desembocaron en una nueva forma de relatar la historia).

La *CC* sólo abarca los reinados de Fernando I a Fernando III (exactamente hasta el momento en que Fernando III ciñe la corona de León y unifica definitivamente los reinos de León y Castilla); se trata, pues, de una crónica especializada en la Cuarta Parte de la *EE*, es decir, en los segmentos IV (parcialmente, pues sólo abarca la 'edad heroica cidiana') y V del objeto histórico alfonsí. Su propia génesis indica, pues, la voluntad de desembarazarse del pasado nacional remoto y conformar una historia particular del reino independiente de Castilla. Su personalidad estriba en ser la reelaboración de las *Versiones* alfonsíes más atenta a una ideología aristocrática de la historia y la más inclinada a manipular las fuentes y a acoger con menos reservas y absoluta preferencia los testimonios que contuvieran versiones legendarias sobre sucesos y personajes históricos; sobre todo los relatos de la épica tardía, con cuya ideología y con cuya concepción de la narración estaba básicamente identificada. Parece haberse elaborado poco antes de 1312 mediante la refundición retórica y novelesca de un texto de los borradores originarios alfonsíes, completada con la *Leyenda de Cardeña* del pseudo Ibn al-Faraŷ, una *Refundición del Mio Cid*, el cantar de gesta tardío de las *Mocedades de Rodrigo*, la *Grande estoria de los reyes que ovo en Africa que señorearon a España* del maestro Sigiberto, Sujulberto o Gilberto y la perdida *Historia nobiliaria de Castilla*. El público acogió con entusiasmo esta versión tan atractiva de la historia castellana, que dejaba afuera toda noticia que no se refiriera a Castilla, que daba espacio al relato novelesco de lo heroico y lo caballeresco con una actualidad inusitada. Esta popularidad explica que sea la forma cronística post-alfonsí de la que se conservan mayor cantidad de testimonios, al punto de poseer dos redacciones sostenidas por concepciones estilísticas diferentes: una que tiende a la brevedad y la concisión y que se confunde con las derivaciones de la *Crónica General de 1344*, y otra caracterizada por la amplificación retórica y poética. El héroe fundamental de la crónica es el Cid, razón por la cual su ciclo épico completo ocupa un lugar central en el relato.

Un carácter en cierto modo similar al de la *CC* tiene la que Catalán denominó *Crónica Fragmentaria*. No se ha conservado independientemente en ningún códice; sólo la conocemos incorporada en varios manuscritos de la tradición textual de la Crónica General. Como ya se dijo, se ocupa del fragmento III del objeto histórico alfonsí. Refleja una *Versión Anovelada* de la *EE*, claramente post-alfonsí, que combinaba un texto de la *Versión Primitiva* con un conjunto de relatos pertenecientes al ciclo épico-novelesco de Carlomagno y sus antecesores, tales como *Flores y Blancaflor*, *Berta de los grandes pies* y *Carlos Mainete*, relatos que el cronista conocía ya enlazados a través de una obra hoy perdida, la mencionada *Estoria de los reyes de Africa* del maestro Gilberto.[23] Precisamente en esas historias ficcionales sobre el linaje y la juventud del emperador de los francos, situadas cronológicamente en el reinado de Alfonso II el Casto, está centrado el interés del formador de esta *Crónica*, que se singulariza por el relato anovelado de ese único período.

Sin espacio para un análisis detenido de estas obras, me limitaré a apuntar sus rasgos más sobresalientes.

Creo que lo esencial es el carácter reactivo (ya que no estrictamente reaccionario) de la producción discursiva nobiliaria: es la respuesta puntual al planteo inicial del rey Alfonso; no deriva, pues, de una iniciativa original sino que surge y depende de aquello que viene a impugnar. El objeto (ley y pasado histórico) y los modelos (textuales, discursivos, narrativos) que el discurso nobiliario presupone son los alfonsíes, aunque sea para transformarlos, desviarlos, desdecirlos.

La ruptura nobiliaria se verifica, en el plano de la forma, con el abandono del orden y del pautado temático del modelo tratadístico alfonsí y la adopción de un criterio acumulativo, episódico, que privilegia una casuística en torno de los conflictos básicos del derecho. También, con la disgregación del *decorum* historiográfico alfonsí que sostenía el universo de los hechos historiables y el favorecimiento de una narración digresiva, detallista, episódica, 'novelesca'.

En cuanto a la función de los textos, así como las *Estorias* alfonsíes proyectan modelos de conducta y principios de buen gobierno a fin de regular la convivencia política de gobernantes y gobernados, así como los códigos alfonsíes subrayan el didactismo de una Ley que demuestra su lógica y basa su autoridad en esa *ratio* jurídica; en los textos nobiliarios importa su función testimonial como antecedente jurídico, como registro fehaciente del modo de ser de las cosas según la tradición; de allí que el modelo constructivo, tanto para las compilaciones legales como para los textos cronísticos, sea la *fazaña*, punto de encuentro de la Ley y de la Historia en el ámbito privilegiado del relato.

En el modelo historiográfico alfonsí, el *uso* que se ofrece de las crónicas queda perfectamente ilustrado con el modo de construir el personaje histórico según la pauta de la figura ejemplar. En la configuración del personaje como figura ejemplar confluía un doble movimiento desde y hacia el texto, como parte de la dialéctica que se verificaba entre las instancias de producción, circulación y recepción. Por un lado, el conjunto de los discursos que hacían de lo didáctico-moral su centro productor (predicación, literatura sapiencial, literatura ejemplar, etc.) apelaban a este reservorio de nombres con su carga de valores y disvalores. Por otro lado, las crónicas funcionaban como ese reservorio, pues allí los personajes ejemplares encontraban un lugar textual privilegiado. Los cronistas asumían la tarea de situar y desplegar la circunstancia y el acontecimiento que había hecho de un personaje una figura ejemplar.

El modo historiográfico nobiliario (no me atrevo a hablar en este caso de 'modelo') planteaba otra posibilidad de *uso*: contextualizar en el gran relato de la historia (lo que equivalía a autorizar con el prestigio del pasado memorable) los fundamentos sociales y jurídicos de un grupo social; por un lado, se registraban los hechos de los nobles que habían colaborado con (y aún superado a) los reyes en la forja del reino; por otro –y esto nos interesa aquí especialmente–, se registran los antecedentes y la jurisprudencia que legitimaban derechos, privilegios y libertades de la nobleza. El texto cronístico era, pues, tanto como la compilación legal, el respaldo escrito al que podía acudirse para dirimir un conflicto o fundamentar un reclamo. En estos textos es particularmente notable cómo se alienta una lectura histórica de la ley (que comprueba la antigüedad de un derecho) y una lectura jurídica de la historia (que identifique las causas y las circunstancias de una determinada costumbre). Por supuesto, no se agota aquí la funcionalidad ideológica de estas piezas cronísticas (pensemos en su importancia para reforzar la identidad y el reconocimiento de los distintos linajes, lograda con la sola inscripción del nombre en el relato histórico).

La relación entre *fazaña* e historiografía ya ha sido puesta de relieve por la crítica.[24] Es mi intención dar un paso más en esta dirección y sostener que la *fazaña* es la forma narrativa esencial del modo historiográfico y jurídico nobiliario. En otras palabras, a partir de la reacción discursiva post-alfonsí, el acontecimiento histórico se configura según el modelo de la *fazaña*.

Conviene recordar que las fazañas recogidas en fueros y códigos son narraciones de hechos que no siempre poseen una naturaleza jurídica; tales narraciones sólo a veces culminan con la mención de una sentencia que dirime un conflicto: en la mayoría de los casos el principio jurídico se desprende del relato a partir de una operación de lectura que identifica la juridicidad implícita.

El caso más notable que encontramos en el *Libro de los fueros de Castilla* es la fazaña que refiere la subida al trono de Fernando III y la rebelión de los Lara:

Esto es por fazan*n*ya del Rey don anrique fijo del Rey don alfonso que vençio la batalla de vbeda & murio en palençia de una teia quel firio don yennego de mendoça en la cabeça. Et tenyale el conde don aluaro en su poder. Et q*u*ando fue muerto el Rey don anrique. fiziero*n* et erzieron Rey en castiella al jnfante don ferrando fijo del Rey de Leon & dela Reyna don*n*a berenguela & en toledo & en estremadura

& en burgos & en toda castiella. Et fizieron le omenaie. don lope diaz de faro & rodrigo diaz delos cameros & su hermano aluar diaz & alfonso tellez & gunçalo Royz girron & sus hermanos & otros muchos[. E]t fijos del conde don nunnos (.Et) erzieron se con la tierra & con los castiellos que tenian et vinieron a bilforado & mataron y omnes et quebrantaron la villa & Robaron & leuaron quanto y fallaron & quisieron quebrantar las yglesias & vinieron a sancta maria por quebrantar la yglesia & cegaron y omnes & non quisieron yr quebrantar mas ninguna yglesia dela villa & fueron se dela villa & a cabo de ocho dias fueronse para herrera & el Rey yua se para palençia. Et salio a el el conde don aluaro & lidio con el Rey & fue preso el conde don aluaro & ouo de dar toda la tierra el & sus hermanos & sus atenedores. Et fuesse del Reyno el & sus hermanos & murio el conde don aluaro en tierra de Leon. & el conde don ferrando & el conde don gunçalo murieron en marruecos en tierra de moros.[25]

La crítica (Bermejo, Gómez Redondo) apunta que se trata de un fragmento de pura historiografía, que no difiere en nada de cualquier pasaje cronístico. Sin embargo, creo que la mención del ataque a Bilforado es la punta que permite recuperar la juridicidad implícita. Ese ataque habría sido un episodio menor en la contienda que enfrentó al joven rey Fernando con parte de la nobleza castellana y con su padre Alfonso IX de León, en lo que fue la última guerra entre León y Castilla. La mención de este episodio en particular (la devastación de Bilforado) se relaciona con la perspectiva general del texto, que parece recoger sus casos de la región burgalesa. De modo que la fazaña ilustra el impacto del conflicto político global en la pequeña comarca: el desastrado final del conde don Alvar Núñez de Lara y de sus hermanos, además de afirmar el acto de justicia que implica su derrota, subraya el carácter delictivo de la conducta de los rebeldes, quebrantando villas y santuarios sin derecho. Hay, en suma, un anclaje de la alta política del reino en la realidad concreta y menuda de unos grupos sociales; una reformulación en los términos de unos principios jurídicos tradicionales a mantener.

Esta misma perspectiva, particularista y –hasta cierto punto– jurídica, se encuentra en los relatos cronísticos, reductibles, como se dijo, al modelo de la fazaña. De la *Historia nobiliaria* proviene, por ejemplo, el episodio de 'La pecha de los hidalgos', que podemos leer en las versiones incluidas en la CC y en CR1344. Se cuenta que el rey Alfonso VIII, deseoso de reanudar la guerra contra los moros y falto de dineros, decide solicitar un impuesto extraordinario de cinco maravedíes sobre cada hidalgo del reino, su consejero don Diego López de Haro empeña toda su energía 'mostrandole muchas rrazones en commo los fijos dalgo non eran para pechar', le advierte de lo peligrosa que es su iniciativa, pero acepta secundarlo. Frente a una asamblea de 3.000 hidalgos el rey efectúa su pedido, apoyado por don Diego, pero el conde don Nuño de Lara rechaza el pedido y se retira, seguido por casi todos los presentes. Al día siguiente se presentan armados y con los cinco maravedíes atados en las puntas de sus lanzas, el conde don Nuño envía al rey el mensaje de que puede enviar a quienes le aconsejaron tal demanda para recoger el impuesto si se atreven. Don Diego aconseja en este punto: 'Çierto señor yo bien vos dixe que esto que fijos dalgo non eran para pechar, mas lo que desto mejor me paresçe es que seades vos escusado & yo culpado', así se llega a un acuerdo que deja a salvo tanto la investidura regia como el privilegio de la nobleza. El episodio vale, entonces, como una manera de reivindicar el derecho nobiliario de no pagar impuestos mediante un relato que inscribe en la historia del reino la afirmación de un estatuto jurídico estamental.

De carácter anecdótico y menos visiblemente ligado a lo jurídico es la serie de episodios que pueblan el relato de la *CSF* que completa y continúa el romanceamiento del Toledano. Así, por ejemplo, el relato del infanzón que pretendía tomar las armas de Garçi Pérez de Vargas 'porque las traye de sus sennales'. Aunque el relato hace hincapié en la puntillosidad caballeresca en cuestiones de honor y fama, el entramado básico se apoya otra vez en un conflicto de intereses nobiliarios.

Queda así ilustrada mínimamente la variedad de formas narrativas en que se asienta el modo cronístico nobiliario en el período post-alfonsí. Si la *fazaña* resulta el molde narrativo dominante y constituye un rasgo formal característico de los diversos textos jurídicos e historiográficos considerados, otro elemento común es, en lo que hace al universo histórico que este discurso predica, la conformación de una verdadera 'edad heroica' nobiliaria. En efecto, tanto las *fazañas* insertas en los fueros como las anécdotas enhebradas en el hilo narrativo de las crónicas, están situadas en un período histórico acotado: desde la minoría de Alfonso VIII hasta la toma de Sevilla por Fernando III. En este período la relación entre el rey y sus nobles se describe según los términos ideales de la mentalidad señorial: equilibrio de poder, mutuo apoyo, plena vigencia del lazo personal entre el rey –*primus inter pares* y no monarca– y los magnates: servicios a cambio de beneficios, pleno respeto de los derechos, privilegios y libertades que sostienen la condición nobiliaria. Esta suerte de imagen ideal del pasado actúa con toda la eficacia social que en el caso de la épica se atribuye a la configuración de una edad heroica: un grupo social encuentra en ella un paradigma que lleva sus virtudes y su identidad a un punto de máxima realización y lo convierte en objeto de emulación en su conducta política, social y jurídica.

El tercer momento a considerar en este proceso evolutivo se ubica en la época de Alfonso XI, más precisamente en el decenio final de su reinado (1340–1350), cuando ha logrado consolidar su poder en el reino y está en condiciones de fomentar el reinicio de la actividad historiográfica bajo patrocinio regio, luego de una interrupción de casi medio siglo. Con el Ordenamiento promulgado en las Cortes de Alcalá de 1348, que, aprovechando la doctrina de las *Partidas* alfonsíes calificada oficialmente entonces de norma jurídica para todo el reino, imponía por primera vez la unidad legislativa, y con la reanudación de la labor cronística, Alfonso XI puso en orden la Ley y la Historia, llevando al plano de los discursos institucionales y fijando en los signos prestigiosos de la crónica la imagen de fuerza y de poder que había construido en torno a su figura.

El rey ordenó buscar, entonces, los libros de la cámara regia y a partir de ellos completar el relato de la historia castellana, interrumpida en época de Alfonso el Sabio con la narración de la conquista de Córdoba por Fernando III. Había, pues, que completar ese reinado y cumplir así con la extensión proyectada originalmente para la *EE* alfonsí y luego redactar los reinados posteriores (Alfonso X, Sancho IV y Fernando IV) para poder, finalmente, hacer escribir la crónica de su propio reinado. Esta labor estuvo a cargo, según parece, del canciller del reino, Ferrán Sánchez de Valladolid.

De la actividad cronística de este período surge una nueva forma historiográfica: la 'crónica real', que delimita su identidad a partir de una serie de similitudes y diferencias con las demás formas del sistema de géneros historiográficos de mediados del siglo XIV. Comparte con el modelo alfonsí el lugar de enunciación: un mandato regio que ordena afirmar la perspectiva regalista de la historia y de la ley, pero toma distancia de su objeto histórico y del modo de narrativizarlo: mientras la *EE* busca dar cuenta de la historia global de los pueblos que señorearon la península, la crónica real se restringe al estrecho tramo histórico que abarca un solo reinado; mientras la *EE* inscribe el acontecimiento en un marco universal y evalúa su relevancia según su incidencia en el curso general de la Historia y su función en la paulatina realización de un destino trascendente, la crónica real disgrega el acontecimiento en una compleja red de incidentes cuyas resonancias sólo alcanzan el estrecho horizonte de los intereses y objetivos inmediatos. Por otra parte, pese a la distancia en lo que se refiere a los factores ideológicos, comparte algunos rasgos formales con el modo historiográfico aristocrático: en principio, toma de la 'crónica particular' (género cronístico inaugurado por la *CSF*) su objeto histórico: el relato de un solo reinado; asimismo, aprovecha los modos narrativos, abiertos a una mayor novelización y a una mayor acogida de elementos legendarios, de las derivaciones post-alfonsíes de la historia castellana (**Historia nobiliaria*, CC, etc.). Esta especial conjunción de rasgos se completa con la peculiaridad de la posición del cronista: un funcionario del reino que redacta bajo la mirada vigilante de su señor la propia historia de este rey. En efecto, la *Crónica de Alfonso XI* será la primera redactada en vida del propio rey. Esta situación afecta sin duda la naturaleza y la modalidad narrativa de los acontecimientos registrados en el caso del rey Alfonso XI y en el de su padre, Fernando IV: un mayor detalle en lo factual, fruto de la contemporaneidad y de la abundancia documental, y un tono que podríamos calificar de 'burocrático' en cuanto a la narración. La crónica real es, en suma, el resultado de una especial conjunción de la recepción del modelo alfonsí, el modelo de la crónica particular, la perspectiva aristocrática de narrativización de la historia y la situación política de enunciación cronística.

Pero lo más interesante a los fines de nuestro recorrido por las líneas evolutivas de lo historiográfico y lo jurídico, quizá sea la persistencia de la *fazaña* como patrón configurador del acontecimiento histórico relevante. Doy un solo ejemplo tomado de la 'Crónica de Alfonso X', primera parte de la *Crónica de Tres Reyes* compuesta por Ferrán Sánchez de Valladolid: cuando los nobles declarados en rebeldía (infante don Felipe, los Lara, los Castro, los Haro y otros 'ricos omnes') se exilian en el reino moro de Granada, el cronista nos cuenta que, pese a la tregua establecida de 30 más 9 más 3 días, los rebeldes provocan saqueos y desmanes a su paso.[26] Los capítulos siguientes transcriben mensajes del rey a cada uno de estos aristócratas para hacerles entrar en razón y deponer su actitud. Frente al reclamo regio por los saqueos realizados en su huída, la respuesta de los nobles es que 'fuero es de Castilla que sobre tales cosas commo estas que [el rey] deue dar sus pesqueridores e mandar facer la pesquisa' (cap. XXXVII, p. 29b). De modo que, pese a la gravedad de los crímenes cometidos bajo pretexto de rebelión, la crónica pone en primer plano una cuestión de procedimiento legal que no hace sino reafirmar la condición privilegiada del noble; la ausencia de todo comentario cronístico al respecto parece así otorgar la pertinencia de la respuesta.[27]

Este caso ilustra hasta qué punto persiste la incidencia de lo jurídico en la configuración narrativa de los hechos históricos y también de qué modo la mentalidad aristocrática se cuela en el proyecto historiográfico regio.

Paralelamente, desde la vertiente nobiliaria, otros escritores emprendían la tarea de plasmar en el relato histórico su visión del pasado hispánico: don Juan Manuel, sobrino de Alfonso X, y don Pedro Alfonso, conde de Barcelos, hijo bastardo del rey don Dinís de Portugal y, por tanto, bisnieto del Rey Sabio.

Don Juan Manuel, cuya *Crónica Abreviada* es testimonio de su interés por el género historiográfico en la etapa inicial de su actividad literaria, vuelve sobre la historia en su madurez con el llamado *Libro de las Armas* o *Libro de las tres razones*. En él se pone de manifiesto la toma de distancia respecto del modelo historiográfico regio, tanto en la forma (inusitada para el relato histórico) como en el contenido (versión anti-dinástica de ciertos sucesos acaecidos durante los reinados de Fernando III, Alfonso X y Sancho IV). El *Libro de las Armas* entra en relación con el sistema de géneros historiográficos de mediados del siglo XIV desde una posición periférica, como la manifestación más acabada de la disidencia con respecto a la historiografía oficial. Este carácter periférico y disidente se percibe en todos los niveles constitutivos del texto, convirtiéndolo, así, en el ejemplo extremo de un modo de historiar común a todas las formas historiográficas de la época de Alfonso XI.[28]

Por su parte, don Pedro de Barcelos redactó la llamada *Crónica General de 1344* (= *Cr1344*), último de los varios tipos de 'crónicas generales', culminación del proceso evolutivo de la historiografía post-alfonsí, cuya especial importancia radica en que no se trata de una adaptación de los textos ya existentes sino de una total re-creación de esos materiales desde una nueva y poderosa voluntad de autoría, y no castellana, sino portuguesa, lengua originaria en que se redactó el texto. De la compleja naturaleza de esta obra sólo quiero apuntar en esta ocasión el influjo del modelo genealógico, que socava la articulación temporal y causal del relato, disgrega la cohesión narrativa mediante una disposición paratáctica de sus elementos estructurales. Según Diego Catalán, 'el desorden expositivo sólo tiene justificación si tenemos en cuenta su vocación de genealogista: los libros de linajes le habían acostumbrado a desestimar la cronología como principio organizador y a considerar perfectamente natural un ir y venir a lo largo del eje del tiempo'.[29] Pero no se trata sólo de un problema de estilo o inclinación personal: la importancia del modelo genealógico en el sistema de los géneros historiográficos de mediados del siglo XIV va más allá de este caso puntual. Por un lado, refleja como ninguna otra forma histórica una preocupación y un interés creciente por la legitimidad del estatuto social (en la nobleza) y político (en la dinastía reinante). Podría decirse que la mentalidad señorial concibe el pasado esencialmente en términos genealógicos: allí se sostiene la antigüedad y la prosapia del linaje; allí se funda la legitimidad de la dinastía que detenta el poder regio. El pasado despojado de su profundidad temporal y de su dinámica narrativa se ofrece como fondo plano (es decir, bidimensional) sobre el cual ubicar los nombres de la identidad, marca y reaseguro del prestigio de un grupo social.

Como se sabe, el texto genealógico explota recursos exclusivos de la escritura que lo emparentan (con las debidas proporciones) al texto enciclopédico. Hoy diríamos que, como un diccionario, no se lee, se *consulta*. En aquellos tiempos, el texto genealógico no necesitaba la difusión oral de la lectura en voz alta, no pretendía dejar una huella indeleble en la memoria: sólo buscaba la lectura puntual de los datos registrados.

Esta condición del modelo genealógico afectó hasta cierto punto la narratividad propia del discurso historiográfico: se podría decir que convirtió a los problemas legales de la sucesión regia y nobiliaria (y a las disputas por la herencia) en uno de los conflictos más relevantes del relato histórico. De allí quizás el espacio progresivamente mayor que alcanzó el tratamiento de estas cuestiones desde Ferrán Sánchez de Valladolid hasta el Canciller Ayala.[30] De más está decir que constituye otro caso de encuentro de lo jurídico y de lo histórico.

El tiempo del afianzamiento de la nueva dinastía Trastámara en el trono de Castilla corresponde al último estadio en el proceso evolutivo aquí considerado. En el plano de lo jurídico, y desde la vertiente nobiliaria, habría que ubicar todavía en época de la guerra civil entre Pedro I y Enrique II la compilación jurídica conservada en el mencionado Ms. BNM 431. La elaboración misma de este códice nos indica un acto de afirmación de la concepción aristocrática de la Ley, en un momento en que la disputa violenta por el poder regio permite hacer valer los derechos de los posibles aliados de uno y otro bando.

En el plano historiográfico, el modelo aristocrático de la *crónica particular* da nuevo fruto en la magnífica *Gran Crónica de Alfonso XI*, que reelabora y amplifica la crónica real dedicada a Alfonso XI según las pautas narrativas ya establecidas en la *CSF*.

Desde el ámbito regio, y a lo largo de un tiempo que va de finales del reinado de Enrique II hasta el comienzo del de Enrique III (1375–1400 aprox.) la actividad cronística de Pero López de Ayala culmina este proceso. Las versiones Primitiva y Vulgata de la *Crónica del rey don Pedro y del rey don Enrique*, la posterior *Crónica de Juan I* y la inconclusa *Crónica de Enrique III* constituyen el punto máximo de realización textual del discurso historiográfico medieval en Castilla.[31] Asentadas en el modelo de la crónica real, estas obras marcan una diferencia que es, en principio, de carácter literario: la calidad de escritor del Canciller Ayala dota a su estilo de una excelencia compositiva y retórica inhallable en las demás crónicas del siglo XIV.

Pero fuera de estas diferencias, el objeto histórico y el modo narrativo de Ayala resulta completamente familiar: otra vez la perspectiva regalista está impregnada de mentalidad señorial; otra vez lo jurídico ocupa un lugar dominante (puesto que, si hay un *tema* dominante en este relato, tal es el de la legitimidad); otra vez se apela a la *fazaña* como procedimiento narrativo para otorgar relevancia a ciertos acontecimientos.

Ya sin espacio para analizar con el detalle que tal obra merece la singular conjunción de lo histórico y lo jurídico, quiero concluir este panorama haciendo hincapié en la tendencia que parece regir la evolución de la historiografía romance en la Castilla medieval. Surgidas como resultado de un proceso de acción (regia) y de reacción (nobiliaria) en el campo de la Historia y de la Ley, en evidente correlación con una larga contienda política e ideológica, estas dos versiones antagónicas tienden, en las etapas subsiguientes (período post-alfonsí, época de Alfonso XI, afianzamiento trastámara), a contaminarse mutuamente en lo que hace a sus procedimientos narrativos, sus configuraciones temáticas, sus perspectivas ideológicas, para culminar en un modelo muy complejo que funda la legitimidad de una nueva dinastía y afirma la centralidad del poder regio en los valores caballerescos de la ideología aristocrática.

NOTAS

1   Algunas de esas interpretaciones pueden apreciarse en los trabajos de: Diego Catalán, "Poesía y novela en la historiografía castellana de los siglos XIII y XIV", en *Mélanges offerts à Rita Lejeune* (Gembloux: J. Duculot, 1969), I, pp. 423–41; Michel Garcia, "L'historiographie et les groupes dominants en Castille. Le genre chronistique d'Alphonse X au Chancelier Ayala", en Augustin Redondo (ed.), *Les Groupes dominants et leur(s) discours* (Paris: Université de la Sorbonne Nouvelle-Paris III, 1984), pp. 61–74; Fernando Gómez Redondo, "Historiografía medieval: constantes evolutivas de un género", *Anuario de Estudios Medievales*, 19 (1989), pp. 3–15; Gerald L. Gingras, "The Medieval Castilian Historiographical Tradition: From Alfonso X to López de Ayala", en Tamburri & Genelin (eds.), *Romance Languages Annual* (West Lafayette, IN: Purdue Research Foundation, 1990), pp. 419–24; Ludwig Vones, "Historiographie et politique: l'historiographie castillane aux abords du XIVe. siècle", en Jean-Phillipe Genet (ed.), *L'Historiographie médiévale en Europe* (Paris: CNRS, 1991), pp. 177–88.

2   Leonardo Funes, "La blasfemia del rey Sabio: itinerario narrativo de una leyenda", *Incipit*, 13 (1993), pp. 51–70 y 14 (1994), pp. 69–101.

3   A idéntica percepción llega Alexander Murray indagando la tensión entre racionalismo y religiosidad: 'La polaridad entre estas parejas de contrarios –racionalistas y religiosas, en términos amplios– es, en efecto, asombrosamente clave en los movimientos culturales desde 1500. [...] Después de la Reforma, Europa arrojó al aire la unidad o pretensión de unidad que había tenido antes. [...] Pero esta huída a los extremos, aunque ayudó a perfilar nitidamente la historia, en un sentido hizo a ésta menos significativa, porque acabó con la interacción ideológica que había tenido lugar antes de la Reforma. En la Edad Media se produjo la misma dialéctica que se produjo después. Pero en la Edad Media se había producido como una serie de tensiones en una sociedad; no, en conjunto, como un conflicto entre sociedades. [...] Las facciones en la dialéctica medieval compartieron un lenguaje conceptual. Más frecuentemente pensaron en ocultar sus divergencias que en divulgarlas como señales de batalla. Sin embargo la tensión estaba allí, y cuanto más difícil nos resulta a nosotros hallarla más fiel era a su identidad ideológica. [...] La tensión existía en una sola unidad social, en la que no había esperanza de oposición *en bloque* ni de escapar físicamente. La dialéctica ideológica fue en este sentido más completa'. Alexander Murray, *Razón y sociedad en la Edad Media*, trad. de J. Fernández Bernaldo de Quirós (Madrid: Taurus, 1982), pp. 16–17.

4   Doy una descripción más detallada del proyecto político-cultural alfonsí en mi trabajo "Alfonso el Sabio: su obra histórica y el 'fecho del Imperio'", *Exemplaria Hispanica*, 2 (1992–93), pp. 76–92, esp. pp. 79–81.

5   José Antonio Maravall, "Del régimen feudal al régimen corporativo en el pensamiento de Alfonso X", en su *Estudios de historia del pensamiento español. Serie primera. Edad Media* (Madrid: Ed. Cultura Hispánica, 1973), pp. 103–56.

6   Proemio del *Fuero Real*, ed. de Gonzalo Martínez Diez (Avila: Fundación

Sánchez Albornoz, 1988), pp. 184–85. Uso en el texto la forma 'muchas villas et muchas çibdades de nuestros rregnos' que es variante consignada en el aparato crítico.

7   Proemio del *Espéculo*, ed. de Gonzalo Martínez Diez (Avila: Fundación Sánchez Albornoz, 1985), pp. 101–2.

8   Véase ahora el excelente comentario de Fernando Gómez Redondo, *Historia de la prosa medieval castellana. I. La creación del discurso prosístico: el entramado cortesano* (Madrid: Cátedra, 1998), pp. 170–80.

9   Véase Inés Fernández-Ordóñez, *Versión crítica de la Estoria de España: Estudio y edición desde Pelayo hasta Ordoño II* (Madrid: Seminario Menéndez Pidal-Universidad Autónoma de Madrid, 1993).

10   La datación tardía corresponde a Jerry Craddock, "El *Setenario*: última e inconclusa refundición alfonsina de la primera *Partida*", *Anuario de Historia del Derecho Español*, 56 (1986), pp. 441–66; la interpretación en el sentido aquí sugerido es de Georges Martin, "Alphonse X ou la science politique (*Septénaire*, 1–11)", *Cahiers de Linguistique Hispanique Médiévale*, 18–19 (1993–94), pp. 79–100 y 20 (1995), pp. 7–33. Pero es necesario atender las objeciones de F. Gómez Redondo, *Historia de la prosa medieval castellana*, pp. 304–30.

11   Tal es el argumento desarrollado en el *Setenario*, ed. de Kenneth H. Vandenford (Buenos Aires: Intituto de Filología, 1945), v. esp. Ley X, pp. 22–23, según advirtiera ya Diego Catalán, "Alfonso X historiador", en su *La Estoria de España de Alfonso X. Creación y evolución* (Madrid: Fundación R. Menéndez Pidal-Universidad Autónoma de Madrid, 1992), pp. 16–17. También Inés Fernández-Ordóñez sostiene que las *Estorias* alfonsíes 'forman un manual de historia y derecho políticos de provecho no sólo para reyes, sino también para la educación de los súbditos', *Las Estorias de Alfonso el Sabio* (Madrid: Istmo, 1992), pp. 42–43.

12   Leonardo Funes, *El modelo historiográfico alfonsí: una caracterización* (Londres: Department of Hispanic Studies-Queen Mary and Westfield College, 1997).

13   Tomo la referencia de José S. Gil, *La escuela de traductores de Toledo y sus colaboradores judíos* (Toledo: Instituto provincial de investigaciones y estudios toledanos, 1985), p. 71.

14   Salvador de Moxó, "La nobleza castellana en el siglo XIV", en AA.VV., *La investigación de la Historia hispánica del siglo XIV: problemas y cuestiones* (Barcelona: Consejo Superior de Investigaciones Científicas, 1973), p. 503.

15   Roderici Ximenii de Rada, *Historia de rebvs Hispanie sive Historia Gothica*, ed. de Juan Fernández Valverde (Turnhout: Brepols, 1987), VII, XVI, p. 238. 'A todo esto falleció Gutierre Fernández [de Castro] y fue enterrado en el monasterio de San Cristóbal de Ibeas. Y sin dilación el conde Manrique [de Lara] exigió a los sobrinos de Gutierre Fernández la devolución de las tierras, pero éstos se negaron a hacerlo en tanto el niño no cumpliera los quince años, de acuerdo con las disposiciones de su padre el rey Sancho. Esto provocó que aquellos, con cruel saña,

desenterraran el cadáver de Gutierre acusándolo de traición, si no devolvía las tierras; pero sus sobrinos lo libraron de tal acusación alegando que el rey nunca le había pedido las tierras, por lo que, una vez muerto, no se le podía acusar; y, absuelto por la curia, es devuelto a la sepultura'. Rodrigo Jiménez de Rada, *Historia de los hechos de España*, trad. de Juan Fernández Valverde (Madrid: Alianza, 1989), p. 285.

16   Roderici Ximenii de Rada, *op.cit.*, p. 239. 'Al cabo del tiempo, cuando el rey Fernando en persona recriminó su acción al conde Manrique, se cuenta que éste le respondió así: "Desconozco si soy leal o traidor o felón, mas lo cierto es que, en la manera en que me fue posible, liberé al niño, mi señor natural". Ante estas palabras fue absuelto por unanimidad de la acusación que pesaba sobre él'. (trad. de J. Fernández Valverde, *op.cit.*, p. 286).

17   Creo que apunta en esta dirección la conclusión a que llega Diego Catalán luego de estudiar la leyenda genealógica de don Esteban Illán, personaje de la *Historia nobiliaria de Castilla*, actuante en la minoría de Alfonso VIII: 'Esa historia tuvo que estar ligada, desde un principio, a los intereses señoriales de sus descendientes. Pero debió de nacer en una época suficientemente antigua como para alcanzar noticia oral de lo ocurrido en Toledo en 1166, y cuando aún el enlace linajístico de esos descendientes con don Esteban Illán no requería explicaciones. La posible existencia de historias linajísticas castellanas contemporáneas, quizá, de los últimos grandes historiadores oficiales en lengua latina es una hipótesis que valdría la pena de poner a prueba mediante investigaciones adicionales'. "Tafur, Fernán Pérez de Guzmán, la Casa de Alba y la Estoria de España post-alfonsí", en su *La Estoria de España de Alfonso X: creación y evolución* (Madrid: Fundación R. Menéndez Pidal-Universidad Autónoma de Madrid, 1992), pp. 299–319; la cita en p. 319.

18   Así se denomina al conjunto de las normas aplicables en una región por encima de las prescripciones locales, llamado también 'derecho señorial' por referirse casi exclusivamente a derechos y privilegios de los hidalgos. Este derecho, según Galo Sánchez, a quien sigo en esta reseña de cuestiones jurídicas, nunca fue fijado oficialmente. Galo Sánchez "Para la historia de la redacción del antiguo derecho territorial castellano", *Anuario de Historia del Derecho Español*, 6 (1929), pp. 260–328.

19   Puede consultarse una transcripción completa del códice en Kathryn Bares y J. R. Craddock, *Text and Concordances of the 'Libro de los fueros de Castilla'. Ms. 431, Biblioteca Nacional, Madrid* (Madison: The Hispanic Seminary of Medieval Studies, 1989) en microfichas.

20   Diego Catalán, "Tafur, Fernán Pérez de Guzmán, la Casa de Alba", la cita en p. 311; véase también su artículo "Don Juan Manuel ante el modelo alfonsí: El testimonio de la *Crónica abreviada*", en Ian Macpherson (ed.), *Juan Manuel Studies* (Londres: Tamesis, 1977), pp. 17–51, esp. pp. 43–46.

21   Diego Catalán, "La *Estoria del fecho de los godos* hasta 1407 y sus continuaciones y refundiciones", en su *La Estoria de España de Alfonso X*, p. 248.

22   Diego Catalán, "El *Toledano romanzado* y las *Estorias del fecho de los godos* del siglo XV", en *Estudios dedicados a James Homer Herriott* (Madison: Universidad de Wisconsin, 1966), pp. 9–102.

23   Véase al respecto Diego Catalán, "La *Estoria de los reyes moros que ovo en Africa que aseñorearon a España* de Sigisberto y la *Crónica Fragmentaria*", en *La Estoria de España de Alfonso X*, pp. 157–183.

24   Véase el trabajo liminar de José Luis Bermejo, "Fazañas e historiografía", *Hispania*, 32 (1972), pp. 61–76, que tengo muy en cuenta en lo que sigue.

25   MS. 431, Biblioteca Nacional, Madrid, f. 92r–v. Sigo la transcripción de Bares y Craddock (v. n. 19), con una intervención editorial marcada entre corchetes y una supresión indicada entre paréntesis.

26   Capítulo XXVII de la edición de Cayetano Rosell, "Crónica de Alfonso Décimo", en *Crónica de los Reyes de Castilla desde Alfonso X hasta los Reyes Católicos* (Madrid: Rivadeneyra, 1875–78), 3 vols. (Biblioteca de Autores Españoles, tomos LXVI, LXVIII y LXX). Cito por la reimpresión (Madrid: Atlas, 1953), vol. I.

27   Tal comentario es perfectamente esperable, pues así se da cuando el rey responde a las demandas de la nobleza en las Cortes de Burgos (cap. XXV): 'E en todas estas cosas mostro el Rey tan bien su razon, que todos los que estaban y entendieron que el tenia razon e derecho, e que don Felipe e aquellos ricos omnes fazian aquel alborozo muy sin razon' (p. 22b).

28   Véase mi artículo en colaboración con María Elena Qués, "La historia disidente: el *Libro de las Armas* de don Juan Manuel en el contexto del discurso historiográfico del siglo XIV", *Atalaya*, 6 (1995), pp. 71–78.

29   *Crónica de 1344 que ordenó el Conde de Barcelos don Pedro Alfonso*, ed. de Diego Catalán y María Soledad de Andrés (Madrid: Gredos-Seminario Menéndez Pidal, 1971), p. lii.

30   Es posible trazar una línea ascendente desde los conflictos de esta índole narrados en la 'Crónica de Alfonso X' ('Otrosi el infante don Felipe, pues que de alli partio por segurar al Rey, enviole decir por sus cartas que don Ferrand Ruiz de Castro le queria tirar su mujer, que era su hermana de aquel don Ferrand Ruiz, e heredera de Santa Olalla e de los otros lugares que esperaba heredar de la reina doña Mencia de Portogal, que decian de Paredes' (p. 15b) hasta los que aparecen en la *Crónica del rey don Pedro y del rey don Enrique* de Pero López de Ayala: en el Año VIII de Enrique II (1373) una disputa legal de este tipo, narrada en los capítulos XI ('Commo la condesa de Alançon enbio demandar Lara e Vizcaya') y XII ('De la rrespuesta que el rrey don Enrrique dio al cauallero de la condesa de Alançon sobre la demanda que fizo de las tierras de Lara e Vizcaya') es puesta al mismo nivel de importancia que la guerra con Portugal (caps. I–VII) y con Navarra (caps. VIII–X).

31   Resultan imprescindibles tanto la edición como los estudios realizados por Germán Orduna sobre este tema. Véanse especialmente: Pero López de Ayala, *Crónica del Rey don Pedro y del Rey don Enrique, su hermano, hijos del rey don Alfonso Onceno*, prólogo, edición crítica y notas de

Germán Orduna (Buenos Aires: SECRIT, 1994–97), 2 vols. y *El arte narrativo y poético del Canciller Ayala* (Madrid: Consejo Superior de Investigaciones Científicas, 1998), caps. III, V y VII.

Narraciones 'descoyuntadas' en la Castilla bajomedieval: la *Estoria del fecho de los godos*

Manuel Hijano Villegas
University of Birmingham

> Y el segundo defecto de las historias es porque las corónicas se escriben por mandado de los Reyes e Príncipes; e por los complacer e lisongear, o por temor de los enojar, los escritores escriben mas lo que les mandan o lo que creen que les agradará, que la verdad del hecho cómo pasó.
> (Fernán Pérez de Guzmán, *Generaciones y semblanzas*)

La célebre cita de Pérez de Guzman nos recuerda que la idea de que la función del pasado es la de servir a los intereses del presente no es nueva. Está claro que cualquier estudio sobre historiografía ha de reconocer los vínculos que mantiene el artefacto historiográfico del que se esté tratando con la presencia de un foco de autoridad política dentro del contexto social de su producción. Como Jacques LeGoff observaba,[1] los primeros registros escritos del pasado conservados nos remiten ya a la presencia de una estructura jerárquica en una comunidad humana, y la caracterización de la historia como parte integrante del discurso ideológico del poder que lucha por convertirse en hegemónico parece ser una constante tanto en el caso de la sociedad medieval como en el de la moderna o la contemporánea.

En el reino de Castilla, como también en el reino de Francia, la producción historiográfica del siglo XIII vino de la mano de los intentos de la institución monárquica por legitimarse como fuente de autoridad independiente de papa y emperador. Bajo esta luz han sido consideradas por la crítica las tres obras fundamentales que surgen consecutivamente a lo largo de dicho siglo, y cuyos títulos casi no es necesario mencionar aquí: el *Chronicon Mundi* de Lucas de Tuy (1236), *De Rebus Hispaniae* de Rodrigo Ximénez de Rada (1242) y la *Estoria de España* de Alfonso el Sabio (1271). Aunque estas tres obras coincidan en la medida en que suponen un intento por construir una narración del pasado acorde con los intereses de la monarquía castellana, cada una de ellas está dotada de una orientación ideológica que le es propia, de manera que un estudio conjunto de las tres permite contemplar los avatares sufridos por la ideología monárquica castellana a lo largo del siglo XIII. Como es bien sabido, la trascendencia de dichas obras para la historia de la historiografía española traspasa los límites del siglo XIII; su influencia o más bien, la de la narración del pasado español que ellas plantean, se ha dejado sentir en los historiadores posteriores para llegar casi hasta nuestos días. Circunscribiéndonos al período que la tradición académica moderna ha calificado de 'medieval', aquí nos limitaremos a señalar el papel que desempañaron, en especial en el caso de la *Estoria de España* del rey Sabio, en la creación de un género de historiografía en lengua romance cuya 'vida social' se extendería a lo largo de los dos siglos siguientes: las llamadas Crónicas Generales.

Sin embargo, si el poder necesita de la historia, también parece posible sostener la proposición contraria, es decir, que el discurso histórico necesita de autoridad para auto-definirse y presentarse como tal ante sus receptores. En un ensayo titulado "Discurso histórico", al que nos referiremos de nuevo en el curso del presente artículo, Roland Barthes realizaba un sofisticado análisis de cómo la pretensión de ciertas narraciones a ser 'históricas' puede ser mejor observada en su configuración formal. Barthes lo resumía de la siguiente manera:

> en virtud únicamente de sus estructuras, sin referencia alguna a su contenido, el discurso histórico es, esencialmente, un producto ideológico.[2]

Concentrarse en las 'estructuras' del discurso histórico parece relevante, ya que han sido muchos los autores que han tratado de la orientación ideológica del 'contenido' de las crónicas castellanas medievales.[3] Así concebido, 'ideología' es un término que describe la manera en que los intereses de un individuo, grupo o clase social inciden en la selección y articulación de los acontecimientos históricos y su presentación en forma de narración del pasado. Un enfoque así es, incuestionablemente, valioso. Sin embargo, el concepto de ideología al que se refiere Barthes – al menos en la lectura que yo hago de su texto – es algo distinto. El funcionamiento de dicha 'ideología' se manifiesta no sólo en los criterios que determinan la selección y organización de los elementos que componen la narrativa histórica, sino también en la naturaleza de las convenciones genéricas, y por tanto, sociales, que permiten a los miembros de una comunidad discriminar entre distintos tipos de discurso escrito y reconocer a uno de ellos como 'histórico', es decir como una narración del pasado de esa comunidad. Mediante el examen y estudio de dichas convenciones, sería posible trazar una retrato del discurso histórico medieval como género que estaba vivo en el contexto cultural de la Castilla bajomedieval.

'Genero' es un término que ha sido utilizado a menudo para referirse a las crónicas vernáculas surgidas en Castilla a partir del modelo alfonsí durante los siglos XIII al XV, pero da la impresión que sus implicaciones no han sido seguidas hasta sus últimas consecuencias. Hablar de 'géneros' es referirse a la dimensión social del discurso, es decir, a la existencia tanto de modos de organización del discurso como de convenciones de escritura y lectura que permiten codificarlo y descodificarlo, las cuales han sido asimiladas por todos los miembros de una comunidad lectora.

Es esta dimensión social del discurso histórico lo que quisiera contemplar aquí en última instancia. La noción básica que se propone es que cualquier definición de una determinada formación discursiva medieval estaría incompleta si se limitase a dar cuenta de las circunstancias particulares de su instancia de producción, en el caso de la obra historiográfica alfonsí, la medida en que la selección y ordenación de los elementos de la proyectada narrativa de la *Estoria de España* se ajustan a los parámetros ideológicos del proyecto político del rey Sabio.[4] Existen también otros factores que se podrían denominar 'paratextuales', que escapan a un enfoque centrado en términos de intencionalidad o autoría. Entre ellos ocupan un lugar principal las condiciones materiales y técnicas en virtud de las cuales se produjo la transmisión y recepción del texto, o mejor dicho, de los 'textos', unas condiciones que son 'históricas' o, en otras palabras, específicamente 'medievales'. En definitiva, la premisa de la que se parte es la de que:

> Todos los productos de la creación ideológica –obras de arte, trabajos científicos, símbolos y ritos, etc. –son cosas materiales, parte de la realidad práctica que rodea al hombre.[5]

Teniendo esto en cuenta, en el presente artículo se intentará hacer una breve descripción formal del género historiográfico en la Castilla medieval utilizando como punto de referencia la crónica que estoy en la actualidad editando. Se trata de la conocida por la crítica literaria contemporánea como *Estoria del fecho de los godos*. Este título le fue dado por Diego Catalán en un artículo de 1966 a una formación textual, identificada por él, de la que estableció su tradición manuscrita y analizó sus fuentes constitutivas.[6] Según el análisis de Catalán, el arquetipo original de la crónica combinaba el texto de uno de los romanceamientos de la obra de Ximénez de Rada, el conocido por el nombre de 'Toledano Romanzado',[7] con el de una de las muchas versiones compiladas a partir de la obra de Alfonso el Sabio.[8] El compilador completó y puso al día el relato histórico en el punto donde el arzobispo lo había dejado (conquista de ciertas plazas andaluzas por Fernando III en 1234) utilizando para ello los relatos que le ofrecían diversas fuentes, entre las que destaca una "Historia dialogada" de los reinados de Fernando III (en sus años finales), Alfonso X y Sancho IV,[9] un apretado resumen de la *Crónica de Alfonso XI*, a la que se completa con un fragmento prosificado del *Poema* de Rodrigo Yáñes,[10] y una historia analística de los reinados de Pedro I y los reyes Trastamaras hasta 1406.[11] La tabla siguiente, basada en las conclusiones de Diego Catalán e Inés Fernández Ordóñez,[12] muestra de manera algo simplificada las fuentes de la crónica y su distribución a lo largo de su cuerpo textual. Antes hay que advertir que al hablar de la *EfG* en lo sucesivo nos referiremos a la que Diego Catalán llama su 'versión amplia', que es el texto en el que se va a centrar mi edición.

Capítulos de la *EfG* + n° aprox. de folios que ocupan en el ms *Bi*	Contenido	Fuente
Prólogo I. 1–11 (~6 folios)	Prólogo del arzobispo a Fernando III. Hijos de Noé. Hércules en España. Hispán	*Toledano Romanzado* Cfr. Tol. I1–8
I. 11–192 II. 1–82 (~126 folios)	Desde los orígenes de los godos hasta el año 4 de Alfonso III (AD 840)	*Estoria de España* Cfr. *PCG*,[13] cc. 386–555 (*Versión crítica*, cc. I–lxxxv)
II. 82–104 (~13 folios)	De Alfonso III a Vermudo II	*Toledano Romanzado* Tol. V 1–15
II. cc.105–117 (~10 folios)	Historia de los infantes de Salas (Años 5–17 de Vermudo II)	*Estoria de España* (Versión crítica) PCG, cc. 736–743 y cc. 750, 755– 757
II. cc. 118–125 (~4 folios)	Alfonso V. Reyes de Navarra hasta García el Trembloso	Mezcla de *EE* (cc. 758, 761, 765, 776, 781) y *TR*. V.18–23
II. 126–130 (~3 folios)	Vermudo III. Sancho el Mayor de Navarra	*EE* (Versión crítica) PCG c. 786–790
II. 131–235 (~70 folios)	Reina calumniada. Reyes de Castilla hasta las conquistas de las plazas andaluzas por Fernando III (AD 1234)	*Toledano Romanzado* Tol. V.26–IX. 18

Continuación del Toledano

II. 236–149 (~25 folios)	Conquista de Sevilla, reinado de Alfonso X y Sancho IV hasta los sucesos de Alfaro	"Historia dialogada"
II. 249, 150 (~1/2 folio)	Conquista de Tarifa, muerte de Sancho IV, reinado de Fernando IV	Arreglo del compilador (?)
c. II 151 (~12 folios)	Alfonso XI	*Crónica* y *Poema de Alfonso XI*
cc.– 152– 156 (un reinado por capítulo) (~12 folios)	Pedro I y los reyes Trastamara hasta la minoría de Juán II. Campaña de Setenil de infante Fernando (1407)	Resumen de las *Crónicas particulares* (?) y "Anales sevillanos"
c. 156 (~1 folio en ms *B*)	Campaña de Antequera (1410), acontecimientos andaluces locales hasta 1430.	Adición de Moguer (solo en el ms *B*)

El texto de la 'versión amplia' de la *EfG* ha llegado hasta nosotros en seis manuscritos que datan desde finales del XV hasta el XVIII,[14] cada uno de los cuales finaliza su relato en un punto distinto, bien por que la copia termine ahí (caso de *D, B, F, Ll, I*),[15] bien por pérdida de los folios finales (caso de *Bi*).[16] Las circunstancias exactas en las que los heterogéneos materiales que componen la crónica fueron compilados no están muy claras aunque para Catalán –y la evidencia textual así lo confirma– el origen de la compilación original pueda remontarse al año 1406–7 y al sur peninsular, en concreto, a la ciudad de Sevilla.[17] Hacia el final de su magistral artículo, Catalán ofrece la siguiente valoración de la calidad historiográfico-literaria de la crónica:

> Su mal elaborada combiación [...] del Toledano Romanzado con las Crónicas generales y sus variados apéndices [...] no constituyen, ciertamente, un conjunto muy armónico [...] su formador no se preocupó de encuadrar estos materiales heterogéneos en una estructura historiográfica dada, sino que se limitó a reproducir en cada caso la que le imponía la fuente que utilizaba.[18]

En vez de integrar el relato de sus fuentes dentro de un esquema narrativo 'original' lo que hizo el compilador de la *EfG* fue transcribirlas *verbatim*, sin modificarlas más que para, en algunos casos, resumir su relato. El resultado final es una narración que he calificado en el título de 'descoyuntada'. Los relatos de las distintas fuentes están simplemente 'pegados' entre sí, de manera que es relativamente fácil saber donde termina el uso de una para comenzar el de la otra. Las incoherencias y faltas de sincronía que ello provoca son varias; señalaremos aquí por ahora tan solo el hecho de que la narración se presente como una traducción de la crónica latina de Ximénez de Rada que hubiese sido traducida y continuada por algún otro historiador, aunque la mayor parte de su volumen textual lo ocupe el texto de la *Estoria de España* alfonsí.

Ciertamente, para nuestras ideas de lo que debe ser una narración –y me refiero no ya a una narración histórica, sino cualquier narración– los defectos del 'texto' de la *EfG* han de parecer evidentes. Tanto el 'formador' –nótese que para Catalán no es merecedor, no ya del título de 'autor' sino del de 'compilador'– como los del texto que produjo se quedan bien cortos de nuestros conceptos de 'autoría' y 'obra' y las nociones de coherencia y originalidad generalmente asociadas con ellos. A pesar de este juicio un tanto negativo, a medida que mi argumento sea presentado se comprenderá porqué, sin estar en desacuerdo con el juicio de Diego Catalán, considero que, a pesar de su falta de coherencia, y precisamente gracias a ella, es posible calificar a la *EfG* de un ejemplo particularmente valioso del discurso histórico medieval en general y del género de las Crónicas Generales castellanas en particular.

¿Qué es el 'discurso histórico'?

Tal vez lo más adecuado sea comenzar con una definición general de 'discurso histórico', por dos razones. La primera porque, en mi opinión, cualquier discurso histórico del pasado sólo puede ser descrito teniendo como punto de referencia nuestras nociones 'modernas' de historia y narratividad. Este principio ha de hacerse tanto más evidente al medievalista por el término mismo de 'medieval' que se aplica a su objeto de estudio y que lo identifica como construcción retrospectiva desde el presente.[19] La segunda razón se sigue de la anterior: si queremos 'historizar' el discurso medieval tal vez debamos empezar por hacer lo propio con nuestro propio discurso histórico, cuestionando nuestra noción de historia y reconociendo su relación con otros géneros narrativos.

En este sentido, los intentos contemporáneos más efectivos por definir el discurso histórico han procedido considerando la distancia que lo separa del discurso de ficción. Tal es la tarea que se proponía Roland Barthes en el artículo ya citado, y sus conclusiones eran un tanto paradójicas. Según él, lo que caracteriza el discurso histórico y lo distingue de la ficción narrativa no es la naturaleza de sus elementos, ni su distribución interna. Forma y contenido son secundarios a la especial relación que el discurso histórico mantiene con su referente.

> [en el discurso histórico] la idea misma de que la historia pueda tener otro significado (*signifié*) ajeno al referencial es rechazada. El referente y su expresión (*significant*) son contemplados como directamente relacionados; y el significado, el término fundamental de las estructuras imaginarias, se convierte en superfluo.[20]

En otras palabras, el histórico es un tipo de discurso que proclama carecer de significado, o dicho de otro modo, aquel discurso que niega su naturaleza discursiva. Sin embargo, prosigue Barthes, el estructuralismo –y uno podría añadir, el psicoanálisis– nos enseña que aquí ha de haber una falacia en funcionamiento: es imposible que una estructura carezca de significado, aunque sólo sea porque la ausencia de significado es, en sí misma, significativa. ¿Cuál es, entonces, la naturaleza de ese significado que ha sido negado –o reprimido– en el discurso histórico? Barthes concluye su artículo argumentando que el auténtico significado del discurso histórico –lo que lo caracteriza– consiste precisamente en el hecho de que se esté haciendo una afirmación. Es, por tanto, una igualación –¿o confusión?– de significado y referente el mecanismo por el que el discurso histórico puede alcanzar su categoría o, dicho de otro modo, afirmar su autoridad.

El argumento de Barthes –que en en párrafo anterior se ha intentado resumir, tal vez de manera inadecuada– es, en realidad, simple: el discurso histórico sólo tiene sentido si es autoritativo, es decir, si el lector reconoce y acepta que la narración está haciendo referencia a personajes y acontecimientos que tuvieron una existencia real. Es un tipo de discurso, por tanto, que necesita recordar a su audiencia a cada paso que 'lo que aquí se cuenta es verdad'. Desde este punto de vista, se puede decir que la función del discurso histórico –lo que de verdad y ante todo 'hace'– no es narrar una secuencia de acontecimientos, sino afirmar y garantizar la realidad de su referente, es decir la de la ocurrencia de dichos acontecimientos en el pasado.

En mi opinión, esta 'asertividad', o identificación entre significado y referente, es un denominador común a los discursos históricos moderno y medieval. De hecho, se la podría haber denominado 'literariedad' e identificarla con el primer nivel de lectura del texto bíblico de la hermenéutica medieval. Ambos discursos históricos –medieval y moderno– descansan en el presupuesto de que el objeto de la narrativa histórica, su significado, se limita a los 'acontecimientos', y para ello ambos han de ser autorreferenciales, haciendo uso constante de signos o marcas que sirvan al lector para identificar y reconocer el género al que el discurso pertenece.

En realidad, el papel de la historia dentro del epistema del conocimiento medieval estaba mucho más definido de lo que se ha encontrado y se encuentra dentro del moderno; aunque el conocimiento histórico ocupase un lugar secundario o auxiliar al de la retórica, el derecho o la teología,[21] nadie en el periodo pre-moderno hubiese dudado de su carácter 'científico' (o así lo llamaríamos nosotros ahora), es decir, de la posibilidad de articulación y de representación de su objeto, que es precisamente lo que ha sido puesto en el tapete crítico por el post-estructuralismo.

Pero tambien existe entre los dos discursos una diferencia 'cualitativa' y que se refiere a la naturaleza concreta de las marcas autorreferenciales que ambos discursos –medieval y moderno– despliegan. En el caso del primero, la etiqueta de 'histórico' está estrechamente ligada al papel que en él juega lo que Michel Foucault llamaba la 'función-autor'.[22] En efecto, el discurso histórico medieval alcanza su categoría genérica mediante el constante despliegue de la identidad de su fuente original. De hecho, como A. J. Minnis nos ha recordado, todo discurso científico en la Edad media había de estar apoyado por la *auctoritas* de un *auctor*.[23] Dichos *auctores* han de ser contemplados, más que en el sentido moderno de 'autor' como 'sujeto histórico que escribe', como una serie de nombres propios que eran universalmente aceptados por la comunidad lectora como fuente de conocimiento. Sólamente el hecho de que un texto estuviese asociado con uno de estos nombres propios podía garantizar su estatus académico o científico.

Desde esta perspectiva, se podría afirmar que el discurso histórico medieval no era –no podía ser– nunca estrictamente 'anónimo'. En Castilla, por ejemplo, gran parte de las narrativas históricas que circularon durante los siglos XIV, XV y XVI descansan en la autoridad de los tres autores del siglo XIII que mencionábamos al principio: Lucas de Tuy,

Rodrigo de Toledo y el rey Alfonso. En el caso de la *Estoria del fecho de los godos* la 'función-autor' es desempeñada por el arzobispo Rodrigo de Toledo, tal vez la autoridad historiográfica más sólida de las tres durante el siglo XV.[24] La mayoría de los lectores de los manuscritos de la crónica, y esto incluye a muchos contemporáneos, la reconocen como traducción, con interpolaciones, de la crónica del Toledano.[25] Pero también era necesario 'autorizar' tanto la propia traducción del texto latino como aquellas secciones del texto que no podían ser obra del arzobispo, y así, junto con el de Rodrigo, durante la transmisión del texto se fueron asociando a la *Estoria del fecho de los godos* los nombres de otros *auctores* medievales posteriores, bien porque aparezcan en algunos de los manuscritos, bien por que sean mencionados por algún comentarista o erudito posterior, para dar cuenta de la traducción del Toledano y de su continuación hasta el final de la crónica. Entre dichos nombres están los de Juan Manuel, Gonzalo de Hinojosa y Pero López de Ayala, es decir, la plana mayor de la de la historiografía medieval castellana.[26]

El primer candidato a la autoría de la continuación del Toledano del que tengamos constancia es Pero López de Ayala, sin duda debido a que algunas de las secciones de la narrativa parecen resumir apresuradamente el contenido de las crónicas del canciller. El nombre de Ayala aparece como traductor y continuador en el ms. *F* del siglo XVI, no en nota al margen sino dentro del texto central, de la misma mano que hizo la copia, al final del relato del Toledano. El origen de la atribución no está claro: podría ser obra del copista de *F*, aunque los errores del párrafo que va a continuación parezcan indicar que ya estuviera en la tradición manuscrita anterior, tal vez en nota al margen de alguno de los ejemplares de la crónica.

Esta historia desde el Prinçipio fasta las ojas 286 donde se Remata la vida del rey don fr^{do} el tercero que gano a seuy^{lla} fizo e ordeno el a^{po} de toledo don Rodrigo / e desde alli fasta aqui hordeno esta historia don Pero Lopez de Ayala chançiller mayor de castilla que esta enterrado en calahorra enel monesterio de quixana murio enel año de mill & quatro cientos y siete a hedad de setenta y çinco a^{o}s tradujo a tito libio historiador rromano en Romançe y la caida de los prinçipes y los morales de san gregorio & el ysidoro de sumobon el boeçio las historias de rroya [sic] Por que hera muy latino e muy gran philosopho (Ms *F*, fol. 325v)

Por su parte, Hinojosa aparece como responsable de la traducción de la crónica del Toledano y de su continuación –presumiblemente hasta la fecha de su muerte en 1327– en el manuscrito *D*. La atribución procede del historiador aragonés Gerónimo de Zurita, quien poseyó el manuscrito y probablemente lo utilizó para alguna de sus obras. De mano de Zurita es la nota al margen en la conclusión del relato del texto basado en *De rebus hispaniae*.

> desde aqui enpieça el obispo de Burgos Don Gonzalo dela Hinojosa su historia continuando ala que traduxo del Arçobispo Don Rodrigo del latin (Ms *D*, fol. 171v)

El catalogador de la Biblioteca Nacional de Madrid, aceptando la autoridad del ilustre historiador aragonés, incluyó el nombre de Hinojosa en la hoja que antepuso al manuscrito como autor de toda la continuación del Toledano.[27] De ahí paso esta atribución pasó a la edición del ms. *D* realizada en el siglo XIX por el marqués de la Fuensanta del Valle, quien atribuyó a un anónimo la narración que el obispo de Burgos no podía haber completado por haber muerto en 1327.[28]

Es un error considerar estas atribuciones de la 'autoría' de la crónica en términos de su autenticidad, entre otras razones porque el tema se agota con sólo plantearlo: está claro que ninguno de los personajes citados tuvo nada que ver con la composición de este texto en concreto. En realidad, el referente de todos estos nombres propios, es decir, el sujeto histórico que 'está detrás de ellos', es lo de menos; más interesante es la función discursiva que estos nombres propios desempeñan. La tradición receptora-transmisora de estos manuscritos se creyó en la obligación de 'autorizar' aquellas partes del texto que no podían ser atribuidas al arzobispo de Toledo, utilizando para ello nombres que poseyesen la autoridad suficiente para sostener el carácter de discurso histórico del relato. Me gustaría aquí señalar que 'poseer la autoridad suficiente' es sinónimo de 'tener la potencialidad para ser reconocido por la comunidad lectora como fuente de autoridad historiográfica'. Los significantes 'arçobispo don Rodrigo', 'Hinojosa' o 'Pero Lopez de Ayala' no son sino mecanismos discursivos que sirven para recordar al receptor del carácter genérico del relato que tiene delante y que le permiten descodificarlo en consecuencia. En este sentido, idéntica función-autor es la desempeñada por el 'anónimo' al que algunos manuscritos atribuyen determinadas secciones del texto. Lo importante es que el discurso histórico siempre ha de poner de relieve el espacio de una presencia en su origen, tanto si dicho espacio se encuentra ocupado por el nombre de un 'autor' como si, por determinadas circunstancias, dicho nombre se ha perdido u olvidado en el presente.

¿Cómo viene marcada la autoridad en el discurso histórico medieval?

Pero el funcionamiento de la autoridad que se despliega a lo largo de la superficie de la *EfG* no se limita a la mención del nombre de algún historiador medieval en la introducción o junto al título de la obra. Existen otras marcas de autoridad discursiva a las que Barthes, siguiendo aquí a Jakobson en su descripción del discurso narrativo, llama '*shifters*', término inglés que, a falta de otro mejor, traduciremos como '*índices*'. En el modelo estructuralista de descripción del discurso narrativo los '*índices*' son aquellos 'momentos' en los que el 'flujo' de la narración se interrumpe para que el discurso 'se vuelva hacia sí mismo'. En otras palabras, la función de los '*índices*' es la de marcar lo que en lingüística se conoce como 'deixis'. *Índices* son, en consecuencia, tanto las referencias anafóricas y catafóricas que dotan al discurso de cohesión y coherencia, como aquellos elementos que ponen en evidencia lo que podríamos definir como 'la naturaleza discursiva del discurso', incluyendo referencias al emisor y al receptor, a la naturaleza genérica del mensaje, al código utilizado, al contexto en que se produce el intercambio comunicativo, etc.

Con el fin de desarrollar nuestro argumento, nos fijaremos a continuación en los *índices* que aparecen en las secciones del texto de la *EfG* procedentes originariamente de la *Estoria de España*, aunque las conclusiones que obtendremos de dicho examen sean potencialmente aplicables a las otras secciones y a la totalidad de la crónica en su conjunto.

(a) Índices que se refieren a los orígenes del discurso
Aquí habría que incluir todas las referencias a los *auctores* que mencionábamos antes. En la *Estoria de España* a menudo se especifica la fuente de una determinada información: '...e dize Lucas de Tuy'. Es también muy frecuente que la voz narrativa de la 'estoria' decida informar al lector de la existencia en las fuentes de dos o más versiones contradictorias de un mismo acontecimiento. Se trata de una práctica muy común en el texto del Toledano y que adoptará también Alfonso el Sabio, y de la que ofrecemos a continuación algunos ejemplos. Algunas veces se acepta una de las versiones como más fiable de manera explícita, autorizando a una fuente y desautorizando a las demás (1, 2). Otras veces parece haber un distanciamiento respecto a la veracidad de las fuentes, aunque implícitamente en el curso del relato se acepte una de las versiones (3, 4). Por último también son muy frecuentes las ocasiones en las que se confiesa carecer de información alguna acerca de las circunstancias de un suceso determinado (5, 6).

(1) [D]espues dela muerte del rrey Atanagilgo ayuntaron se los godos de Narbona, e alçaron por rrey vno que auja nonbre Loyba, e rreyno tres años asy commo dize el arçobispo don Rrodrigo; mas don Lucas de Tuy dis que rreyno enlas Gallizias en vida de Atanagildo syete años, E despues en España tres, asy commo dixjmos; & nos contamos aqui segund cuenta el arçobispo don Rrodrigo, & dezjmos que fueron tres años (*EfG*, ms *Bi*, fol. 45r, *PCG*, p. 259a$_{31-41}$)

(2) algunos dizen que este Egica fue fijo del Rey Betiza, & otros dizen que fue hermano del conde don Yllan, mas lo mas verdadero es [que] fue fijo del Rey Betiza; en pero de qual quier cosa que fuese, sabida cosa es que fue arçobispo de Seujlla & despues de Toledo, mas non con derecho commo deuja (*EfG*, ms. Bi, fol. 94v; ed. p. 218, *PCG*, pp. 323b$_{52}$–324a$_3$)

(3) Cuenta la estoria del arçobispo don Lucas de Tuy que en aquella sason era rrey de Françia vno que era grande & auja nonbre Fulnj Drugio, pero que dize Ydaçio en su estoria que auja nonbre Glodoueo. E este Glodoueo auja a coraçon de ganar E torrnar al su señorio la Galja Gotica (*EfG*, ms Bi, fol. 33v, *PCG*, p. 245a$_{12-18}$)

(4) este Rey Vetiza, temjendose quel tomarian el Reyno por las maldades quel fazja, mando derribar todos los muros & los adarues & todos los castillos & villas & çibdades del Reyno [...] E mando fazer delas armas & del almazen rrejas & Açadas & çadones & otras ferramjentas para labrar la tierra [...] pero dize aqui don Lucas de Tuy quel Rey Rodrigo mando des fazer las armas, E que en su tienpo fue; & avn falla ome [en] algunos otros lugares quelo fizo por consejo del conde don [Y]llan (*EfG*, ms. Bi, fol. 80v; ed. p. 189, *PCG*, p. 305b$_{8-25}$)

(5) [A]ndados seys años del rreynado del rrey Sysnando, que fue enla era de seysçientos & setenta & ocho, murio este rrey Sysnando; mas desu muerte, commo fue njn en qual logar, nonlo cuenta la estoria (*EfG*, ms *Bi*, fol. 60r; ed., p. 218, *PCG*, p. 276a$_{46-51}$)

(6) en todo esto priso el rrey don Pelayo a Egica el arçobispo, mas non cuenta la estoria sy lo mato o que fizo del (*EfG*, ms Bi, fol. 94v; ed. p. 218; *Versión Crítica*, p. 362, 89a–90)

Pasajes como estos no deben ser leídos como expresión de neutralidad u objetividad historiográfica por parte del 'autor' de la crónica.[29] Su papel es, más bién, el de recalcar la función asertiva del discurso, recordando al lector de la autoridad que lo sostiene. Es precisamente la posibilidad de varias versiones, tal vez contradictorias, lo que garantiza que un determinado relato de los hechos sea 'histórico'; y lo consigue de dos maneras: en primer lugar al apuntar hacia la posibilidad de que una de las narraciones de los hechos sea auténtica; en segundo lugar, y tal vez más significativamente, al resaltar tácitamente la veracidad del relato en aquellas otras ocasiones en que no haya sido expresada ninguna duda acerca de su verosimilitud.

En términos similares Hayden White se ha expresado en su definición de acontecimiento histórico: 'Para ser calificado de histórico, un acontecimiento ha de ser susceptible de al menos dos narraciones de su ocurrencia'.[30] Es decir, si apuntamos a la posibilidad de que un acontecimiento no haya sucedido o que haya tenido una ocurrencia distinta a la narrada, estamos, al mismo tiempo, afirmando que sí pueda haberlo hecho y, en última instancia, poniendo de relieve la existencia de una realidad extra-textual, 'los hechos del pasado', que es objeto del discurso histórico. En este sentido, el que lo narrado sea o no 'falso' es lo que permite la posibilidad misma del discurso histórico y lo que lo distingue de los géneros de ficción, donde la realidad del referente del discurso nunca es puesta en tela de juicio ya que lo que se narra es, por definición, siempre 'ficticio'.

Además, la presentación de varias versiones contradictorias de las fuentes sirve para reforzar la autoridad del autor del presente. El discurso histórico medieval, que basa su legitimidad en autores y obras cuya autoridad se ha hecho explícita al lector al comienzo del texto, muestra que hay una autoridad superior que preside sobre ellos. En el caso de la *Estoria de España* se trata del rey quien, como auténtico portador de la autoridad del discurso, es el que juzga la fiabilidad o no de las distintas versiones y decide cual es la más fiable. Lo que en esta obra hace a su autor investirse de autoridad discursiva es, claramente, su propia autoridad política, de manera que una funciona como representación simbólica de la otra: la autoridad del rey garantiza la veracidad del discurso, el cual, por su parte, sirve para garantizar el poder del rey y su derecho a la corona. En seguida volveremos sobre este punto pero apuntemos aquí que en la producción de la *Estoria de España* asistimos a un fenómeno sin precedentes ni continuación en el reino de Castilla,[31] nunca más volveremos a ser testigos de esa identificación entre autoridad política y discursiva en virtud de la cual un rey se convierte en voz narrativa de un relato histórico.

(b) Índices que hacen referencia a la coherencia del discurso.
El carácter auto-referencial o metadiscursivo del segundo tipo de *índices* que aparecen en el discurso histórico medieval es aun más evidente, ya que se trata de aquellos que hacen referencia específica a la naturaleza del discurso mismo y su organización formal. En cuanto a la primera, es bien sabido que el nombre con el que se autodenomina el discurso histórico alfonsí es 'la estoria'.[32] Este tipo de *índice* era de especial importancia en la organización de una narración de estructura formal tan compleja como la de la *Estoria de España*.

No es éste el lugar de repetir lo que ya ha sido observado en tantas ocasiones y con tanta brillantez sobre la concepción alfonsí de la Historia; aquí habría que mencionar, sin duda, junto a los trabajos ya clásicos de Diego Catalán y Francisco Rico, los de Isabel Fernández Ordóñez y Leonardo Funes.[33] En todos estos estudios se considera el modo en el que la ideología de la *Estoria de España* está en sintonía con la de otros discursos (político-moral, legislativo y científico) surgidos del entorno alfonsí y cómo todos ellos forman parte de un proyecto ideológico coherente. Leonardo Funes, por ejemplo, considera como dicho proyecto ideológico alfonsí moldea la organización formal del discurso narrativo de la *Estoria de España*.[34] El propósito de la obra ('la intencionalidad del autor') era narrar todo lo relativo a España, como unidad de espacio geo-político, desde sus orígenes hasta el presente. Había para ello que incluir dentro del mismo cuerpo narrativo las historias particulares de todos y cada uno de los pueblos ('las gentes') que habían ejercido su *señorío* sobre dicho territorio – primeros pobladores, griegos, altramuces, romanos, suevos, vandalos alanos y silingos, y godos.[35] El proyecto no se limitaría a relatar la participación de estos pueblos en la historia de España, sino también toda su historia extra-peninsular, desde sus orígenes hasta su disolución. A efectos de estructura narrativa, todo esto suponía que un mero ordenamiento cronológico lineal de los acontecimientos no era suficiente. La narración había a menudo de ir atrás en el tiempo en *flashbacks*, por ejemplo cuando se mencionaba por primera vez a un pueblo determinado y era necesario explicar al lector quienes eran y de donde venían esas gentes. El carácter y la longitud de dichos *flashbacks* –o 'retrayres', que es el nombre que se les da en el texto– podía variar desde un apretado relato en una sección de un capítulo (como en el caso de los 'vgnos' o los 'longobardos'), hasta varios capítulos (como en el caso de los godos),[36] dependiendo, como se puede ver, de la relevancia que el pueblo en cuestión hubiese tenido en la historia de España. Además de los 'retornos al pasado', el carácter comprensivo de la *estoria* imponía que a menudo se cambiase el foco de la narración para relatar dos series de sucesos simultáneas e independientes pero con relevancia ambas para la Historia de España. Uno de los casos más llamativos es el relato del nacimiento y vida de Mahoma y la expansión del Islam, el cual se encuentra entrelazado con la historia goda; aparecen así dos líneas narrativas aparentemente independientes pero que convergerán en lo que tal vez sea el conflicto dramático principal de toda la narración histórica: la conquista de la España goda por el Islam.[37] Este 'entrelazamiento' narrativo es también de especial complejidad en las secciones de los reyes astur-leoneses, cuyo relato se alterna con el de los emires y califas cordobeses.

Entre los *índices* que una narración estructuralmente tan compleja como la descrita requiere, están aquellas referencias que marcan sucesión cronológica: 'andados X años', 'en este Xº año del reinado de...', etc.; y aquellas otras que marcan un cambio de foco narrativo, la consabida: 'agora dexa la historia de contar de ... e vuelve a contar de ...'. Sin embargo, aparte de estas fórmulas, es incluso de mayor interés para nuestro razonamiento la red de referencias que cubre el texto de la *Estoria de España*, por medio de las cuales en unas secciones del discurso se nos remite a otras secciones. Nos referimos a aquellas ocasiones en que se nos anuncia que un cierto acontecimiento nos había sido narrado ya ('como ya a contado la estoria'), o que nos volverá a ser narrado, tal vez con mayor extensión, más adelante ('como la estoria contara'). El interés que decimos tiene este último grupo de *índices* reside en que si bien con los anteriores sea posible asumir que surgen de la mera necesidad de ordenar los elementos narrativos, la función de esta red de referencias es la de poner de relieve al lector el hecho de que dicho orden existe. En el texto de la *Estoria de España* este último grupo de *índice* constituye tal vez el dedo más claro apuntado hacia la figura del autor, es decir el rey, como organizador supremo del discurso y garante de su veracidad.

Lo que queda bien claro de los trabajos de todos los estudiosos que se han aproximado al discurso histórico alfonsí, en los que las observaciones anteriores están basadas, es el importante papel que en su caracterización juegan organización interna y coherencia narrativa.[38] Es posible, de esta manera, descubrir otro inesperado paralelismo con el discurso histórico de la modernidad. En su libro *Metahistory*,[39] Hayden White ha descrito cómo los historiadores clásicos del XIX 'entramaban' (él utiliza el término inglés 'emplotment') sus relatos de los acontecimientos históricos para dotarlos de significado, utilizando estructuras narrativas 'cerradas' similares, si no idénticas, a las que encontramos en los distintos géneros de ficción narrativa.[40] Pues bien, lo que se desea sugerir aquí es que –en contraste a la tradicional distinción entre 'crónica' e 'historia'– dicho 'cierre estructural' (*'closure'*) es también un rasgo del discurso histórico medieval en general y del alfonsí en particular. Ahora bien, se trata de un tipo de 'cierre' algo distinto al de las historias del siglo XIX a las que White se refiere. Mientras que en las narraciones modernas, sean históricas o ficticias, el orden organizativo existente, y que al lector se le propone reconocer, es el impuesto por el autor de la narración, el 'cierre' narrativo no se suele encontrar en la superficie del relato histórico medieval sino en un estado que nosotros, lectores modernos, calificaríamos de 'incompleto' o 'imperfecto'. Cualquiera que se enfrente a un texto medieval se dará cuenta que es a menudo el lector quien debe proporcionar la coherencia, resolviendo las inconsistencias y faltas de sintonía que la tradición haya imbuído en la narración y encontrando el 'hilo narrativo' que bien puede haber sido interrumpido o cortado. En definitiva, leer un texto así, supone en mayor medida que en el caso de un texto impreso, procesos activos de interpretación y transferencia cultural similares a los que aparecen en la traducción.

Aunque sean posibles otras interpretaciones de esta 'apertura' del texto medieval de la que hablamos, quizás sea preferible identificarla en el contexto de este artículo como resultado inevitable de las condiciones materiales para la (re)producción, transmisión y recepción del discurso escrito existentes dentro de la sociedad medieval. En una cultura manuscrita la configuración de cualquier tipo de discurso ha de estar por fuerza más propensa a la influencia de factores extraños al ámbito autorial, entre las que hemos de incluir tanto las circunstancias 'físicas' vigentes en el ámbito de su producción y recepción como el aporte de los agentes que participan en su transmisión. Cada reproducción del texto es un 'acontecimiento' individual en el que participan factores sobre los que el productor original del discurso tiene poca o ninguna influencia. El resultado es que compiladores y copistas tienen tanta influencia en la forma que adoptará el discurso, en su vida como género, como el autor que originalmente lo concibió.

En este sentido, ningún género refleja mejor en su configuración formal el carácter 'abierto' de la textualidad medieval que el de la crónica, y en el caso castellano, que las llamadas 'Crónicas generales' de los siglos XIV y XV procedentes de la *Estoria de España* alfonsí. El modelo de la crónica es una llamada a 'continuar la trama', a la que muchos lectores en efecto respondían completando la narrativa hasta el presente de su lectura. El resultado es que los distintos modelos de discurso histórico en lengua vernácula transmitidos a través de la Castilla bajomedieval se distancian bastante del modelo historiográfico alfonsí como fue proyectado por su autor en el siglo XIII.

De esta manera, la desvirtuación de la ideología alfonsí puede ser observada en los relatos históricos transmitidos por la tradición, en la medida que la coherencia en la narración del pasado proyectada en el ámbito de producción del discurso histórico –el territorio, casi mítico, de los 'talleres alfonsíes'– no fue nunca plenamente alcanzada en los textos recibidos por la comunidad lectora. En la *Estoria del fecho de los godos* la utilización de solo una de las secciones de la *Estoria de España*, es decir, una de las partes de un texto que había sido concebido como un todo coherente, tiene el efecto de derrumbar la compleja estructura de la obra alfonsí: las marcas de sucesión temporal pierden su continuidad, pues aparecen sólo en aquellas partes en las que la crónica sigue al texto alfonsí; la red de referencias anafóricas y catafóricas colapsa, al remitirnos muchas veces a un vacío, es decir, a secciones del texto alfonsí que han sido editadas de la crónica. El caso que tal vez represente mejor la demolición del edificio discursivo alfonsí en la *EfG* se produce al final de su capítulo I. 43 (3er año de Turismundo, año 495 de la era), donde se anuncia:

> por que este theodorico fue el primer rrey delos godos que ouo el señorio de españa por ende torrna aqui la estoria asu / orden a contar desde el seseno año del ynperio de marçiano (*Bi*, fols. 27r–v; Ded., p. 66, l.23–26).

Un lector cuidadoso de la época podría, en verdad, preguntarse *de qué orden* está hablando la voz narrativa del texto (¿el arzobispo don Rodrigo?). Es, claro está, el orden del discurso de la *Estoria de España*, pues es en dicho punto donde se llega al final del *'rretrayre'* que narra el origen de los godos y es, por tanto, el momento en el que la narración vuelve a seguir el orden cronológico que había sido interrumpido, para volver atrás en el tiempo, al final de la historia de los pueblos bárbaros (*PCG*, c. 385, p. 215b33–44).

La ausencia del orden impuesto al relato histórico por Alfonso X, ('Nos don Alfonsso ... mandamos ayuntar quantos libros pudimos aver de istorias ... et compusiemos este libro')[41] es un elemento significativo de lo que se puede calificar de desplazamiento en la autoridad del discurso histórico en lengua vernacula, en virtud del cual el nombre del arzobispo toledano vino a suplantar o apropiarse del del rey Sabio como autor del discurso. Al comenzar el texto con la introducción del arzobispo del 'Toledano Romanzado' todo el relato se convierte inmediatamente en 'la crónica del arzobispo', traducida (según el manuscrito del que se trate) por Pero López de Ayala o Gonzalo de Hinojosa. La voz narrativa en primera persona en que la *Estoria de España* estaba originalmente concebida –el 'Nos' de Alfonso el Sabio– pasa a transformarse en la segunda persona en que está escrita *De rebus hispaniae*, pues, como se sabe, el arçobispo dirige su historia al rey Fernando III.[42]

> muy noble & señor rrey bien aventurado don ferrando ... yo don rrodrigo vuestro arçobispo en toledo vos enbio donde vjnieron o quien fueron los que primero poblaron españa ... lo mejor & mas verdadera mente que yo pude conpilar ... E pidovos por merçed que me perdonedes por que fue atreujdo de vos enbiar tan pequeño don ante la faz de tan alto prinçipe (*Bi*, fol. 1v; Ded., p. 7).

Ya no se trata pues de la historia que un rey cuenta a sus súbditos naturales, sino de la que cuenta uno de dichos súbditos a un rey, una perspectiva narrativa que será la utilizada en la historiografía del siglo XV, tanto en lengua latina como romance (Cartagena, Rodríguez de Arévalo y Margarit dedican sus historias a Juan II, Enrique IV y los reyes Católicos respectivamente; Valera hace lo propio con la reina Isabel en su *Crónica abreviada*, etc.).[43]

En lo que se refiere al primer tipo de índice que veíamos arriba, la superioridad historiográfica del rey sobre la de las autoridades que son mencionadas en el discurso se pierde. Al no poder ser obviamente atribuíbles a Jiménez de Rada, quien es mencionado como una de ellas, la utilización de diferentes versiones ha de ser implícitamente atribuída al traductor o compilador (Ayala, Hinojosa) de la crónica. En todo caso, cualquier traza de la autoridad alfonsí desaparece y, de hecho, la función del nombre del rey en el relato histórico se limita a la de ser un personaje más y uno, por cierto, que no goza de un destino histórico demasiado afortunado.

Por último, este desplazamiento o 'apropiación' de la autoridad alfonsí también coincide, no sabemos si conscientemente o no, con la manera en la que el compilador de la *EfG* decidió utilizar el texto alfonsí que tenía como fuente. El formador ignora de su manuscrito de la crónica alfonsí,[44] toda la historia romana que tan cuidadosamente había sido preparada en los talleres alfonsíes, y empieza a transcribir la *Estoria de España* precisamente en el momento en el que ésta se convierte en una traducción de la *Historia Gothica* del arzobispo. Así pues, la labor del compilador de la *EfG* es la de 'deseditar' la *Estoria de España*, reconstruyendo la crónica del Toledano al podar el texto alfonsí de todo el material romano, que no se correspondía con la línea narrativa básica establecida por Rodrigo en *De rebus hispaniae*.

Esta supresión en la *EfG* coincide con la eliminación de la historia romana alfonsí de las compilaciones y crónicas de final de la Edad Media, o la minimización en su tratamiento respecto al que recibía en la *Estoria de España* y puede, en mi opinión, ser atribuída a la interacción de una serie de criterios explicables en virtud del contexto socio-cultural de la sociedad castellana de la época: (i) ideológicos: la monarquía castellana del siglo XV no estaba interesada en una concepción universalista del *imperium*, sino que sus intereses se concentraban más en afirmar su supremacía sobre los otros reinos de la Península y, en última instancia, su derecho de señorío sobre todo el territorio que constituía el antiguo reino godo, en un modelo político más cercano al del estado nacional moderno;[45] (ii) discursivo-narrativos: la historia romana de la *EE* desbordaba el marco narrativo de una historia cuya unidad temática le venía dada por estar centrada en el territorio español y, por último también; (iii) bibliográficos: el copioso relato romano quizás hubiese hecho que el texto fuese demasiado extenso, dificultando así su presentación en un sólo volumen, lo que, a efectos de la comercialización y circulación del texto fuese quizás lo más conveniente.

En el discurso *EfG*, por tanto, tanto la instauración de la función autor Rodrigo de Toledo como la configuración formal del contenido de la crónica son coherentes con el hecho de que la versión de la historia de España como historia de los godos del arzobispo sea la que triunfe estructuralmente en el siglo XV sobre la concepción más 'imperial' de Alfonso el Sabio.[46] En esto el concepto de la historia que poseía el humilde compilador (o 'formador', como lo llamaba Diego Catalán) de la *EfG*, coincide con el de figuras tan ilustres como las pertenecientes a la tradición de historiadores iniciada a principios del siglo XV por Pablo de Santa María, y continuada por Alfonso de Cartagena y Rodrigo Sánchez de Arévalo, todos los cuales escribieron sus historias a partir del modelo de la *Historia Gothica* del Toledano. Construían así estos historiadores eruditos un modelo historiográfico que buscaba legitimar la monarquía castellana y justificar su supremacía sobre las otras monarquías peninsulares, entre otros razonamientos, en base a una linea sucesoria hereditaria que ligaba a la dinastía Trastamara con la monarquía goda. Los manuscritos de la *EfG* han de ser considerados en virtud de este 'neogoticismo' de principios del XV, que alcanzaría a la historiografía de los Reyes Católicos.[47] La crónica tuvo, a pesar de su 'tosquedad', y tal vez gracias a ella y al sabor 'arcaico' y 'auténtico' que proporcionaba al lector, una fructífera vida como fuente consultada por historiadores durante reinado de los reyes Católicos como Pedro de Escavías y Diego de Valera, [48] cuya *Crónica abreviada* nos demuestra que manejó un manuscrito de la *EfG* mientras se encontraba en Moguer elaborando dicha obra.[49]

Conclusiones

La *EfG* se nos aparece pues como ejemplo de la recepción en el siglo XV del discurso histórico en lengua romance que aparece en el siglo XIII. La unidad con la que dicho discurso fue concebido puede ser aun apreciada en el texto como fuerza que aspira a atraer los elementos de la narrativa alrededor de un centro ideológico; pero en el contexto de la época existen otras fuerzas 'centrífugas' que socavan la intención del autor y subvierten la orientación ideológica del discurso.[50] Dichas fuerzas vienen representadas por la actividad de compiladores y copistas cuyo papel en la configuración del discurso, podía ser tanto voluntario (intervenciones 'autoriales' o ideológicamente motivadas) como involuntario (intervenciones motivadas por las condiciones materiales presentes en el momento en que el acto de compilación y copia tuvo lugar), pero que, en cualquier caso, fue crucial para la configuración y recepción de los géneros de la escritura medieval.[51]

Considerar la aportación de compiladores y copistas como parte integrante de la textualidad medieval, y no eliminarla de estudios y ediciones críticas como elemento que desvirtúa u oculta la voz del autor original nos puede llevar a replantearnos algunos presupuestos académicos sobre la historia de la historiografía castellana. Por ejemplo, en un período como el de finales del XIV y principios del XV, al que corresponden las *Estorias del fecho de los godos*, que ha sido calificado de 'época de decadencia extrema de las historias generales' por haber un vacío en las histórias canónicas de la literatura castellana entre el nombre de Pero López de Ayala y los grandes historiadores del XV,[52] el género historiográfico parece, por el contrario, haber gozado de una inmejorable salud, como lo muestran la cantidad de sumarios y abreviaciones compuestas, sin contar los manuscritos que de las crónicas generales copiados en estos años y que todavía conservamos.[53] Parece claro que si el objetivo de Alfonso el Sabio era el de escribir una 'historia' del pasado, sus lectores y continuadores persistieron en escribir crónicas durante los dos siglos siguientes.

Textos como el de la *EfG*, que parecen desafiar nuestra concepción de discurso narrativo, son particularmente valiosos para el medievalista ya que nos obligan a reconocer y cuestionar la naturaleza de dichas categorías, en la medida que afecten a nuestra comprensión de la textualidad medieval. Por supuesto, que desde la perspectiva de la filología tradicional es posible dejar de lado dichos textos como 'defectuosos' y atribuirlos a la ignorancia o a la falta de talento de los compiladores o de los copistas medievales, o simplemente al hecho de que estuvieran a menudo 'pensando en las musarañas'.[54] Sin embargo, desde la perspectiva que se ha intentado exponer en este artículo, eso no sería sino imponer nuestras categorías sobre lo que es, o debe ser, un 'buen escritor' o una 'buena narración'; el que un objeto no se acomode a nuestras preconcepciones no es razón para abandonar su estudio, y esto es incluso más cierto en el caso de los artefactos culturales del pasado. A pesar de su incoherencia interna, el texto de la *EfG* se aparecía a los lectores de los siglos XV y XVI como narración unitaria, aunque sólo fuera en virtud de la unidad que le proporcionaba el formato del libro manuscrito, cuyos lectores no tenían dificultad en reconocer como 'crónica', es decir como narración autoritativa del pasado.

Si, como dice Hayden White, 'una "mala" narración nos puede decir más sobre la naturaleza de la narratividad que otra "buena"',[55] quizás una 'mala' compilación historiográfica como la *Estoria del fecho de los Godos* nos pueda decir más sobre la historiografía medieval que otra 'buena', más aún cuando este tipo de 'narraciones descoyuntadas' parece ser la regla y no la excepción dentro de la cultura medieval.

NOTAS

1   *History and Memory* (New York: Columbia University Press, 1992), p. 136 (sobre la relación entre historiografía y poder) y p. 144 (sobre las *Grandes Chroniques de France*).

2   Roland Barthes, "Historical discourse", en Michael Lane (ed.) *Structuralism: a reader* (London: Butler & Taunen, 1970), p. 153 (mi traducción).

3   Tal es el enfoque presente en trabajos de autores como Peter Linehan, *History and the historians of medieval Spain* (Oxford: Clarendon, 1993); Diego Catalán, *La Estoria de España de Alfonso X: creación y evolución* (Madrid: Gredos, 1992); *De la silva textual al taller historiográfico alfonsí. Códices, crónicas, versiones y cuadernos de trabajo* (Madrid: Fundación Menéndez Pidal y Un. Autónoma de Madrid, 1997); Francisco Rico, *Alfonso el Sabio y la 'General Estoria': tres lecciones* (Barcelona: Ariel, 1984); Brian Tate, *Ensayos sobre la historiografía peninsular del siglo XV* (Madrid: Gredos, 1970); "Margarit i el tema dels gots", en *Actès del cinque col·loqui internacional de llengua i literatura catalanes* (Andorra: Publicacions de l'Abadia de Monserrat, 1980), pp. 151–68; "The rewriting of the historical past", en Alan Deyermond (ed.) *Historical Literature in Medieval Iberia* (London: Queen Mary and Westfield College, 1996), pp.

85–103; y Alan Deyermond, "The Death and Rebirth of Visigothic Spain in the *Estoria de España*", *Revista Canadiense de Estudios Hispánicos*, 9 (1984–85), pp. 345–67; "La ideología del Estado moderno en la literatura española del siglo XV", *Realidad e imágenes del poder. España a fines de la Edad Media* (Valladolid: 1988), los dos últimos de los cuales han trabajado sobre la historiografía del siglo XV.

4   Aparte de la obra de Francisco Rico ya citada véase el libro de Isabel Fernández Ordóñez, *Las "Estorias" de Alfonso el Sabio* (Madrid: Istmo, 1992).

5   M.M. Bakhtin, P.N. Medvedev, *The formal Method in Literary Scholarship. A Critical Introducction to Sociological Poetics*, Trad. de Albert J. Wehrle (Baltimore: The John Hopkins University Press, 1991), p. 7.

6   "El Toledano Romanzado y las Estorias del fecho de los godos", en *Estudios dedicados a James Homer Herriott* (Madison: University of Wisconsisn, 1966), pp. 9–102. Secciones del mismo artículo han aparecido en el libro *La Estoria de España*, aquí citaré siempre por el artículo.

7   Sobre esta obra véase Catalán, "El Toledano Romanzado", pp. 11–31; José Gómez Pérez, *La más antigua traducción de las crónicas del Toledano* (Madrid: Consejo Superior de Investigaciones Científicas, 1958); Benito Sánchez Alonso, "Las versiones en romance de las crónicas del Toledano" en *Homenaje ofrecido a Menéndez Pidal* (Madrid: 1925), I. 341–54. El *Toledano Romanzado* ha sido objeto de una edición crítica basada en su manuscrito *H* en la tesis doctoral de Carol Ann Van der Walt que acaba de ser defendida con éxito en la Universidad de Birmingham (1999).

8   Catalán identifica esta compilación en particular y la distingue de otras traducciones y compilaciones hechas a partir de las obras del Toledano y de Alfonso el Sabio. Ponía en claro así tambien la confusión producida por el hecho de que cada estudioso diese un nombre distinto para referirse al mismo texto, el más conocido de los cuales es el de *Cuarta Crónica General* que le dio Menéndez Pidal. Aquí nos referiremos a la que él llama 'versión amplia', (que es la que está siendo objeto de mi edición) que se caracteriza por el mayor uso que hace del texto alfonsí. Para la composición y manuscritos de la 'versión breve' véase Catalán, "El Toledano Romanzado", pp. 32–3 y 35–50.

9   Catalán, "El Toledano Romanzado", pp. 80–84. Uno de los episodios de esta 'historia' fue estudiado por Menéndez Pidal en "Relatos poéticos en las crónicas medievales. Nuevas indicaciones", *Revista de Filología Española* 10 (1923), pp. 363–72); más cercano a nuestra época Fernando Gómez Redondo también ha tratado de esta sección de la crónica en "Tradiciones literarias en la historiografía de Sancho IV". en Carlos Alvar y José Manuel Lucía Megías (eds.), *La literatura en la época de Sancho IV* (Alcalá de Henares: Universidad, 1996), pp. 181–99.

10   Catalán, "El Toledano Romanzado", pp. 80–84.

11   Los reinados de Pedro I y Juan II son distintos en el manuscrito *D* (y por tanto en la edición de la CODOIN que se basa en él). El texto es similar al que se encuentra en la 'refundición' del *Sumario* atribuido al despensero de la Reina doña Leonor, que se puede leer en la edición de Eugenio

Llaguno realizada en 1781 y reimpresa en 1971, Juan Rodríguez de Cuenca, *Sumario de los Reyes de España*, ed. de Eugenio Llaguno, Reimpresión facsímil de la edición de 1781 (Valencia: 1971). Sobre este téxto véase Catalán, "El Toledano Romanzado", pp. 89–95. El relato del reinado de Pedro I fue tratado también por W. J. Entwistle en "The «Romancero del rey don Pedro» in Ayala and the *Cuarta Crónica General*", *Modern Language Review*, 25 (1930), pp. 306–26.

12   La principal aportación de Inés Fernandez Ordóñez al estudio de la *EfG* ha sido la de identificar que los materiales alfonsíes que la crónica utiliza en la historia de los reyes astur-leones (antes y después de Fruela II) remiten a una misma 'versión crítica' de la *Estoria de España* alfonsí. Le ayudó a ello la aparición de un manuscrito (el *Ss*) que contiene el texto de la 'versión crítica' para toda esa sección de la historia, lo que venía a confirmar una idea que estaba implícita en el trabajo de Diego Catalán. El compilador de la *EfG* posiblemente no manejara, por tanto, un manuscrito de la *Crónica de Veinte Reyes* para las ocasiones en las que su texto sigue a la crónica alfonsí en la sección posterior al reinado de Fruela II (incluyendo la historia de los Infantes de Salas), como habían supuesto Menéndez Pidal y Lindsay Cintra, sino que el material le vino ya dado en el manuscrito de la *Estoria de España* que había estado utilizando, el cual dependía en todo el relato de los reyes astur-leoneses de dicha 'versión crítica'. Véase *Versión crítica de la Estoria de España*, ed. de Inés Fernández Ordóñez (Madrid: Fundación Menéndez Pidal, 1993), cap. III, especialmente pp. 108–14 y el apartado 2 del resumen final (p. 255). Véanse también las pp. 324 y 405–37 del último libro de Diego Catalán, *De la silva textual*, así como sus conclusiones (p. 468).

13   El texto de la *Primera Crónica General* utilizado es el de la edición de 1977 que reproduce el de la reedición que Menéndez Pidal hizo en 1955 (Madrid: Gredos, 1977).

14   Existe una edición del siglo XIX (*Ded.*) realizada por el Marqués de la Fuensanta del Valle, la cual transcribe el texto del manuscrito D, *Crónica de España del arzobispo Don Rodrigo Jiménez de Rada. Tradújola en castellano y la continuó hasta su tiempo Don Gonzalo de la Hinojosa*, Colección de documentos inéditos para la Historia de España, vols. 105–6 (Madrid: 1893). La transcripción tiene algunos ostensibles defectos que fueron apuntados por Catalán ("El Toledano Romanzado", p. 35, n. 98 y p. 36, n. 102).

15   D: 9559 (Biblioteca Nacional de Madrid); *B*: 9563, BNM; *F*: 1517, BNM; *Ll*: 2–Ll–2, Bibl. de Palacio; I: 10154, BNM (copia del anterior). Para una descripción de estos manuscritos véase Catalán, "El Toledano Romanzado", pp. 33–35.

16   El manuscrito *Bi* (5/iv/22, University Library, Birmingham) no fue consultado por Diego Catalán para su artículo sobre la *Estoria del fecho de los godos* y es por ello que me detengo aquí para describirlo someramente. Se trata de un códice de finales (?) del XV de 279 folios, copiado por tres manos que se iban turnando en el trabajo. Está trunco de un folio al comienzo y de uno o dos al final, faltan además los que

hubieran sido los folios 231 y 278. Comienza en mitad de la introducción del *Toledano Romanzado*: 'su franqueza & por su justiçia fueron nobles en tanto que mjentra el mundo durare syenpre diran dellos bien' (Ded$_{105}$, p. 5, l. 21); y concluye 'E mataron a todos los chamor[ros] [???] los en la mar que eran fasta quinientos ome[s] [???] quatro galeas con quanto trayan A barr[?? ???] fazer dellas lo que fue su mer[çed] [???] [??? ??]caron de portogal A ca[???]', en el reinado de Enrique III, (Ded$_{106}$, p. 107, l. 26); el último folio está en muy mal estado, y se encuentra encuadernado al revés (con el verso donde debería estar el recto y viceversa). Una nota en portugués en el recto del primer folio conservado advierte que el libro pertenece a la biblioteca 'Do principe de Candea'; en una hoja añadida al final, también en portugués y fechada en 1607, se dice que el manuscrito 'pertenece a Iorge Roiz Dacosta', quien al parecer, lo adquirió de la biblioteca de Juan Fernández de Velasco (condestable de Castilla y protagonista, bajo el seudónimo de 'Prete Jacopín', de una famosa disputa literaria con el poeta Fernando Herrera). Los primeros 75 folios parecen haber sido copiados con más cuidado, como atestigua el hecho que el copista fuese dejando el espacio para las iniciales de cada capítulo que nunca serían añadidas. A partir del folio 76r empieza una nueva mano a transcribir que no deja espacio para las iniciales, como si en el taller del librero (?) se hubiese decidido finalizar el trabajo lo antes posible. El texto se corresponde muy de cerca con el del ms *F* (esto es, desconoce las innovaciones propias de la versión contenida en *D* (véase Catalán, "El Toledano Romanzado...", pp. 38–39 , 89–95, y nn. 111 y 112), aunque sin coincidir en el error de *F* en el capítulo sobre las amazonas (Catalán, "El Toledano Romanzado", p. 37, n. 106). Los folios 11, 12 y 13 debían estar en blanco en el manuscrito original, al que faltaría el final del capítulo xvi y los capítulos xvii, xviii, xix y principio del xx del primer Libro; el relato se interrumpe después de 'tamarys rreyna delas amazonas & paso El Ryo', reanudándose su trabajo el copista del XV con 'era ally adelantado delos rromanos & desbarataron & rrobaron castillos'. Sobre los dos primeros folios en blanco una mano del XVI (¿Fernández de Velasco?) escribió su propia traducción del Toledano (correspondiente a Tol. I.xiii–xvi) que completaba la laguna en el relato. El libro se encontraba en el catálogo de la Dolphin Book Company de Oxford, de donde fue adquirido por el Professor Derek Lomax. En la actualidad, se encuentra en la sala de libros raros (Heslop Room) de la Birmingham University Library. En mi tesis doctoral presentaré una descripción pormenorizada del manuscrito, véase Faulhaber et al., *Bibliography of Old Spanish Texts*, 3rd edition (Madison: HSMS, 1984), p. 250, ref. 2447.

17   Aunque sea pura especulación, podemos imaginar que la crónica o más bien el códice que contenía la crónica original tal vez fuese resultado de una comisión por parte de algún rico potentado sevillano que deseara completar su biblioteca con una de las 'abreviaciones de las crónicas de España' que tan de moda parecen haber estado durante las primeras décadas del XV, véase. Sánchez Alonso, *Historia de la historiografía española* (Madrid: CSIC, 1941), p. 308 *passim*. También es coherente

este origen sevillano con el hecho de que la ciudad hispalense parece haber sido un foco en la producción y transmisión de materiales historiográficos alfonsíes por el sur peninsular; en Sevilla, al parecer, los historiadores alfonsíes redactaron la 'versión crítica' durante los últimos años de Alfonso X (1282–1284), cuando el rey se enfrentaba a la rebelión de su hijo Sancho, véase Fernández Ordóñez, *La versión*, pp. 221–4 y 257. El hecho de que la última noticia de la que se daba cuenta en la compilación original fuese la entrada en Sevilla del regente Fernando tras su campaña de Setenil (aunque en el relato no haya referencia alguna al carácter desastroso de la expedición) puede tambien poner en relación la crónica con el ambiente sevillano que rodeaba al infante durante su estancia en Sevilla ese año de 1406 y con sus ambiciones personales reflejadas en esa campaña, la primera contra el reino de Granada desde hacía casi 50 años y en la que emprendería en 1410 que culminaría con la gran victoria –o al menos él y los historiadores que trabajaban para él así se preocuparon de presentarla– que supuso la conquista de Antequera.

18   Catalán, "El Toledano Romanzado", p. 100.

19   Sobre la construcción de la 'Edad Media' como objeto del discurso académico conocido como 'medievalismo' hay una interesante discusión en la obra de Brian Stock, *Listening for the Text. On the uses of the Past* (Philadelphia: University of Pennsylvania Press, 1990), pp. 52–74.

20   Barthes, "Historical discourse", p. 154.

21   Véase LeGoff, *History and Memory*, p. 190.

22   El término procede del célebre ensayo "¿Qué es un autor?", escrito como respuesta a 'La muerte del autor' de Barthes. En este texto Foucault señala que la distancia entre el *episteme* medieval y el moderno estriba en como: '[en la Edad Media] los textos que hoy llamamos "literarios" [...] eran aceptados, puestos en circulación, y valorados sin referencia alguna a la identidad de su autor [...]Por otro lado, aquellos textos que nosotros llamaríamos científico – los que trataban de la cosmología y los cielos, la medicina y las enfermedades, las ciencias naturales y la geografía eran [...] aceptados como "verdaderos" solo cuando estaban marcados con el nombre de su autor', *The Foucault reader*, Paul Rabinow (ed.) (Harmondsorth: Penguin, 1986), p. 109, mi traducción. La modernidad vendría a suponer, pues, una inversión de dichos términos. En cuanto a la Historia, aunque desde el siglo XVIII haya aspirado a proporcionar el mismo tipo de conocimiento 'objetivo' que el de las ciencias naturales, está claro que le ha resultado difícil conseguirlo; precisamente el hecho de que los historiadores modernos – y muchos contemporáneos – sean reconocidos como 'autores' confirma la posición dudosa que su disciplina ocupa dentro del epistema moderno al que nos referíamos antes.

23   En su obra *Medieval theory of authorship. Scholastic Literary Attitudes in the later Middle Ages* (Worcester: Wiwood House, 1988). Para una definición de los términos *auctor* y *auctoritas* y de su funcionamiento e interrelación véanse especialmente las páginas 10–15.

24   Esta afirmación tiene muchas implicaciones y el análisis de sus razones daría lugar a un estudio que no vamos a emprender aquí, pero ciertamente

la del arzobispo es la referencia sobre la que se modelan en la segunda mitad del XV obras como la *Anacephaleosis* (1456) de Alfonso de Cartagena y la *Compendiosa historia...*(1469) de Rodrigo Sánchez de Arévalo tan importantes en la definición de la ideología del estado postmedieval español, véanse Tate, *Ensayos sobre la historiografía...*, "The rewriting"; y Deyermond, "La ideología". Tanto la obra de Cartagena como la de Arévalo fueron publicadas en el primer volumen de la serie *Hispania Illustrata* (Francfort: 1603).

25 Por supuesto que entre las otras obras historiográficas de Ximénez de Rada aquí designamos como 'crónica del Toledano' a la que para los lectores medievales lo era, es decir el 'best-seller' medieval que fue la *Historia Gothica*.

26 Tal vez el nombre que resulte menos familiar al lector sea el de Hinojosa, arzobispo de Burgos (126?–1327). Aparte de la información que sobre él da Sánchez Alonso en su *Historia de la historiografía española* (Madrid: CSIC, 1941), p. 266 se puede encontrar una breve biografía de este autor en el artículo de Derek Lomax: "Una biografía inédita del Cid" en *Estudios en Homenaje a Don Claudio Sánchez de Albornoz* (Buenos Aires: Facultad de Filosofía y Letras, 1985), pp. 225–39.

27 ¿De dónde se sacó Zurita la autoría de Hinojosa? No es probable que confundiera el texto de la *EfG* con la monumental *Chronica ab initio mundi usque Alphonsum XI*, basada en parte en el Toledano y de la que, según Sánchez Alonso (ibid.), además de la traducción francesa conservada y editada en 1883, se hizo una traducción castellana. El error tal vez proceda del catalogador de la Biblioteca Nacional, quien habría malinterpretado la nota de Zurita. Éste simplemente pudiera haber anotado en el manuscrito *D* el punto en el relato dónde terminaba el texto del arzobispo de Toledo e Hinojosa iniciaba el suyo, pero no necesariamente que el texto que venía a continuación fuese el escrito por Hinojosa. De esta confusión la autoría de Hinojosa pasó a la edición de la CODOIN y de esa edición la aceptó el librero que a su vez catalogó el manuscrito *Bi*. Lo que sí esta claro es que Zurita atribuye a Hinojosa una *traducción* del Toledano. En cualquier caso se puede ver que las autorías son creadas a menudo por bibliotecarios que necesitan rellenar la casilla de 'autor' al elaborar sus catálogos.

28 En cuanto a Don Juan Manuel, su nombre como autor de la traducción del texto del Toledano aparece, según Diego Catalán, en el título del manuscrito *F'* (BNM 1517), una copia del siglo XVII del manuscrito *F*, que en el momento de escribir este artículo no he tenido oportunidad de consultar.

29 Como hace, por ejemplo, Juan Fernández Velarde, quien en la introducción de su traducción de *De rebus* se refiere a '[el] novedoso y por qué no, en cierto modo moderno comportamiento del Toledano ante sus fuentes' y a su 'honestidad ante la disparidad de opiniones de sus fuentes', *Historia de los hechos de España* (Madrid: Alianza Universidad, 1989) p. 33.

30 *The content of the form*, p. 20 (mi traducción).

31 Como se sabe, en el siglo XIII aragonés hay otro ejemplo conocido: el

Llibre dels fets de Jaime I.

32   También 'el cuento', pero parece haber una diferencia semántica entre ambos términos que Fernando Gómez Redondo ha estudiado en "La función del personaje en la *Estoria de España* alfonsí", *Anuario de Estudios Medievales*, XIV (1984), pp. 184–210.

33   A todos estos nombres habría que añadir el de Fernando Gómez Redondo cuya monumental *Historia de la prosa medieval castellana* (Madrid: Cátedra, 1998) nos ofrece un sumario excepcional de la historia de la historiografía castellana.

34   *El modelo historiográfico alfonsí: una caracterización* (London: Queen Mary and Westfield College, 1997).

35   Para el concepto de 'imperium' como eje del discurso histórico alfonsí véase el cap. 1 del libro de Isabel Fernández Ordóñez *Las estorias*.

36   Origen de los godos: *PCG*, capítulos 386–416 (pp. 215b46–238a19), correspondientes a los capítulos 11–43 de la *EfG* (*Bi*, fols. 7v–27v; Ded$_{105}$. pp. 19–66). Origen de los hunos: *PCG*, c. 401, pp. 225b47–226b30, correspondiente a *EfG*, c. I.17 (*Bi*, fols. 16v–17v; Ded$_{105}$, pp. 43–45); como se ve, se trata de un '*flashback* dentro de un *flashback*'. Origen de los lombardos: *PCG*, c. 426, pp. 242b6–243a5; *EfG*, c. I.55 (*Bi*, fols. 31v–32r; Ded$_{105}$, pp. 76–77); la versión de la crónica alfonsí en que se basa la *EfG* hace un capítulo especial para esta narración, que en la versión 'alfonsí' se encuentra intercalada con otras materias en el mismo capítulo.

37   Véase el artículo de Alan Deyermond: "The Death and Rebirth".

38   Véase, por ejemplo, Fernández Ordóñez, *La versión*, pp. 216–19.

39   *Metahistory* (Baltimore: The Johns Hopkins University Press, 1973).

40   En su obra *The content of the form. Narrative discourse and Historical Representation* (Baltimore: The Johns Hopkins University Press, 1986), White señala la manera en que como parte de una estructura cerrada, los acontecimientos pueden revelar estar en posesión de 'un orden de significado que no poseen como mera secuencia' – es decir, tal como se hallarían en una narración analística. De esta manera, en un modelo narrativo típico 'el final del discurso [...] arroja luz sobre [todos] los acontecimientos de los que se ha dado cuenta como para redistribuir la fuerza de un significado que era inmanente desde el principio' (p. 20) (mi traducción).

41   *PCG*, p. 4a21–44.

42   La autoridad del texto latino fue reconocida por uno de los lectores del manuscrito *Bi*, quien anotó al margen del comienzo de gran parte de los capítulos la referencia al libro y capítulo correspondiente en *De rebus hispaniae*. Si tenemos en cuenta que dicha anotación aparece a lo largo de la sección del texto que procede de la crónica general alfonsí, nos encontramos con un buen ejemplo de apropiación de la *auctoritas* de Alfonso por parte de la de Rodrigo, aunque más bien haya aquí que hablar aquí de 'recuperación', si pensamos que la obra alfonsí no es, en su mayor parte sino una traducción interpolada del texto de las del Toledano.

43 Esta perspectiva narrativa era la habitual en la historiografía del XIV y en las crónicas particulares de los reinados elaboradas por Fernán Sánchez de Valladolid y Pedro López de Ayala, pero aquí nos estamos refiriendo al género de las 'Historias Generales de España'. Esta concepción del espacio que corresponde a la historia dentro del discurso ideológico real se verá reconocida en el terreno político con la creación del puesto de cronista real por los Reyes Católicos, puesto que parece haber desempeñado *de facto* Lorenzo Galíndez de Carvajal y que ocuparía oficialmente Antonio de Nebrija en 1509 (véase Tate, "The rewriting").

44 Un manuscrito que debía ser similar a *L* (1298, BNM) de la Crónica General, el cual sí contiene la historia romana (véase. Catalán, "El Toledano Romanzado", pp. 51–64).

45 Véase. Deyermond, "La ideología".

46 Según Brian Tate: 'The fifteenth century is the time when the neo-Gothic thesis of el Toledano is enlarged to somewhat intemperate extremes [...] The praise of the Gothic inheritance which had tended to lapse in Castilian historiography of the fourteenth century was reinvoked in the mid-fifteenth by Cartagena and Arévalo not only to establish a continuity of sovereignty but to uphold the military superiority of the Goths in Hispania and elsewhere as the conquerors of Rome [...] which has succumbed to the vice of ambition and the vain desire of fame', "The rewriting" p.90.

47 Sobre el 'goticismo' hispánico bajomedieval, aparte de los trabajos ya mencionados de Tate, *Ensayos sobre la historiografía*, "Magarit"; "The rewriting"; y Deyermond "La ideología", no hay más remedio que mencionar la obra clásica de J. A. Maravall, *El concepto histórico de España en la Edad Media* (Madrid: Instituto de estudios políticos, 1954), especialmente los capítulos V y VI.

48 Pedro de Escavías (1420–149?), alcalde de Andújar, es autor de una crónica titulada *Repertorio de príncipes de España*, para la que, aparte de otras fuentes, utilizó un manuscrito similar a los de la *EfG*, al menos para los reinados de Alfonso X a Juan II. Se puede consultar este texto en la edición de Michel García, *Repertorio de Príncipes de España y Obra poetica* (Madrid: Instituto de Estudios Giennenses del CSIC, Diputación Provincial de Jaén, 1972), pp. 258–325. Es curioso que el editor no identifique el inconfundible relato de los reinados de Alfonso X y Sancho IV de la *Estoria del fecho de los godos* basado en la "Historia dialogada" y se limite a señalar que procede de una 'fuente desconocida' (pp. LXVIII–LXIX y p. 258, n.1).

49 En su *Crónica abreviada* Valera incluye noticias, como entre otras el relato de la muerte de Eurico según la 'versión vulgar' de la *Estoria de España* y la traslación de los restos de Bamba por Alfonso X, que probablemente obtuvo de la *Estoria del fecho de los godos,* véase Catalán, "El Toledano Romanzado", pp. 53–6. Además, su relato de los reyes posteriores a Fernando III sigue a la 'Historia dialogada' y a los reinados por anales que aparecen en la *Estoria del fecho de los godos*. Por último, también incluye en el capítulo el relato de la regencia de Fernando de Antequera y la adición de Moguer propios del ms *B* de la *EfG*, *La cronica*

de España abreviada por mandado dela catholica & muy poderosa Señora doña Isabel Reyna de Castilla &cetera (Sevilla: 1527). El capítulo 124 de la *Cronica abreviada* que contiene el relato de las campañas de Fernando de Antequera puede consultarse en la edición de Juan de Mata Carriazo, *Memorial de diversas hazañas* (Madrid: Espasa Calpe, 1941), pp. 301–305.

50   Este modelo teórico semeja al utilizado por ciertos historiadores marxistas para definir el modo de producción feudal. Así, Perry Anderson explica como: 'Existía una contradicción implícita dentro del feudalismo entre su propia tendencia rigurosa hacia una decomposición de soberanía y las exigencias absolutas de un centro de autoridad final en el que una recomposición práctica pudiese ocurrir' *Passages from Antiquity to Feudalism* (London: Verso, 1996), p. 152, (mi traducción).

51   Este es el argumento que propone John Dagenais en *The Ethics of Reading in Manuscript Culture: Glossing the Libro de Buen Amor* (Princenton: Princenton University Press, 1994), donde también explica la intervención de los copistas, y por tanto la configuración del texto del manuscrito, en base a la interacción de una serie de 'registros', véanse las pp. 134–49.

52   Catalán, "El Toledano Romanzado", p. 100.

53   Por señalar sólo algunos de los títulos que menciona Sánchez Alonso: la *Crónica de Eugui*, el *Sumario del despensero*, la *Crónica de 1404*, la segunda redacción de la *Crónica de 1344*, la *Suma* y las *Siete edades del mundo* de Pablo de Santa María, la traducción castellana del *Rasis* portugués y la *Crónica sarracina*, la *Atalaya de las crónicas* del arcipreste de Talavera, etc.

54   La expresión la usa Alberto Blecua en su artículo "Los textos medievales castellanos y sus ediciones", *Romance Philology*, 45 (1991–92), p. 87.

55   *The content of the form*, p. 15 (mi traducción).

El *Arreglo toledano de la Crónica de 1344*: Antiguas tradiciones y nuevos usos

Aengus Ward
Universidad de Birmingham

Objeto de curiosidad debido a su incorporación de varias leyendas a una tradición de crónicas evidentemente alfonsina, si bien tradición ya alejada de los textos del Rey Sabio, el *Arreglo toledano de la Crónica de 1344* no ha sido considerado con demasiada frecuencia como una pieza importante dentro del rompecabezas de la historiografía castellana.* Reliquia del fin del siglo XV, y en general tenido por más pobre, último tallo de la rama de textos brotada de las obras compiladas en la corte de Alfonso, el *Arreglo* suele ser considerado como uno de los productos tardo-medievales finales insertados en una tradición largo tiempo en declive. En efecto, imágenes de corrupción evocadas por términos tales como descomposición y decadencia asoman con fluidez en la tinta de aquellos que buscan comparar textos como el que nos ocupa con la presunta perfección del original, en particular de la *Estoria de Espanna* en todas sus formas. No obstante, más recientemente el estudio de la historiografía medieval en general, y de las crónicas en particular, ha sido más generoso con los 'patitos feos' de las tradiciones de crónicas, y si la crónica hispánica ha escapado a menudo a esta tendencia, ya no es posible ignorar las nuevas concepciones de textualidad y cultura manuscrita que anhelan emplazar cada crónica, y cada ejemplar de la misma, en su propia gama de contextos en lugar de limitarse a condenar o alabar el texto individual por su similitud (o falta de ella) con un original canónico todopoderoso. A pesar de la marginalidad iconográfica dotada a aquellos textos aparecidos en los esquemas gráficos de las tradiciones historiográficas, las obras en la base de tales representaciones gráficas van ganando progresivamente la consideración de poseer valor propio. Una entre dichas obras es el *Arreglo toledano*, y el propósito de este artículo es el de arrojar algo más de luz sobre sus complejidades.

En concreto, existe una serie de áreas que llaman la atención cuando uno se enfrasca en una lectura detenida del *Arreglo toledano*. Estas áreas son: (a) las fuentes del texto, y el uso que de ellas se hace, frecuentemente abreviado pero también en ocasiones extendido; (b) el concepto de España, de su identidad nacional y el reflejo de ésta en la historia contada;

(c) el uso de material legendario y su, a primera vista, impecable incorporación en el curso de la narración derivada de fuentes históricas más fiables; (d) el énfasis en la ciudad de Toledo y su población judía y (e) la naturaleza autorreflexiva del relato junto con el emplazamiento dentro del texto del historiador que lo recopila. Bajo estos encabezamientos generales, surgen una serie de sub-temas y asuntos relacionados, en particular el que se refiere a la relación entre los dos códices. Algunos de los encabezamientos señalados se complementan mutuamente. Lo que pretendo demostrar a través de una lectura detallada de los dos manuscritos existentes de los textos es que la naturaleza de la escritura histórica medieval es fluida y que, aunque las crónicas forman parte de una tradición más amplia, cada texto, y lo que es más, cada manuscrito, debe ser juzgado necesariamente por sus propios méritos y en su propio contexto. Mientras esta necesidad ha sido puesta de manifiesto en relación con otras tradiciones y en otras épocas, considero interesante el hecho de que textos tales como el *Arreglo toledano* continuaran teniendo una función en tiempos medievales posteriores, y que la tradición de la crónica nacional, procedente de un modelo que ya contaba con dos siglos cuando tuvo lugar la composición del *Arreglo*, todavía tuviera un papel que jugar en la historiografía peninsular.

Antes de comenzar un análisis minucioso del texto en cuestión, sería pertinente situar el presente estudio en el marco de otras obras anteriores sobre la crónica, y también, y tal vez más importante, dentro de las actuales tendencias de estudios sobre textos medievales en general y sobre crónicas medievales en particular, con especial énfasis en los trabajos de Georges Martin y Gabrielle Spiegel.

El estudio de Gabrielle Spiegel ha hecho más que la mayoría por reavivar el interés por el género de la crónica medieval y ha señalado nuevas direcciones posibles en el estudio de los textos medievales. Respondiendo a los retos planteados por el pensamiento posmoderno sin dar, como ella misma afirma, 'the impression that loss is the only sign under which we have labored', Gabrielle Spiegel ha confrontado los problemas específicos que surgen del estudio de las crónicas medievales.[1] En su discurso plenario en el Congreso de la Crónica Medieval, celebrado en Utrecht en 1996, hace un bosquejo de la trayectoria adoptada por los que han sugerido que los estudios medievales no son del dominio exclusivo del positivista conservador arquetipo. Gabrielle Spiegel pone de relieve así los nuevos e interesantes modos de acercarse a la crónica medieval. Los nuevos enfoques tienen su raíz en la insatisfacción con la 'identification of what could be accepted as historically "true" in chronicle accounts of the past, and the radical expurgation– most often in the form of scornful neglect– of everything that could not'.[2] Según ella, el interés por los textos medievales a menudo reside en la inclusión, como contenido serio, de material que sería excluido de las categorías del realismo moderno. Éste es precisamente uno de los problemas en relación con el *Arreglo toledano*, y Spiegel ha dedicado una buena parte de su carrera al modo en que enfrentarse a lo que parece presentarse ante los ojos del siglo XX como un problema, así como a la eternamente difícil relación entre pasado y presente (¿el pasado de quién? ¿el presente de quién?). La respuesta de Spiegel, que viene a aportarnos un poderoso instrumento analítico para el estudio de las crónicas medievales ibéricas, tuvo un proceso de formulación de años. En primer lugar, Spiegel reconoce que las crónicas se servían del pasado para constituir 'an ideological structure of argument', es decir, que el pasado podía estar al servicio de una función de desplazamiento hacia fines políticos y propagandísticos, precisamente por parecer atenerse a los hechos, por parecer realista.[3] No obstante, el estudio de las crónicas no se ha limitado a este importante, si bien restringido, objetivo, pues la misma Spiegel, así como otros estudiosos paralelos, ha dirigido su atención también a cuestiones de *emplotment* y *narrativity*.[4] Esto llevó a la conciencia sobre las posibilidades expresadas por Bakhtin en su estudio de la épica, y sobre la concepción de la historia como un fenómeno específicamente discursivo. Es más: la noción de lo que Bakhtin denomina 'the transferral of a represented world into the past' resulta especialmente útil en el estudio de las crónicas medievales, en particular en el de una como el *Arreglo toledano* que parece configurarse en parte como un renacer de una tradición más antigua atendiendo a objetivos ideológicos radicalmente diferentes. Un instrumento igualmente útil para los estudiosos de las crónicas medievales, de nuevo en un intento de asumir formas contemporáneas de análisis literario, es el de la 'social logic of the text', definida por Spiegel como un concepto

> that seeks to combine in a single but complex framework a protocol for the analysis of a text's social site – the social space it occupies, both as a product of a particular social world and as an agent at work in that world – and its own discursive character as 'logos', that is, as itself a literary artifact composed of language and thus demanding literary (formal) analysis.[5]

Al tratarlos de este modo, el estudioso de los textos medievales está reconociendo que cualquier texto de tal índole está disponible para análisis literario, a la vez que señala, en palabras de Spiegel, 'language's instrumental capacity to convey information about historical forms of life'.[6] Esto, a mi juicio, abre varios horizontes y nuevos enfoques sin desplomarse en las implicaciones asociadas con la baza aparente del punto de vista según el cual 'nothing means anything', pues la conciencia de las propias limitaciones teóricas y metodológicas no conlleva la imposibilidad de decir alguna vez algo remotamente útil. Después de todo, ¿qué historiador digno de ese nombre ha sugerido nunca que una visión del pasado sea definitiva?

Georges Martin, quien ha elevado el estudio de la historiografía medieval a un nuevo plano en años recientes, en el memorable comienzo de su trabajo magistral sobre los Jueces de Castilla nos recuerda que 'l'histoire est discourse' y concluye la introducción a dicho trabajo con la afirmación paradójica de que 'le discours est histoire'.[7] En sus intentos por re-definir el estudio de las obras historiográficas medievales ibéricas, Martin ha demostrado más que ningún otro la posibilidad de tratar las crónicas como algo más que el 'todo vale' de aquéllos deseosos por conocer lo que 'realmente pasó'. El uso cambiante de tan sólo una leyenda medieval viene a subrayar la importancia de tratar a tales textos como productos de, a la vez que como productores de, ideologías específicas a las que podríamos añadir el anhelo por asumir la noción barthesiana de la relación entre poder y discurso histórico, y la inseparabilidad de ambos. Ya no es suficiente acercarse a un texto como si fuera independiente de las estructuras de poder que crea y a las que responde al ser una forma de discurso histórico.

Sumados a estos enfoques en evolución en el estudio de la historia medieval y la historiografía (muchos estudiosos estarían de acuerdo, sin duda, con las implicaciones que despiertan de la afirmación de Bernard Guenée, 'Il serait donc vain d'étudier l'histoire du Moyen Age sans considérer l'histoire au Moyen age'), han aparecido desarrollos relevantes en el estudio de la textualidad medieval y la cultura manuscrita.[8] Los estudios de finales del siglo XX pusieron cada vez un mayor énfasis en el estudio de los manuscritos como realización única de una cultura muy diferente a la nuestra, y han tendido a centrar los estudios medievales en torno al manuscrito. Por ejemplo, mientras muchos investigadores se resisten a entrar en conformidad con el desdén un tanto doctrinal que John Dagenais reserva para la teoría y práctica de la edición textual, existe una tendencia creciente en los estudios medievales que sugiere que no tener en cuenta la naturaleza manuscrita de nuestros textos simplemente no vale.[9] En el caso del *Arreglo toledano* y textos similares, la necesidad de adoptar tal postura se presenta aún más urgente. El *Arreglo* puede ser fácilmente desechado como una tercera o cuarta generación, una copia imperfecta y degenerada de las crónicas del siglo XIII que se erigen con orgullo en las raíces del tallo manuscrito. Y sin embargo, esto supone cometer una injusticia con respecto a los textos que puedan haber jugado un papel importante en la transmisión de la historia y la cultura ibérica, y que puedan incluso haber dotado a generaciones con el único acceso disponible a esa historia y esa cultura. Por lo tanto, es de nuestra incumbencia como estudiosos el tratar a estos textos en una dimensión doble: como artefactos, en el sentido de momentos textuales únicos, y como una forma de acceso a un mundo más amplio, o tal vez, a mundos más amplios. Se ha hecho evidente que los manuscritos son los representantes por excelencia de la inestabilidad de los textos medievales, pero esto es algo que merece ser celebrado más que lamentado, y una manera de celebrarlo es precisamente tratar a cada manuscrito atendiendo sus propios méritos.

El *Arreglo Toledano de la Crónica de 1344* es el nombre otorgado por Catalán a la crónica que sobrevive en dos manuscritos de la segunda mitad del siglo XV:[10] (i) Biblioteca Nacional MS7594 (olim T-282, de aquí en adelante BN),[11] que data de aproximadamente 1460. Se trata de un manuscrito de 358 folios de papel, 250mm por 190mm. Debido a que el comienzo del manuscrito, hasta el capítulo 26, se encuentra desaparecido, y por otras razones que se aclararán posteriormente, normalmente cito por el otro manuscrito: (ii) Biblioteca Universitaria de Salamanca 2585 (olim Real Biblioteca 11-1583-S, de aquí en adelante Sal.).[12] Este es un códice de 393 folios, de nuevo en papel. Existen ciertas lacunae, las cuales se detallarán más adelante. Una comparación de ambos manuscritos vendría a sugerir que el segundo es copia del primero.

El contenido de los manuscritos está evidentemente relacionado con el de varias crónicas de inspiración alfonsina. A lo largo de extensas secciones, el *Arreglo* sigue el formato de la *Crónica de 1344*. La crónica da comienzo con una descripción de cronología bíblica y una alusión a las Seis Edades. La sección sobre la península pre-romana es corta y se concentra principalmente en Rocas. Apenas si aparece historia romana, y la preocupación por la descripción geográfica, tan común en ambas versiones de la *Cr1344*, está completamente ausente. Lo que sigue podría ser descrito en términos generales como una versión ocasionalmente abreviada de la *Cr1344*, con la incorporación y extensión de varias leyendas, y en particular la de la penitencia de Rodrigo en Viseo. La historia posterior a la conquista de los reinos cristianos es, aparentemente, poco interesante, concentrándose de forma relevante en el Cid y Fernán González. Como varios críticos han señalado, la sección final de Sal. parece deber algo a un manuscrito concreto de la *Crónica de Castilla*.[13] La crónica concluye en el reinado de Sancho IV. Se acepta generalmente que la fecha de la composición se sitúa en algún punto en la segunda mitad del siglo XV.

Existe un número limitado de estudios que se han ocupado, al menos en parte, de este texto. Primeros entre ellos, como cabría esperar, figuran varias obras de Menéndez Pidal. La primera mención que hace de la crónica como diferente de alguna manera a las otras puede encontrarse en su estudio temprano *Las crónicas generales*.[14] La breve sección que trata de la crónica en cuestión examina el contenido del texto, menciona las áreas de evidente interés (el enlace con la comunidad judía y el material épico, por ejemplo) y ofrece una sucinta descripción de los manuscritos. De hecho, ésta es la única obra de relevancia que se ocupa del *Arreglo toledano* como texto autóctono y en su totalidad. El resto de las referencias de Pidal al texto se encuentran contenidas en una serie de obras que tratan de las leyendas de los Siete Infantes y la penitencia de Rodrigo en Viseo.[15] No obstante, Pidal aporta una relevante observación sobre la inclusión de dicho material en las crónicas cuando afirma que:

> toda crónica se sentía incompleta, deficiente, si no incluía el resumen de los cantares de gesta más importantes que entonces se cantaban, los que constituían la historia patria más divulgada, la historia que todo el público oía en lengua vulgar, a diferencia de la historia latina que sólo era disfrutada por los eruditos.[16]

Otros trabajos que se acercan al *Arreglo* por su interés en el material épico y por su génesis son los de Catalán y el ya mencionado de Lathrop.[17] Este último tiene al menos la virtud de describir los manuscritos, y estudiar la procedencia del texto, pero el principal objetivo del artículo es la sección de la crónica que se ocupa de los Siete Infantes, por lo que muestra poco interés en la crónica como texto en sí mismo. Catalán, al describir el *Arreglo* como una 'singular refunción de la obra de don Pedro de Barcelos realizada hacia 1460 por un judío o cristiano nuevo de Toledo',[18] se ve tan sólo obligado a mencionarlo por su relación con la *Crónica de Castilla*, con la que comparte el empleo de la *Crónica Particular de San Fernando* y 'historia de Alfonso X procedente de la *Crónica General hasta 1454*'. Lindley Cintra, en su monumental edición de la *Crónica Geral de Espanha de 1344*,[19] también menciona la crónica en cuestión, pero de nuevo casi siempre en el contexto del material legendario que contiene, y en particular con respecto a la penitencia de Rodrigo. Gómez Redondo, por su parte, hace mención de pasada a los puntos básicos del texto, es decir, que fue probablemente compilado por un converso, que incluye material épico, que cambia de fuente hacia el final de la crónica y que contiene un 'conjuntado discurso historiográfico que se va a perder por completo en la siguiente y coétana refundición', pero aparte de estas referencias la opinión erudita tiene poco que decir de este texto *qua* crónica.[20]

1 Las fuentes del texto, y la manera en que están utilizadas

Como ya fue mencionado anteriormente, el *Arreglo* parece seguir en gran parte el formato de la *Cr1344*. Sin embargo, simplificaría demasiado las cosas sugerir que, en consecuencia, no merece ser examinado por sus propios méritos, ya que la manera en que las fuentes están utilizadas no es tan sencilla.

Como afirma Bernard Guenée:

> Il est donc bien vain de reprocher à ses historiens de Moyen Age, comme on l'a fait souvent aux XIXe et XXe siècles, de n'avoir pratiqué que découpage et juxtaposition, de n'avoir écrit que des compilations, puisque c'est précisément ce qu'ils voulaient faire.[21]

En cierto modo esta cita describe de forma bastante apropiada lo que el *Arreglo Toledano* hace. Las fuentes más evidentes son las ya mencionadas: la *Cr1344* y la *Crónica de Castilla* (en la forma de una texto en cercana relación con BN MS 1347), pero estas fuentes se encuentran intercaladas con otro material, y, en el caso de la primera, abreviada en determinadas secciones y ampliada en otras.

Como puede observarse en los siguientes extractos, hacia el final de la crónica, el uso de la *Cr1344* es relativamente poco complicado, y el texto de la *Cr1344* aparece casi al pie de la letra en el *Arreglo*.

Como el çid fue arresçebir alos ynfantes de aragon & de nauarra
Estando el mensajero del soldan en valençia allegaron nueuas al çid como venjan los ynfantes de aragon y de nauarra que avian de casar con sus fijas segund lo que fuera ordenado en las cortes quel Rey don alfonso su señor fizo enla çibdad de toledo. E como aquestos ynfantes avian de casar con ambas las fijas del çid en esta manera. El ynfante don sancho fijo del Rey don pedro de aragon con doña sol E el ynfante fijo del Rey de nauarra xon doña eluira.
Arreglo, fol.313r

Como o Cide foy receber os iffantes d'Aragõ e de Navarra
Estando o messejeiro do soldom e Valleça, chegarõ novas ao Cide como viinhã os iffantes d'Aragõ e de Navarra, que avyã de casar cõ suas filhas, segundo o que fora ordenado enas cortes de Tolledo, como ja ouvistes. E estes iffãtes avyã de casar e esta guisa cõ as filhas do Cide: o ifante dom Sancho, filho del rei dom Pedro d'Aragom, cõ dona Sol; e o ifante de Navarra, com dona Elvira
Cr.1344, IV, p.169. (Cito por la edición de Cintra)

La mayoría de los estudiosos han sugerido que el uso de la *CrCast* comienza en algún punto del reinado de Alfonso VIII.[22] De hecho, el uso detallado del texto portugués (si es éste en efecto el que constituyó la fuente básica) se detiene en el folio 314v en el manuscrito de Salamanca, cuando Gil Díaz se convierte al Cristianismo, inmediatamente antes de la muerte del Cid. Así pues, el texto siguiente se extrae de la *CrCast*, y el *Arreglo* y la *CrCast* son casi idénticos desde este momento hasta el final del texto. [23]

De como el çid fue çerteficado como dende en treynta dias avia de finar
Cuenta la estoria que vn dia yaziendo el çid urmiendo en su cama despues que fue noche começo a pensar en su fazienda en como se pudiese defender de aquel grand poder delos moros E pensando en esto ala media noche vio entrar vna grand claridad

Capt⁰ .ccclj. como el çid fue çertificado que dende en treynta dias auja de morir
[C]uenta la estoria q<ue> vn dia jaziendo el çid du<r>miendo en su cama despues que fue la noche começo a pensar en su fazienda en como se pudiese defender de aq<ue>l gra<n>t poder delos moros Et

& vn olor muy sabroso que era marauilla. E el estando marauillado desto que podria ser aparesçiole vn omne tan blanco como la nieue & era uiejo & cano & crespo & traya vnas llaues enlas manos.

Arreglo, fol.315r

pensando en esto ala media noche vio entrar vna gra<n>t claridad & vn grande olor muy sabroso que era maraujlla Et el estando maraujllando ¦ se de esto q<ue> podria ser aparesçiole vn om<n>e tan bla<n>co como la njeue & era viejo & cano & crespo & traya vnas llaues enlas manos

CrCast, BN, MS. 1347 fol. 352r/v

No hay razón textual aparente en Sal. para un cambio de fuente en este punto. Sin embargo, un examen de los manuscritos portugueses de la *Cr1344* revela una similitud interesante. Como señala la edición de Cintra, el manuscrito base, Biblioteca da Academia das Ciencias Lisbon, MS 1 Azul (L), queda interrumpido en este punto, y el texto siguiente, aunque también escrito por una mano del siglo XV, es de un escriba diferente.[24] La edición de Cintra viene a llenar el vacío con texto de un segundo manuscrito. No obstante, y como indica Catalán, la organización del texto en este modo en L parece ser deliberada y, por lo tanto, podemos considerar MS L como parte de una tradición manuscrita ligeramente distinta a la del resto de la *Cr1344*.[25] Parece razonable plantear, así pues, que fuera cual fuera la fuente inmediata, ya sea portuguesa o una traducción castellana, el manuscrito empleado por el compilador del *Arreglo Toledano* estaba en relación íntima con el del texto provisto por el MS L de Cintra. Sin embargo, lo que es aún más relevante es que BN termina precisamente en este punto. Así pues, podemos asumir que el *Arreglo* en su forma básica se detiene aquí, y refleja así el contenido del MS N de Cintra. El texto de Sal., por otra parte, continúa, lo que lo convierte en un texto muy diferente. Los dos también difieren en sus secciones iniciales. Si Sal. es en efecto una copia de BN, entonces se le ha agregado otra fuente. El compilador, pues, se vio obligado a recurrir a una fuente distinta para los últimos años de su crónica, y la encontraría en la *Crónica de Castilla*, el texto de la cual sigue extremadamente de cerca al final de la crónica.

Lathrop, en contradicción con Menéndez Pidal, sugiere que los manuscritos castellanos de la segunda redacción de la *Cr1344* no constituyeron la fuente inmediata del *Arreglo Toledano*. Basándose en argumentos lingüísticos y codicológicos, propone que el *Arreglo* tuvo su origen en un texto portugués, ahora desaparecido, que sirve como estadio intermedio entre las dos redacciones de la crónica. Si bien pudiera ser el caso que el *Arreglo* se inspiró de alguna manera en un texto portugués (aunque de un modo u otro esto es aplicable a todos los manuscritos de la *Cr1344*), la evidencia expuesta muestra una relación más cercana con un manuscrito portugués particular de la segunda redacción, y delata independencia de los códices castellanos existentes. Lo que sí parece cierto es que no existe una relación especialmente estrecha entre el *Arreglo* y los manuscritos de la primera redacción.

En otras partes el uso de la *Cr1344* como fuente nos es tan sencillo como pudiera parecer. Como he mostrado, en las últimas etapas el texto fuente se ha alterado en poco, y sin embargo esto no es siempre el caso. Por ejemplo, las secciones que tratan sobre los reyes musulmanes de Iberia, aunque siguen la estructura de la *Cr1344*, no parecen ni remotamente similares en el lenguaje, y esto conduce a Menéndez Pidal a sugerir la existencia de una conexión estrecha con la *Estoria de Espanna* en esas primeras etapas.

Estructuralmente, el *Arreglo* está más próximo a la *Estoria de Espanna* de los que lo están cualquiera de las versiones de la *Cr1344*.[26] En el *Arreglo* se omiten secciones extensas de la *Cr1344*. Por ejemplo, secciones referentes a información no-cristiana se pasan enteramente por alto, y en las secciones últimas el énfasis se sitúa más firmemente en el reino de Castilla, hasta excluir la historia de otros reinos peninsulares. Las largas secciones de la fuente que describen los varios términos de España también se suprimen, dando la impresión de que lo que verdaderamente importa es la narrativa, el hilo de la cual no ha de perderse en verbosas descripciones de fondo. Aparecen también relevantes ampliaciones del material fuente así como adiciones, principalmente de material legendario, como veremos más adelante.

Una distinción estructural importante que puede hacerse con respecto al *Arreglo* tiene que ver con la sección del texto hasta el punto de la inclusión de la penitencia de Rodrigo. Mientras que muchos investigadores han hecho referencia a la presencia en el texto de un compilador del siglo XV, nunca se menciona que esta presencia, tan evidente en las secciones tempranas, desaparece casi por completo cuando la narrativa gira hacia los primeros monarcas cristianos del período posterior a la conquista.[27] Podemos preguntarnos si la posterior similitud del *Arreglo* y la fuente no será debida al empleo de una fuente diferente en este punto, una fuente que ya no requiere la intervención editorial a gran escala. Como puede verse abajo, el compilador del siglo XV, quien se refiere a sí mismo frecuentemente como el 'auctor', tiene su propia perspectiva sobre qué constituye una crónica que es significativamente diferente de la de su fuente. Su texto está, como consecuencia, ordenado más rigurosamente, y contiene menos digresiones de la línea narrativa cronológica de lo que parece ser el caso en la *Cr1344*.

2 El concepto de España/Castilla, su identidad nacional y el reflejo de ésta en la historia narrada

La estructura del *Arreglo*, como ha sido descrita, parecería indicar que la crónica fue compilada 'cosiendo' juntas las fuentes disponibles de modo caprichoso para conseguir un todo casi completo sin prestar demasiada atención a la formación de una narrativa consistente y armoniosa. Las obras de Diego Catalán e Inés Fernández-Ordóñez en particular han demostrado cómo las crónicas alfonsinas fueron en efecto compiladas con tal objetivo en mente, y textos como el del *Arreglo* deben aparecer, en comparación, como bastante deficientes.[28] Y sin embargo, lo mismo podría decirse de muchos textos medievales. Un análisis más detallado de Sal. pone al descubierto la presencia de una serie de hilos ideológicos, por lo cual Sal. puede ser considerado como un magnífico ejemplo del primer aspecto de la lógica social del texto postulada por Spiegel. Como cabría esperarse, la actitud hacia Iberia, España y Castilla es un factor determinante para llevar a cabo un examen de las ideologías subyacentes. Los dos elementos principales, la *Cr1344* con su enfoque portugués sobre la perspectiva mundial alfonsina y la *CrCast* que conscientemente establece el reino de Castilla cono diferente y superior a los otros reinos peninsulares, puede que parezcan presentar perspectivas en conflicto. En añadidura, están las secciones al comienzo del texto en las que el compilador del siglo XV presenta su propia visión del mundo, y el panorama se complica aún más.[29]

Un análisis de los comentarios del compilador, no obstante, sirve para aclarar de algún modo esta confusión. Desde el comienzo, muestra una actitud categórica por asegurarse de que su objetivo quede claro. Evita hacer mención de detalles bíblicos en profundidad porque 'a nuestro yntento non pertenesce', e insiste constantemente en su 'principado yntento' en los primeros pasajes. Lo que este propósito podría ser, se precisa en el folio 5 cuando afirma

> pero dexaremos agora esto que añro yntento nõ faz & bolueremos a la ñra proposyçion & yntento conujene saber ala prinçipal fundaçion dela ñra españa... fol. 5v

Como ya se mencionó anteriormente, éste es, en los ojos del compilador, un intento por narrar la historia de 'las nuestras españas', y así lo afirma repetidamente, sin indicación previa de que Castilla es el elemento a primar. Es, así pues, la historia de los reinos de España (o las Españas, es decir los reinos de 'Andalucia, Extremadura y las montañas' en un principio), y si se tiene en cuenta que el compilador escribe hacia mediados del siglo XV y para una audiencia muy diferente que la de su fuente, entonces la importancia de este cambio de postura aparece mucho más clara. La narrativa contada es la de España, y la de la relación de sus habitantes con la madre tierra, una analogía utilizada en más de una ocasión. De aquí que los reyes árabes puedan incorporase en la narrativa sin grandes dificultades, puesto que al comienzo al menos, esta es la historia, no de una línea de sucesión sino de una tierra identificada como aquella en la que nosotros, la audiencia, tenemos una participación.

Sin embargo, en las secciones posteriores, y como cabría esperarse dadas las fuentes, la perspectiva parece en cierto modo cambiar. La noción de un linaje único de reyes cristianos aparece, tal vez reflejando la *Cr1344*, pero ya no se les va a considerar godos. La derrota de Rodrigo y la expiación de sus pecados da lugar a un nuevo linaje, el que todavía reina y que se asocia con las grandes figuras de la historia, especialmente con El Cid y Fernán González. El linaje en cuestión es, por supuesto, el de Castilla. Los orígenes de este reino (en los jueces de Castilla) han sido examinados de forma admirable por Georges Martin y no hay necesidad aquí de revisar tales argumentos, ni aquellos que rodean a la importancia de Alfonso VII, el emperador cuya genealogía es de especial interés para los historiadores castellanos, y no de menos interés aquí.[30] Los comienzos de la realeza en Castilla debieron verse marcados por la ignominia dada la supuesta participación de Fernando en la calumnia de su hermano a su madre Elvira. Y sin embargo, Fernando es descrito aquí como la inocente víctima de las maquinaciones de su hermano, su delito siendo no otro que la lealtad a su hermano mayor. Desde este momento en adelante, Castilla es el supremo reino de España, al que los otros pagan tributo. La adición del texto de la *CrCast* en Sal. le otorga un foco distinto, más centrado en Castilla. En muchos respectos, Sal. es pues el perfecto ejemplo de una crónica medieval, ya que busca reconciliar ideologías distintas en una narrativa singular, y al hacerlo, crea un pasado que viene a servir a un presente muy diferente, el de una España en la que Castilla se está convirtiendo en la verdadera fuerza poderosa de la península. En el *Arreglo*, y especialmente en Sal., tiene la historia para justificar su futuro.

3 El uso de material legendario y su, a primera vista, impecable incorporación en la narrativa procedente de fuentes históricas más fiables

Como señala Spiegel, el empleo de una amplia gama de, a nuestros ojos, material legendario como si se atuviera a los hechos es una de las características que aleja las historias medievales de nuestra concepción de lo que la historia debería ser. El *Arreglo* es un caso ejemplar de tal procedimiento ya que incorpora una vasta selección de las leyendas, mitos y cuentos épicos tan comunes en las historias ibéricas. Desde el comienzo, estos se despliegan en diferentes maneras. El material mítico, como anota Tate, se ignora generalmente en los estudios de las crónicas, a pesar del hecho de que la introducción de dicho material puede considerarse al servicio de un propósito ideológico.[31] En el caso del *Arreglo*, los dos primeros mitos que reciben un tratamiento extenso son el de Hércules y el de Rocas. El elemento unificador de ambos es la importancia de la ciudad de Toledo.[32] En este caso, la necesidad de servir a una perspectiva ideológica concreta, la de demostrar la antigua nobleza de la ciudad, exige que sus orígenes míticos sean tomados con seriedad, y, ¿de qué mejor manera se puede alcanzar dicho objetivo sino atribuyéndole un velo de veracidad histórica a la vez que suprimiendo cualquier mención a orígenes míticos asociados a otras ciudades (particularmente a Sevilla)?

La presencia del ciclo conocido de leyendas y épicas podría llevar a la conclusión de que este texto no difiera de todas las otras crónicas medievales que incluyen tales relatos. Todas las leyendas comunes están presentes aquí: Rodrigo y la Cava; Bernardo el Carpio, la Condesa Traidora; la reina calumniada; Fernán González y el Cid por mencionar las más conocidas. Como han señalado diversos estudiosos, aparecen no obstante otras de menor difusión, como por ejemplo la penitencia de Rodrigo en Viseo y la leyenda de Wamba.[33] Si, como indica Tate, ha sido práctica corriente considerar la Edad Media como 'extremadamente falta de crítica, crédula, en oposición a una distinción sagaz entre hecho y ficción propia del Renacimiento',[34] entonces podríamos preguntar por qué un texto como el que nos ocupa, escrito a finales de la Edad Media, habría de mostrar tanto interés por incorporar tanto material legendario como le fuera posible, con aparentemente poca sensibilidad crítica.

Sospecho que la respuesta reside en dos áreas en concreto. La primera estaría relacionada con la cuestión despertada por Menéndez Pidal citada anteriormente. El material legendario está presente porque eso es precisamente lo que la audiencia espera oír. En varios estadios de la crónica el compilador se refiere a sus 'oyentes', de lo que podemos deducir que la audiencia ideal sería precisamente un grupo escuchando. ¿Y cómo podría una historia de España no contener todos los elementos que resultaran familiares para los que escucharan? Igualmente evidente es el intento por dar vida a los personajes cuya historia se está narrando y quienes en consecuencia son más accesibles, de forma inmediata, a aquellos para los que sus vidas se están contando. La naturaleza de esa audiencia de nuevo indica una posible razón para esto. Lo que es más: las nociones de Bakhtin en relación con la épica, las de un mundo transferido al pasado, pueden también contribuir a nuestro entendimiento de la creciente presencia de tales cuentos en una crónica como ésta, pues un pasado que no se haya relativizado y al que den vida legendarios héroes tiene una función evidente en un presente menos perfecto.

La segunda área atañe a la estructura de la propia crónica. Aunque el texto adopta un enfoque relativamente estructurado de la historia temprana de la península y dedica de forma relativamente consistente capítulos a los reinados de reyes individuales, la llegada de Fernán González, y posteriormente, la del Cid rompen definitivamente con cualquier intento de organización estructurada. Estas dos figuras se convierten en el eje central de la crónica, y se hace poco esfuerzo por dotarla del esquema cronológico de obras anteriores comparables. Así pues, la crónica es un trabajo en prosa centrado en las vidas de dos de los más grandes héroes de Castilla, y no es una cronología de España. El concepto de historia aquí presente es, por tanto, significativamente diferente del de los textos alfonsinos y sus descendientes, y es tentador sugerir que lo que estamos presenciando aquí es el despertar de una forma de prosa muy distinta, en la que el hilo narrativo es más importante que la precisión cronológica.[35]

4 El énfasis en la ciudad de Toledo y su población judía

Dos elementos por los que se ha comentado el *Arreglo* en el pasado son las repetidas alusiones a la comunidad judía de Toledo por un lado, y el primer plano otorgado a la ciudad de Toledo por encima del resto de las ciudades peninsulares por otro. Esto ha llevado a varios críticos a la conclusión de que el autor de la crónica, el compilador del siglo XV, era o bien un converso o bien un cristiano nuevo de la ciudad.[36] El énfasis en la ciudad de Toledo, y el aparente conocimiento de su geografía y costumbres, no es por supuesto único de esta crónica, y como en otras crónicas, que comienzan con *De Rebus Hispaniae*, es un tema recurrente a lo largo del texto. La mención constante a la comunidad judía de la ciudad es, sin embargo, nuevo de esta crónica, y se encuentra concentrada en las primeras secciones, donde la mano del compilador se hace más evidente.

Los judíos de Toledo se consideran como ejemplares por una serie de razones, pero principalmente por su lealtad a los monarcas cristianos, e incluso pre-cristianos, de Iberia. Hay varios ejemplos de esto, el más relevante de los cuales aparece en el siguiente pasaje en el que se disculpa a los judíos de Toledo de cualquier responsabilidad en la muerte de Cristo, puesto que habían vivido en Toledo desde antes de la Pasión:

> E ansy & por la su tanto grande & antigua abitaçion que aquellos judios demostraron & prouaron en toledo non paga ninguno a quel pechen delos treynta dineros cada año segund que fue rrepartida entre todos los otros judios que vienen dela generaçion delos otros judios que aportaron enlas españas echados por la mar enla segunda destruyçion de la çibdad de ihrlm fecha por titus por la culpa delos treynta dineros por que a nro señor vendieron delo qual & de todo aquesto los judios de toledo se saluaron por que prouaron venir a toledo antes de la pasyon del nro saluador mas de quatroçientos años.
>
> *Arreglo* 42r

He aquí un perfecto ejemplo del procedimiento por el que, a los ojos de Spiegel, las crónicas medievales son más (justamente) conocidas. Un pasado ejemplar se sitúa al servicio de un presente problemático, y el antiguo ejemplo se utiliza, o tal vez se invente, para justificar la exclusión de un grupo de la condenación infligida sobre la comunidad en general por sus acciones en el pasado. Como ya comentamos anteriormente, la noción de un pasado utilizable ocupa aquí un puesto privilegiado, cuya implicación es que la comunidad judía de Toledo está exenta de los pecados del judaísmo en general, ya que nunca perdió su lealtad y podemos, como consecuencia, confiarse en ella.

Una vez más, encontramos una diferencia significativa entre Sal. y BN. La larga sección al comienzo de BN, que sirve como interpolación al cuento de Rocas, ha sido arrancada de Sal. Así pues, Sal. retiene la secuencia narrativa de los orígenes de Toledo pero, al hacerlo, altera completamente el foco ideológico del texto. No existe indicación alguna de quién pudiera ser el responsable de esto (tenemos por tanto evidencia de una tercera figura autorial en el texto de Sal.), aunque debe haber tenido lugar después de que la foliación fuera puesta en el manuscrito, ya que está claro que faltan los folios del 24 al 41. Gracias a la evidencia del texto BN podemos imaginar cuál era el contexto de esta sección. Podemos asimismo aventurarnos a afirmar que el propósito de quienquiera que sustrajo dichos folios de Sal. no era otro que reducir radicalmente la participación judía en la crónica y privar a la comunidad judía del favor que se le había otorgado en el texto original.[37]

No obstante, no son meramente los judíos de Toledo los que son ejemplares, es la ciudad en su conjunto. Una vez más, es en las secciones iniciales, en aquéllas que muestran de forma tan clara la huella de la compilación del siglo XV, en las se dota a la ciudad con mayor énfasis. La ciudad aparece repetidamente alabada y su centralidad subrayada. Lo que es más: el *Arreglo* viene a demostrar un interés por promover la ciudad mucho más allá de lo que puede verse en la fuente aparente, lo cual es, por supuesto, muy diferente de los textos de los escribas de Alfonso el Sabio que favorecen a Sevilla.[38] Así pues, Toledo es elegida específicamente como la capital de toda España y de los almuyñizes, quienes dignifican la ciudad con sus templos.[39] Posteriormente, en una extensa sección sobre la fundación de varias ciudades por Julio César, la importancia otorgada a Toledo llama la atención, especialmente a la luz de la insistencia que la *Estoria de Espanna* pone en la fundación se Sevilla por Julio César. Toledo se construye, aquí bajo el mando de César para ser la más grande de todas las ciudades peninsulares:

> Pero el amor & voluntad tanto grande nunca la el demostro a lugar alguno como a la çibdad de toledo que syn dubda le paresçia que en el mundo non avia un tan rreal nin tan marauilloso & fuerte & notable asiento de logar como hera aquella çibdad de toledo en la qual el tenia todos quantos bienes & thesoros enlas españas avia & abitauala de contino mas que alguna otra çibdad. fol.63v

Si el cuento de Rocas es causa suficiente para levantar el perfil de Toledo, entonces los diversos Consejos de Toledo y la elección de Wamba como rey de toda España proporcionan una oportunidad única para cantar las alabanzas de la ciudad. La promoción de Toledo como la sede primaria de toda España se enfatiza en un modo que habría hecho brillar de satisfacción a Rodrigo Ximénez de Rada.

E por quanto el tenia mas afiçion con la çibdad de seuilla que con otra alguna delas españas diole a ella el primado delas españas / pero antes que del santo padre le fuese confirmado acordo este sobre dicho rrey & miro sin afiçion en aquella parte con muy notables varones delos sus rreynos & fallo que mas propiamente perteneçia ala santa yglesia de toledo & arçobispal dignidad suya el primado delas españas que alguna otra casa nin çibdad delas españas. fol.73r

Para rematar todo esto, se dice que el nombre de Toledo fue dado a la ciudad por el mismo Wamba, en un pasaje que es sensiblemente diferente a su sección equivalente en la *Cr1344*, y la orden que sentencia que 'no deuie llamar Rey delas españas a quien Toledo non touirere' (81r) viene a indicar la centralidad de la ciudad desde la perspectiva del compilador. Y, sin embargo, en este punto, con un número limitado de excepciones, el énfasis en la ciudad parece agotarse. ¿Qué le queda que pensar al lector no-medieval de este aparentemente caprichoso enredo de convicciones ideológicas? Si existe un intento por justificar la centralidad de Toledo, ¿por qué no es consistente? ¿Podemos tomar seriamente un texto que trata de convencernos de un punto de vista en sus comienzos para luego ir perdiendo interés, en apariencia, a medida que el texto progresa? Sospecho que la respuesta a estas preguntas no es otra que la de que estas preguntas no son las acertadas. Si el objetivo de la crónica es compilar el material disponible, entonces lo ha conseguido con éxito. Si, por el contrario, el objetivo es el de construir un todo completo carente de inconsistencias, entonces ha fallado en su intento. Pero, ¿por qué habríamos de pensar que el objetivo de la crónica era este último? El compilador, insertándose a sí mismo en su propio texto, aprovecha la oportunidad de plantear la cuestión de Toledo a cada oportunidad y esto parece bastarle para su caso. No existe ninguna inconsistencia en particular aquí; no se hacen en la crónica reivindicaciones similares de otras ciudades de España. Lo que se presenta es, de hecho, un ejemplo típico de textualidad medieval. Quizás la cuestión sea más que el texto base para el estudio de la historiografía medieval de Iberia no debiera ser la meticulosamente planeada y organizada *Estoria de Espanna*, sino más bien las crónicas más facticias, entre las cuales el *Arreglo* de Sal. es un buen modelo que nos deja con una mejor idea del modo de pensar y la ideología medieval. Un modo de pensar que no requiere que todos sus hilos sueltos sean cuidadosamente atados, sino que permite que la evidencia del pasado, venga como venga presentado, pueda servir a las necesidades del presente sin exigir la consistencia del siglo XXI.

5 La naturaleza autorreflexiva del relato junto con el emplazamiento del historiador que lo recopila dentro del texto

Como ha señalado Bernard Guenée, nuestras actitudes ante la producción de historias medievales aparecen a menudo coloreadas por cierto desprecio hacia la inocencia con que se trata el tema. Existe asimismo una tendencia por alzar burlonamente la ceja frente a la naturaleza no-profesional del compilador medieval pues, como lo formula Guenée, en la Edad Media 'on fait souvent de l'histoire mais on est rarement historien'.[40] En efecto, la elección de palabras aquí es también relevante. Tendemos (como yo mismo he hecho en este artículo) a tratar a los escritores de historias medievales como compiladores más que como autores. El estudio de Guenée sobre los términos de la historiografía medieval es ejemplar, y de hecho su afirmación de que 'composer et copier sont, quand même, deux activités différents' es clave para el entendimiento de la naturaleza de la textualidad medieval.[41] No obstante, deberíamos también prestar cuidado al acercarnos a examinar qué es lo que queremos decir con el término compilación, porque no significa una falta de creatividad y un rechazo por alterar los elementos fundamentales del material fuente.

Tratar el *Arreglo* entonces como una compilación en lugar de como una composición es adoptar una perspectiva en cuanto a la naturaleza del texto, a la vez que llevar a cabo una suposición significativa epistemológica sobre lo que está en juego en la crónica. Y, no obstante, tal vez haya una considerable injusticia inherente en tal actitud ante el texto. Si no es 'original' en el sentido que el lector del siglo XX considera como importante, es sin embargo innovadora en muchos sentidos, y es poco revelador de mi parte sugerir que la re-combinación de fuentes con nuevos objetivos en mente es precisamente el propósito de muchos textos medievales.[42] El interés de Guenée por este área indica que es una tan poco estudiada como importante, y también que es un área que inmediatamente llama la atención de cualquier lector del *Arreglo*. ¿Cuál es pues la perspectiva del compilador, y cuál su posición dentro de su propio texto?[43]

Como señalamos anteriormente, en las secciones iniciales de la crónica, el compilador del siglo XV tiene un perfil considerablemente alto, especialmente en BN. Sin embargo, no existe afirmación alguna de sus intenciones, que nosotros podamos saber, puesto que al menos el folio inicial en ambos manuscritos del texto se encuentra desaparecido, ni teoría histórica como las hay, por ejemplo, en la *Estoria de Espanna* y *De Rebus Hispaniae*. No aparece introducción sobre qué es el pasado, ni sobre por qué es necesario escribir sobre el pasado. A lo largo de la crónica, aparecen constantes referencias a supuestas fuentes ('segund lo que dize Rodrigo arçobispo que fue de toledo', 'segund cuenta don Lucas de Tuy que fue omne que escriuio gran parte de la coronica de españa'), los nombres de cuyos autores se mencionan, aunque tales referencias son, de hecho, rendiciones literales de los textos fuente. El compilador no se muestra especialmente reticente a la hora de copiar las fuentes, como ilustra el siguiente pasaje:

De como el arçobispo que conpuso esta estoria fasta aqui se despide della:
Cuenta la estoria quel arçobispo don rrodrigo de toledo que esta estoria conuso en latyn alabandola espidiose delas palabras & en cabo desta obra pequeña conpuse la yo como supe asy que fue acabada enel año dela encarnaçion del señor que andaua en Mccxliij años fol.363r

De hecho, el texto del arzobispo no es la fuente directa aquí, aunque puede que el compilador creyera que lo era. En cualquier caso, lo que es de importancia aquí es la naturaleza de la escritura histórica medieval. La autoridad es conseguida a través de referencia a otros, y este texto goza de mayor autoridad gracias a su aparente dependencia de la obra de Rodrigo.

Como cabría esperarse, aparecen repetidas expresiones del tipo 'la estoria non declara', 'la su crónica cuenta' y 'la estoria diz', en muchos casos sin declarar abiertamente a qué historias se refieren.[44] Por otro lado, hay fugaces alusiones a lo que el compilador cree estar haciendo. Como mencionamos anteriormente, el compilador de vez en cuando nos informa de que está excluyendo material pues no se ajusta a 'nuestro yntento', de lo cual podemos deducir que lo que tiene en mente es una historia narrativa de España sin la carga de las secciones extensas y detalladas de la fuente. En una ocasión nos informa de que la brevedad es su propósito cuando excluye ciertos detalles que 'aqui en aquesta estoria no contiene por la grande breuedad' (224v). Esta es también la clave de su única sentencia teórica cuando al referirse a los fuertes y castillos capturados por Alfonso el Católico, afirma 'los nombres delos quales non a numero nin rrazon ser en coronica puestas como quier quela estoria por contentar alos oyentes algunas y muy pocas rrecuenta aqui non faziendo mencion de muchos lugares' (fol.102r). En breve: la audiencia para quien esta historia es contada espera una narrativa,[45] y no una en la que quedaran enredados en detalles, incluso cuando dichos detalles serían apropiados, como el comentario de 'et fueron luego muchas sangres desparzidas de que esta coronica menciona' (fol.229r) parece indicar. En ocasiones el compilador incluso se disculpa por incluir tales detalles argumentando que, aunque podrían no ser directamente relevantes, son sin embargo de interés para su audiencia.[46] Aquí reside tal vez la más clara indicación de cuál podría ser el propósito de la crónica.

Una última cuestión que surge es la de la terminología. El compilador utiliza el término 'auctor' y 'estoriador' de un modo aparentemente consistente. El primero es usado para referirse al propio compilador y el segundo para aquellos responsables de sus fuentes. Estos términos se dan en el corpus alfonsino casi exclusivamente en la *General Estoria*, y por lo tanto no proceden de sus fuentes. Parece que el 'auctor' está haciendo una distinción entre los que escriben historias y él mismo, cuya tarea parece que sería la de autorizar la compilación de fuentes. Este no es tal vez el lugar para enfrascarnos en una discusión detallada sobre tales términos. Sin embargo, si el análisis de Guenée de los términos en cuestión puede aplicarse a este texto,[47] entonces la denominación de 'auctor' indicaría un esfuerzo consciente por reivindicar este texto como un nuevo texto, cuya autoridad y justificación procede tanto de la naturaleza de su composición como de la antigüedad sus fuentes.

Conclusión

El *Arreglo toledano* es en realidad tres textos diferentes. La forma básica es la de BN, una refundición de la *Cr1344*, que aprovecha la oportunidad presentada en varias ocasiones por la fuente para absolver la comunidad judía de Toledo del pecado de sus co-religionistas. Es un texto que presenta la historia de España como una narrativa magnífica de un territorio, pero que se contenta con concluir cuando el material fuente se agota. La forma básica de Sal. es la misma que la de BN, pero en este caso una búsqueda mayor de lo completo implica que otra fuente, una que se encuentra significativamente en conflicto ideológico con la *Cr1344*, se emplea para llevar a la crónica no hasta la actualidad, pero hasta finales del siglo XIII. Hay que notar que este texto sigue también la concepción de Hayden White de una crónica, en el sentido de que parece concluir también sin intento alguno de terminar la historia.[48] El tercer texto visible en los dos códices del *Arreglo* es el de la vigente manifestación de Sal. La historia básica de España, completada con la narrativa del reino dominante de Castilla, aparece sin cambios, pero el énfasis inicial en los judíos de Toledo se detiene casi completamente y la perspectiva histórica del texto es rigurosamente diferente, en repuesta a estructuras de poder vastamente alteradas en comparación con las que dieron lugar a las otras dos versiones.

El *Arreglo toledano* es, pues, un texto (o más propiamente, 'son textos') que depende en buena medida de la *Cr1344*, y es, a pesar de ello, relativamente independiente de ella. La razón es simple. Como muchas crónicas medievales, el *Arreglo* es una compilación de fuentes cosidas juntas y desmontadas en entornos muy distintos de los que proporcionaron el telón de fondo a sus fuentes, y que además sirven a fines ideológicos muy distintos. Aunque es posible tratarlo como una variante de la *Cr1344*, esto no le haría justicia, ni a la naturaleza fluida de la textualidad medieval en general. Como he intentado demostrar, las estructuras de poder que pueden verse interviniendo en la crónica, manifestadas en su preocupación por Toledo y la comunidad judía, sin mencionar una concepción rigurosamente distinta de la España sobre la cual es la historia, empapan el texto de maneras muy diversas, maneras que son bien distintas de las dinámicas de sus fuentes principales, y son llevadas a cabo de modos diferentes en las diferentes versiones. Aunque compilado muy al final del período medieval, Sal. es un ejemplo modelo de una crónica medieval en el sentido de que busca encajar dos fuentes con preocupaciones ideológicas completamente diferentes, y unificarlas en una narrativa única cuya impronta muestra poca similitud con ninguna de ellas. Esto explica el título del presente artículo. No debería sorprendernos que una tradición historiográfica con casi ya dos siglos pudiera tener aún vigor a finales del siglo XV, pues está precisamente en la naturaleza de los textos medievales que cada realización de un texto sea realmente algo muy diferente a sus predecesores. La causa de esto reside en la lógica social del texto, ya que la lógica social de cada texto es diferente, en cuyo caso la posibilidad de emplear material pre-existente no tiene límites. El hecho de que el material alfonsino deje de ser tan valorado en siglos posteriores es una indicación de la operación de valores historiográficos radicalmente distintos de los que nos contentamos con llamar medievales. Sin embargo, las versiones del *Arreglo* responden a criterios radicalmente diferentes. Cada una de las versiones es un texto dirigido a una audiencia Romance-parlante, quien espera que se le cuente una historia conocida. Dentro de estos parámetros, o tal vez más precisamente alrededor de ellos, los compiladores han tejido un texto que habilidosamente busca crear un pasado merecedor del presente y futuro de comunidades concretas, todo lo cual bien podría servir de definición de la crónica medieval.

NOTAS

* Agradezco a Patricia Plaza la traducción del presente trabajo.
1 Gabrielle Spiegel, "Theory into Practice: Reading Medieval Chronicles", en Erik Kooper (ed.), *The Medieval Chronicle* (Amsterdam: Rodopi, 1999), p.11.
2 Spiegel, "Theory into Practice", p.11.
3 Spiegel, "Theory into Practice", p.2.
4 Utilizo los términos de Hayden White.
5 Spiegel, "Theory into Practice", p.6.
6 Spiegel, "Theory into Practice", p.8.
7 Georges Martin, *Les juges de Castille* (Paris: Klincksieck, 1992), p.11.
8 Bernard Guenée, *Le métier d'historien au Moyen Age* (Paris: Sorbonne, 1977), p.17.
9 John Dagenais, *The Ethics of Reading in Manuscript Culture* (Princeton: Princeton UP, 1993).
10 La terminología utilizada para designar esta crónica ha sido tan variada como poco clarificadora. La lista de títulos variantes según PhiloBiblon es: Crónica de 1344 (arreglo toledano) [Variant title] Crónica de 1344 (refundición); Crónica general toledana hacia 1460; Refundición toledana de la Crónica de 1344.

11   Para más detalles, véanse el trabajo de Tom Lathrop, *The legend of the Siete Infantes de Lara: refundición toledana de la crónica de 1344* (Chapel Hill: UNCUP, 1972), y los recursos electrónicos de PhiloBiblon.

12   Agradezco la ayuda proporcionada por Jesus Rodríguez Velasco a la hora de conseguir acceso al códice de Salamanca.

13   Carlos Alvar, Angel Gómez Moreno y Fernando Gómez Redondo, *La prosa y el teatro en la edad media* (Madrid: Taurus, 1989), p.37; y Fernando Gomez Redondo, *Historia de la prosa medieval castellana* (Madrid: Castalia, 1999), II, p.1235.

14   Ramón Menéndez Pidal, *Las crónicas generales* (Madrid, 1918).

15   *Reliquias de la poesía épica española* (Madrid: Espasa Calpe, 1951); *Romancero tradicional: I Romanceros del Rey Rodrigo* (Madrid: Gredos, 1957); *Floresta de Leyendas Heroicas Españolas* (Madrid: Lectura, 1925).

16   Menendez Pidol, *Romanceros del rey Rodrigo*, p.xxvii.

17   Diego Catalán, *De Alfonso X al conde de Barcelos* (Madrid: Gredos, 1962).

18   Catalán, *De Alfonso X*, 341–2 y n.44.

19   *Crónica Geral de Espanha de 1344*, ed. de Luis F. Lindley Cintra (Lisboa: Casa da Moeda, 1951–1990).

20   Alvar *et al.*, *La prosa y el teatro*, p.37.

21   Guenée, *Le métier*, p.10.

22   Catalán,*De Alfonso X*, p.342 n. 44; Alvar *et al.*, *La prosa y el teatro*, p.37.

23   La versión de la *Crónica de Castilla* en cuestión sólo abarca hasta el reinado de Alfonso X mientras que el texto del *Arreglo toledano* incluye una parte del reinado de Sancho IV.

24   *Crónica Geral*, I, p.cdxciii y sig.

25   *Crónica Geral*, I, di, y IV, p.clxxiii, véase también *Crónica de 1344*, ed. de Diego Catalán (Madrid, Gredos, 1970), p.lxxvi.

26   Como comenta Catalán, *Crónica de 1344*, p.xvii, la segunda redacción ya se conforma más al estilo de crónicas generales españoles/alfonsinas.

27   Para un estudio más detallado de este tema véase abajo p.74.

28   Véanse sobre todo: Diego Catalán, *La Estoria de Espanna de Alfonso X* (Madrid: Gredos, 1992); e Inés Fernández-Ordóñez, *Las Estorias de Alfonso el Sabio* (Madrid: Istmo, 1992).

29   Nótese que hay dos compiladores del siglo quince, el de la versión de la Biblioteca Nacional y el del códice de Salamanca, quien había de añadir el texto de la *CrCast*. al de la BN. Utilizamos el término "compilador del siglo quince" para referirnos al primero de estos dos.

30   Martin, *Les juges de Castille*, esp. Livre II.

31   Brian Tate, "Mitología en la historiografía española de la edad media y del renacimiento", en *Ensayos sobre la historiografía peninsular del siglo xv* (Madrid: Gredos, 1970).

32   Véase abajo p. 71.

33   Destaca, en este sentido, el texto de Pedro del Corral conocido como la *Crónica Sarracina*.

34   Tate, "Mitología", p.13.

35   El texto *par excellence* de este tipo es la *Crónica Sarracina*.
36   Véanse, por ejemplo, los arriba citdos trabajos de Menéndez Pidal y Catalán.
37   El contenido de los folios arrancados de Sal. corresponde con los folios iniciales de BN y tratan exclusivamente de la historia de la comunidad judía de Toledo.
38   Véase por ejemplo Peter Linehan, *History and the Historians of Medieval Spain* (Oxford: Clarendon, 1993), p.420 y p.450 y sig.
39   Fol.43r.
40   *Le métier*, p.5.
41   *Le métier*, p.6.
42   Véanse los trabajos de John Dagenais, *The ethics*, y Mary Carruthers, *The Book of Memory* (Cambridge: C.U.P., 1990), y el ya famoso, y mil veces citado comentario del autor/compilador del *Libro del Cauallero Zifar*, citado por Dagenais, p.24.
43   Como señalamos arriba, el *Arreglo* no es un sólo texto sino tres, así que hay realmente *tres* compiladores.
44   Para un análisis de este fenómeno, véase el trabajo de Manolo Hijano en el presente tomo.
45   Utilizamos el término 'audiencia' con cuidado, aquí no hay espacio suficiente para tratar el tema de los destinatarios de las obras medievales con la debida envergadura.
46   'Aunque en alguna manera nos un poco desuiamos del yntento nro por oyr & saber delos grandes fechos del mundo non es por eso de cuydar ser yerro de prolixidad por que tales y abera que folgaran mas de oyr lo prolixo que lo propio & por que en grado alguno se que faze a nro caso quiero que sepades...' (fol.11v); 'Como quier que a nuestro yntento lo conueniente non faga non por eso los oyentes dexaran de aver plazer oyendo los muy grandes fechos de anybal syn enbargo que por aqui non se contengan tan xpresos como deuen' (fol. 50r).
47   Guenée, *Le métier*, p.3 y sig.
48   Hayden White, "The value of narrativity in the representation of reality", en *The content of the form* (Baltimore: Johns Hopkins Press, 1987).

Ares, Marte, Odin…

Isabel de Barros Dias
Universidade Aberta (Lisboa)

> *Non es tal vida si non pora pecados,*
> *que andan noche e dia e nunca son cansados,*
> *el semeja a Satan e nos a sus criados.*
> *Poema de Fernán González*, estr. 340

Al leer los capítulos dedicados a la historia legendaria del primer rey de Portugal, Afonso Henriques, tal y como nos está transmitida por la segunda redacción de la *Crónica Geral de Espanha de 1344*[1] es difícil no reconocer trazos, figuras y tópicos comunes a las múltiples tradiciones épico-romanescas que fueron siendo acogidas por la historiografía de los siglos XIII y XIV.

La *Crónica Geral de Espanha de 1344*, cuya segunda redacción habría sido compuesta en la segunda mitad del siglo XIV es una reformulación tardía en el seno de la gran familia cronística ibérica en lengua vernácula que radica en los trabajos compilados con vista a la redacción de una *Estoria de Espanna*[2] por los equipos de Alfonso X de Castilla y León. Una de las características fundamentales que marcó los textos de esta familia es precisamente la de la ambición enciclopédica del rey sabio que le llevó a recoger 'quantos libros pudimos aver'.[3] Es importante enfatizar que la apertura de este hilonarrativa cronística no se limitó a la traducción de la historiografía existente en lengua latina,[4] ya que la corriente erudita se vió aumentada por una tradición popular que será posible calificar de 'conusetudinaria', un fenómeno dual que se parece al del derecho. Es cierto que la historiografía latina ya contenía elementos de este tipo, sin embargo, tal atención estaba cargada de desconfianza y nunca llegó al nivel de aceptación que la corriente popular había de alcanzar en las crónicas en lengua vernácula.

De hecho, el trabajo llevado a cabo en el *scriptorium* alfonsí abrió las puertas a un nuevo tipo de historiografía, adaptada de manera pragmática a un público amplio. El uso del vernáculo fue una decisión esencial para la difusión más general de esta familia cronística. Sin embargo, la integración extensiva de las tradiciones épico-romanescas sería igualmente fundamental para el éxito y divulgación de este producto del *scriptorium* alfonsí que no dejó de desarrollarse en la ausencia de su impulso inicial.

Independientemente de la forma o las formas que las leyendas sobre el primer rey de Portugal pueden haber tenido; independientemente de las intenciones y tradiciones que les estaban subyacentes,[5] el material con el cual podemos contar actualmente es bastante restringido dado que los textos más antiguos se perdieron, igual que pasó con tantos textos épico-romanescos ibéricos.[6] Las narrativas accesibles están integradas (o en el caso de las *Crónicas Breves* desintegradas) en textos históricos más extensos que se caracterizan también por el hecho de que no siempre presentan la misma versión legendaria. Tal falta de uniformidad puede atribuirse o bien a la coexistencia de versiones distintas, o bien a un proceso de congregación paulatina de narrativas independientes y de orígenes dispares.[7]

Así, al relato lacónico y esencialmente factual transmitido por el arzobispo de Toledo[8] y reproducido en el texto editado por Menéndez Pidal,[9] otras crónicas comienzan a añadir datos de proveniencia diversa. Es el caso de la *Traducción Galega* que, a pesar de transmitir un texto frugal, idéntico a los referidos arriba,[10] no deja de modificarle el sentido al añadir una referencia al 'engano' que Fernando II de León sufrió por parte de Afonso Henriques. A raíz de esta inserción, repetida dos veces, el tono del episodio cambia radicalmente.[11] Según la versión del Toledano y de la PCG, Afonso Henriques toma Badajoz de los moros sabiendo que esa ciudad era conquista atribuida a León, por lo cual su captura por el rey portugués no era lícita. Fernando II lo cerca y, a la hora de salir para combatir, Afonso Henriques se rompe una pierna, siendo preso posteriormente por su antiguo yerno. El rey portugués se ve obligado a reconocer su culpa y devolver todos los territorios que había tomado indebidamente, y hasta se ofrece a sí mismo y a su reino como reparación, una oferta rechazada magnanimamente por Fernando II, que enseguida libera al antiguo suegro, quien no volvería a montar en caballo a causa de su pierna quebrada. La *Traducción Galega* añade un nuevo dato, al afirmar que Afonso Henriques no vuelve a montar en caballo para no tener que cumplir el juramento que fizo al rey leonés de volver a la prisión 'tal ora como fosse são, que caualgasse en besta'.[12] Es un simple pormenor mas que es suficiente para instaurar la duda en lo que se refiere a la supuesta piedad de Fernando II y para minar la postura de submisión de Afonso Henriques, que en esta versión se limita a pedir perdón sin ofrecer ninguna reparación.

Ya en la *Crónica de Veinte Reyes*[13] este 'engano' está atenuado ya que a pesar de la promesa del rey portugués, la crónica atribuye el hecho de que el rey nunca vuelva a montar en caballo a la pierna que había quebrado.[14] Sin embargo, hay que enfatizar como esta versión ya presenta un texto mucho más desarrollado que el de las anteriores, sobre todo en lo que se refiere a los primeros años de Afonso Henriques y su posición de fuerza con respecto al clero. Sin embargo, se reduce la importancia de los relatos en los cuales Afonso Henriques se impone frente a su primo, el Emperador Alfonso VII. Aunque se mantenga la referencia a la batalla de Arcos de Valdévez, en el curso de la cual el poder de Castilla, León, Aragón y Galicia se vio derrotado por el rey portugués, la narrativa no incluye el consecuente intento de venganza por parte del Emperador que cerca al primo en Guimarães, para ser luego 'enganado' por Egas Moniz, ayo de Afonso Henriques.

Muy parecidos al anterior son los relatos que aparecen en el *Livro de Linhagens do Conde D. Pedro*[15] y en la *IV Crónica Breve de Santa Cruz de Coimbra*.[16] Estos tres textos se distinguen por el hecho de dar al ayo de Afonso Henriques el nombre de Sueiro Mendes y no Egas Moniz.[17] El relato del *Livro de Linhagens* es el más resumido,[18] mientras que el de la *IV Crónica Breve* acrecienta la narración de los milagros que occurren durante la toma de Santarém por Afonso Henriques y la consecuente construcción del monasterio de Alcobaça, ofrecido a San Bernardo, abad de Claravel y intermediario del favor divino que ayudó la conquista referida.[19]

Las narrativas más desarrollados surgen en *la III Crónica Breve de Santa Cruz de Coimbra* y en la segunda versión de la *Crónica de 1344*. La marcada semejanza entre los dos textos indica que el primero es, probablemente, una copia fragmentaria de un ejemplar del segundo.[20] Estos testimonios llevan los elementos presentes en las otras versiones aunque, por regla general, de una manera mas desarrollada y ampliada. Pero es más, aún se integran las escenas del cerco de Guimarães por el emperador Alfonso VII, su 'engano' por Egas Moniz y la consecuente petición de disculpa formal del ayo bien como la narrativa más desarrollada de la victoria de la batalla de Ourique, momento en que Afonso Henriques se alza definitivamente como rey de Portugal.[21] Desafortunadamente no es posible saber como sería el texto de la primera versión de la *Crónica de 1344*, ya que el manuscrito más completo acaba truncado inmediatamente antes del inicio de estos hechos.[22]

La gran mayoría de la materia épico-legendaria que rodea la figura de Afonso Henriques, con la excepción del episodio del 'bispo negro' durante el cual el rey se impone frente al poder eclesiástico de manera tan violenta como eficiente, y del cual no se ven paralelos en estos textos,[23] es fruto de la época, y presenta situaciones y figuras más o menos tradicionales típicas en este tipo de relato y que remiten a otras narrativas igualmente recogidas por esta historiografía. El momento cuando el jóven Afonso Henriques se ve obligado a enfrentarse con su madre y su padrasto para no perder sus derechos al territorio[24] refleja la situación parecida entre Alfonso VII y sus luchas con doña Urraca y su amante.[25] La ayuda incondicional prestada por el ayo también se puede considerar un lugar común de estas crónicas.[26] Sin embargo, en el último caso, el trecho parece haber constituido un relato independiente al cual se ha dado el nombre de "Gesta de Egas Moniz".[27] En tal narración, el ayo fiel sería el protagonista sin el cual el jóven rey estaría perdido.

Otra situación bastante parecida es la del 'engano'. Egas Moniz, sabiendo el peligro que Afonso Henriques corría al verse cercado por su primo, Alfonso VII, decide hablar con este último. Gracias a la elocuencia de sus argumentos, el ayo consigue convencer al emperador de que abandone el cerco, aunque no sin darle su palabra.[28] Una vez resuelta la situación, Egas Moniz, para limpiar su honra, opta por la ya conocida ritual de humillación y submissión:

> Ante tomou seus filhos e sua molher cõ todas as cousas que lhe compriam e foisse pera Toledo [...]. E, ante que chegasse ao paaço em que stava o emperador, decerom das bestas e desvestironsse de todos os panos senõ do linho e descalçarõsse senõ tã soomente a dona que levava hũu pellote muy ligeiro e poserom senhos baraços nas gargantas e assy entrarõ per o paaço de Galiana honde stava o emperador cõ muytos nobres fidalgos. E, quando forom ante elle, poseronse todos ẽ giolhos. E entom disse dõ Egas Muniz:
>
> – Senhor, stando vós ẽ Guymarãaes sobre o principe dõ Affonso, vosso primo, vos fiz menagem, como vós sabees, e esto fiz eu por que o seu feito stava aaquela sazon em grande perigoo, ca nõ avya mãtiimento senõ pera poucos dias em tal guisa que o poderees tomar muy ligeiramẽte. E eu, porque o criey des sua nacença, quando o vy ẽ tal pressa, tyve por bem de viir a vós, sem sabendo elle parte. E entom devisou perante todos o fecto como passara e disse:
>
> – Senhor, aquestas mãaos cõ que vos fiz a menagẽ, eylas aquy, e a lingoa cõ que vollo disse otrossy. E mais tragovos aquesta minha molher e estes meus filhos. De todo podees tomar ẽmenda qual for vossa mercee. (1344b: IV, 222–223).

Este expediente, que encuentra su paralelo más próximo en el pedido de disculpa de Pero Ançores a Alfonso I de Aragón,[29] provoca una reacción idéntica: después de un primer momento de ira, el Emperador se ve constreñido a reconocer la nobleza de la actitud del ayo pues 'se elle fora enganado, que o nõ fora se nõ per si meesmo',[30] y porque Egas Moniz, a pesar de perjudicarlo, había llevado la lealtad al señor al paroxismo. Castigar un acto de devoción extrema no sería una actitud sensata, ya que la lealtad vasallática constituía uno de los pilares más importantes de la sociedad de la época.[31] Y es importante enfatizar cuán recorriente es el tópico del 'engano' en estas crónicas. A pesar de que cada caso tiene sus peculiaridades, el tema surge tanto en textos de origen épico, como el buen negocio que hace Fernán González a la hora de vender el caballo y el azor[32] o la forma astuta en que se escapa por segunda vez de prisión gracias a un cambio de ropa con la condesa, su mujer, actitud que el propio rey de León considera de la mayor corrección;[33] como también en otros textos que aunque no ligados a ninguna fuente épica-legendaria, son descritos por los cronistas según el mismo cuadro tópico pre-existente.[34]

La maldición paternal se inscribe igualmente en este esquema ya que encontramos sucesos asociados a los relatos épicos y romanescos como es el caso de Doña Teresa y Afonso Henriques o de Fernando I y su hijo Sancho,[35] que no dejan de encontrar paralelos en hechos reales y concretos como los relativos a Alfonso X y su hijo Sancho. A base de estos ejemplos planteamos la posibilidad de que realidad y fabulación se toquen y se interpenetren gracias a un proceso de influencia mutua. En efecto, la exposición de determinadas situaciones por la 'historiografía consuetudinaria' no deja de marcar el texto cronístico, el cual, por influencia de los relatos absorbidos, acaba por informar situaciones nuevas con los *topoi* que ha ido recogiendo. Más allá de esto se puede plantear la pregunta de hasta qué punto el ambiente creado por estos relatos actúa en las mentalidades y, de cierto modo, inspira la forma de algunos actos concretos. Respecto a este punto hay que recordar, por ejemplo, la importancia que los romances de caballería tendrían en la construcción de la mentalidad caballeresca que informaba algunos comportamentos de la corte de João I[36] y que puede verse como parte de la secuencia de una construcción ideológica en la cual las crónicas no habrán sido elemento pasivo.[37]

De hecho, el propósito didáctico de transmitir buenos y malos ejemplos para la ilustración del público queda claro desde los diversos prólogos.[38] La inserción de los textos épicos y romanescos, cuya vivacidad y emotividad cautiva con mucha más facilidad al público más amplio al cual se destinan estas nuevas crónicas en lengua vernácula, habrá sido un paso esencial para la interacción con una sociedad que, como algunos indicios nos llevan a creer, va así recibir e integrar una serie de valores. Aparte de los innumerables pequeños *specula principum* que fueron incluidos a lo largo del texto cronístico,[39] una serie de formas de estar y actuar más o menos heroicas son transmitidas sobre todo por estas narrativas épico-romanescas, saltando de allí a eventuales actuaciones sociales y/o a su representación textual en la narrativa cronística.

El *topos* de la desculpabilización con base en el argumento del 'mau aconselhamento',[40] o el papel de los nobles como elemento apaciguador de la ira regia son elementos constantemente recurrentes y que también exhiben modos de actuación positivos y negativos.[41] Del mismo modo, son tópicos bien enraizados en las mentalidades la imagen del rey batallador que se enfrenta y derrota a varios reyes moros[42] así como la noción que el combate contra los musulmanes es una manera de honrar a Dios y la cristiandad,[43] la defensa de cuestiones de derecho[44] o incluso la capacidad de llevar un condado a la independencia gracias al valor personal y a la aprobación divina que justifica completamente el derecho de existencia del nuevo reino.[45] Con base en los trazos característicos de las figuras épicas, en su fuerza y tenacidad inexorables, en su capacidad combativa que los impulsiona sin descanso frecuentemente hasta el frenesí y/o al destino trágico que muchas veces los acompaña,[46] las crónicas en vernáculo van a conseguir absorber y, hasta cierto punto, intentar domesticar estos excesos, a fin de crear normas de conducta que beneficien y satisfagan los ideales y las necesidades de la sociedad de la época.

Sin embargo, es muy difícil, si no completamente imposible, eliminar la ambigüedad inherente al texto literario. Pero es precisamente el hecho de que estos textos no tengan una única lectura lo que hace posible su manipulación con el fin de obtener diversos efectos, lo cual permite que las mismas imagenes y valores puedan ser incluidas en una variedad de situaciones. De hecho, independientemente de que se basen en momentos históricos más o menos concretos, su narración no deja de ser transmitida de acuerdo con los tópicos tradicionales para apoyar intenciones o ideologías que no siempre son coincidentes.

Frente a este uso de materiales indiscutiblemente tópicos aliado a la diversidad que caracteriza las múltiples versiones presentadas por los diversos testimonios de este complejo legendário, nos parece imperativo levantar la cuestión del uso pragmático de las fuentes por parte de estas crónicas. De hecho, teniendo en cuenta los textos mencionados, es posible corroborar la hipótesis de que existía una frontera no sólo política sino también ideológica entre el oeste y el centro peninsular. Las crónicas procedentes de la zona central tienden a insistir bien en una narrativa objectiva y desapasionada o en la presentación de pasajes que pueden ser vistos como ejemplos genéricos de buenos o malos consejos, de choques de derechos sucesorios, de combate glorioso contra los musulmanes, de un rey enérgico que impone su voluntad sobre el clero o de un rey de un país periférico que se ve vencido y obligado a reconocer su osadía para luego ser honrado con un gesto de clemencia y tolerancia. Frente a estos relatos, es verdad que las crónicas del occidente peninsular presentan todavía textos relativamente próximos a los de sus equivalentes castellano-leoneses,[47] pero no se puede negar la existencia de una tendencia pro-portuguesa que se ve acentuada desde la *Traducción Galega* hasta los testimonios más desarrollados que surgen en la *III Crónica Breve* y en la segunda redacción de la *Crónica de 1344*. En estos textos se ven acrecentadas narrativas y explicaciones que procuran enaltecer la figura de Afonso Henriques, presentándolo como un guerrero valeroso y astuto protegido por Dios por encima tanto al Emperador de las Españas como al clero y, por metonimia al Papa, creando un nuevo reino, ya libre de submisiones o tributos, laicos o religiosos 'ca eu o gaanhey com esta minha espada'.[48] En lo que se refiere a la historia de su juventud aventurera y al pecado que comete al prender y guerrear a su propia madre, estos elementos no nos son presentados de una manera que denigre la figura del primer soberano portugués, aunque sí sirven para marcar trágicamente el rey joven con la maldición materna,[49] maldición concretada en el desastre de Badajoz que así queda justificado.[50] Esta asociación causa-efecto sirve para vincular los acontecimientos del inicio y del fin del reinado, abrazando los sucesos más o menos dispares del medio.

Es posible que los trechos legendarios de tono más acentuadamente pro-portugués no circularan en la zona de influencia castellano-leonesa, por un motivo bastante obvio. Sin embargo, a pesar de que la composición de cada texto fuera hecha según los materiales disponibles, nunca debe ser subestimado el papel de selección de esa información ya que allí es donde cada cronista tiene la posibilidad de construir su propia originalidad. La misma *Crónica de 1344* omite algunas tradiciones relativas a Afonso Henriques que serían muy difíciles de desconocer pero que están completamente ausentes en tanto que denigran la imagen del primer rey de Portugal, sobre todo cuando dan de él una imagen de un rey flaco y atemorizado frente a una nobleza poderosa[51] o cuando levantan dudas sobre sus hechos y derechos sobre el reino.[52]

Sin embargo, la importancia de la *dispositio* no debe de ser entendida únicamente al nivel de la selección y organización de los motivos que las narrativas integran (o no). Más allá de los ecos ejemplares que cada escena aislada puede despertar, más allá de los sentimientos que cada organización diferente de los episodios puede evocar, todavía hay que tener en cuenta los trazos que surgen al nivel más extendido que consiste en la consideración global del texto en el que tales episodios fueron insertados. Efectivamente, el punto de vista más nacionalista asumido en la composición de la figura de Afonso Henriques en la *Crónica de 1344* no es un caso aislado en la elaboración de esta crónica. La defensa de los intereses nacionales no se agota en los textos referentes a la historia de Portugal. Todo lo contrario: es un elemento subyacente a todo el proceso de traducción llevado a cabo y está muy lejos de ser servil a sus modelos. De hecho, es posible constatar como en la mayoría de estas crónicas diversas secciones textuales son ignoradas, aceptadas, acentuadas y dispuestas de forma retóricamente hábil con vistas a la defensa u omisión de ciertos valores importantes para los intereses de determinados grupos en determinados momentos.[53] Dada esta capacidad de adaptación del discurso narrativo, no es precisamente extraño encontrar que se trata de una narrativa permanentemente abierta que se desarrolla en cuanto dura el tiempo y hay voluntad de actualizarla. Pero no es únicamente a este nivel de actualización cronológica que las intervenciones funcionan ya que, en estos procesos, la narración del pasado también es objeto de manipulaciones que lo van reconstruyendo en base a los intereses de los diferentes 'aquí y ahora'.

Es gracias al uso de las herramientas habituales de la *dispositio*, con énfasis especial sobre la *abbreviatio* y *amplificatio*,[54] que la *Crónica de 1344* intenta minar de forma discreta pero eficiente, uno de los ideales más importantes de Alfonso X, lo que se ve en los pasajes de la *Estoria de Espanna* llevados a cabo bajo la dirección del rey, y que son recuperados por la segunda redacción portuguesa de la *Crónica de 1344*. El caso más flagrante es el de la omisión de pasajes relacionados con el Imperio Romano. La justificación textual no es original, ya que se presenta bajo la política de omitir todo lo que no se relaciona directamente con la Península Ibérica.[55] Sin embargo, esta explicación se vuelve un poco paradójica cuando se observa que algunos detalles exteriores sí son copiados[56] mientras que varias referencias a *Hispania* y a los emperadores de origen ibérico son excluídas.[57] La truncación masiva del texto alfonsino cobra sentido si se considera que la crónica portuguesa consigue de este modo promover la deconstrucción por omisión de toda una red de alusiones imperialistas tejida bajo los auspícios de Alfonso X.[58]

El hecho de que la *Crónica de 1344* se inserte en esta extensa familia textual no impide que ponga en práctica las diversas herramientas retóricas a su disposición. La Autoridad, implícita en el nombre de Alfonso X repetido respectuosamente en el prólogo,[59] no la obliga a hacer una copia *verbaliter*.[60] Por lo contrario, el modelo se ve absorbido a fin de ser modificado o por lo menos desviado en algunos pasajes de alguna forma contrarios a los intereses portugueses.[61] Más allá de la reducción de las alusiones al Imperio Romano, que implicaban las consiguientes consideraciones sobre el papel que *Hispania* podría desempeñar en este contexto,[62] es posible encontrar más ejemplos del mismo proceso, en la historia posterior.

En el período de la Reconquista, la *Crónica de 1344* es bien lacónica en sus elogios de los reyes que contribuyeron más a la unificación del territorio peninsular.[63] Paralelamente, ningún episodio dudoso o humillante transmitido por las crónicas anteriores se olvida. Al contrario, se ven desarrollados y aun cuando son representados en su integridad previa, el hecho de que los episodios laudativos fueran abreviados implica la mayor representividad de estos elementos disfóricos. Es el caso de la humillante 'jura de Santa Gadea'[64] o de la escena de la agonía de Fernando I en el curso de la cual las discusiones y el caos que rodean la división del reino por este monarca surgen de forma bastante desarrollada y las discusiones adquieren los contornos de un cierto dramatismo.[65] La interpolación de las 'Mocedades de Rodrigo' donde el Cid domina a un Fernando I indeciso y necesitado de protección tampoco parece muy elogiosa,[66] así como la situación en la cual Alfonso VI se ve obligado a ceder frente al Cid con recelo del poder bélico de su vasallo.[67] Finalmente, las historias sobre el primer rey de Portugal también deberán ser insertadas en esta corriente, pues allí el temible Emperador de las Españas está presentado en una luz poco favorable, sobre todo en lo que se refiere a la poca sagacidad estratégica que muestra.

En el fondo, estamos ante un resultado inevitable una vez que Alfonso X abrió la puerta para dar entrada en el discurso histórico a narrativas épico-legendarias en cantidades hasta entonces inauditas. La pluralidad de lecturas posibles que caracteriza estos textos facilita su utilización para fines diversos. Su integración es, pues, un arma de doble filo. Si, por un lado, su mayor vivacidad y emotividad son fundamentales para cautivar un público amplio (lo que consecuentemente posibilita la transmisión más o menos pragmática de valores y ideas), su ambigüedad básica es también una invitación abierta a la manipulación.

Si la tradición épica sobre Fernán González puede ser usada para crear un pasado glorioso para Castilla, otras narrativas, igualmente épicas, pueden ser ampliadas para contribuir a que un pequeño reino periférico intente insertarse en la corriente 'autorizada' de la historiografía alfonsina.[68] Si algunos textos de esta familia, sobre todo los más próximos a la corte alfonsina intentan construir una red de alusiones imperialistas; y si algunos textos no escatiman elogios a los reyes unificadores más poderosos; la crónica portuguesa también puede plantear la cuestión de la existencia de pequeños reinos independientes periféricos y intentar deconstruir los ideales de la teoría política alfonsina.[69] De hecho, siendo Portugal un reino que no había dejado de luchar no sólo por nuevos territorios sino también por imponer y mantener su independencia frente a los reinos vecinos, considerablemente más poderosos, no le habría sido conveniente copiar *verbaliter* un texto en el cual se hacía la apologia de un Imperio Ibérico. Por eso se volvió necesario efectuar una serie de modificaciones que, si por un lado insertaban el nuevo reino en la corriente histórica preexistente y, en la época, dominante; por otro lado reducían o contrariaban aquellos trazos que podrían herir ideológicamente los derechos de Portugal y su soberanía. Al asociarse a sus ilustres antecesores, la crónica portuguesa consiguió su propio éxito,[70] además de ampliar la difusión de aquel texto que no sólo ha sido uno de los más, sino el más 'autorizado' de la península ibérica medieval.[71]

NOTAS

1　La *Crónica Geral de Espanha de 1344* habrá sido originalmente compuesta en 1344 por D. Pedro Afonso, conde de Barcelos e hijo bastardo de D. Dinis, rey de Portugal. De esta primera versión se conoce, hoy en día, una traducción castellana parcialmente editada por Diego Catalán y María Soledad de Andrés, *Edición crítica del texto español de la Cronica de 1344 que ordenó el conde de Barcelos don Pedro Alfonso* (Madrid: Gredos, 1970). El texto también puede ser encontrado, de forma más completa, en el ms. 2656 de la Biblioteca Universitaria de Salamanca (de aquí en adelante **1344a**) que, desafortunadamente, termina truncado imediatamente antes de la historia de los reyes de Portugal. Esta primera redacción habrá sido remodelada durante la segunda mitad del s. XIV, en el curso de cuya remodelación el texto habrá sido 'reaproximado' a la *Estoria de Espanna* afonsina. Para el texto de la segunda versión, existe la edición de Luís Filipe Lindley Cintra, *Crónica Geral de Espanha de 1344* (Lisboa: IN-CM, 1954–1990) de aquí en adelante **1344b**.

2　Para esta obra es fundamental el texto editado por Ramón Menéndez

Pidal, *Primera Crónica General de España* (Madrid: Gredos, 1977) de aquí en adelante **PCG**. Sin embargo, hay que tener en cuenta el hecho de que esta edición está basada en manuscritos facticios en los cuales intervinieron múltiples manos en diversas épocas. Como no todo el trabajo fue llevado a cabo bajo la dirección del Rey Sabio, hay varios pasajes cuya importancia debe ser relativizada en el conjunto de las diversas versiones. Sobre estas cuestiones, véanse sobre todo Diego Catalán, *De Alfonso X al conde de Barcelos* (Madrid: Gredos, 1962) y Diego Catalán, *De la silva textual al taller historiográfico alfonsi – Códices, crónicas, versiones y cuadernos de trabajo* (Madrid: Fundación Ramón Menéndez Pidal/Universidad Autónoma de Madrid, 1997); véanse también, Inés Fernández-Ordóñez, *Versión Crítica de la Estoria de España* (Madrid: Fundación Ramón Menéndez Pidal / Universidad Autónoma de Madrid, 1993) y Diego Catalán, *La Estoria de España de Alfonso X – creación y evolución* (Madrid: Fundación Ramón Menéndez Pidal / Universidad Autónoma de Madrid, 1992).

3   'E por end Nos don Alfonsso, [...], mandamos ayuntar quantos libros pudimos auer de istorias que en alguna cosa contassen de los fechos dEspanna, et tomamos [...] las que pudiemos auer que contassen algunas cosas del fecho dEspanna, et compusiemos este libro de todos los fechos que fallar se pudieron della, desdel tiempo de Noe fasta este nuestro'. (PCG: I, 4). Este comentario se reproduce en el 'Prólogo' de la segunda redacción de la *Crónica de 1344* (1344b: II, 6–7); igualmente repetido en el texto de don Juan Manuel, "Crónica Abreviada", *Don Juan Manuel, Obras Completas*, ed. de José Manuel Cacho Blecua (Madrid, Gredos, 1983), II, pp. 575–576. Conviene recordar que un comentario parecido, en términos semejantes, ya se encuentra explicado en la obra del Toledano: *Historia de Rebus Hispanie sive Historia Gothica Roderici Ximenii de Rada*, ed. de Juan Fernández Valverde (Turnhout: Brepols, 1987), pp. 6–7, de aquí en adelante **DeRH**.

4   Sobretodo la *Historia de Rebus Hispanie sive Historia Gothica* de Rodrigo Ximénez de Rada, arzobispo de Toledo y el *Chronicon Mundi* de Lucas, obispo de Tuy, los cuales fueron los textos de base usados en esta historiografia alfonsina.

5   Sobre este asunto véase José Mattoso, "As Três Faces de Afonso Henriques", *Penélope*, 8 (1992), pp. 25–42, donde se distinguen claramente tres tradiciones diferentes que constituyen el conjunto de leyendas que rodean la figura de Afonso Henriques. Las tres imagenes destacadas se vinculan a varios medios sociales: el religioso (de Coimbra), el de los caballeros compañeros de armas de Afonso Henriques (también de Coimbra) y el de la vieja nobleza señorial norteña. Sobre las intenciones que pueden ser subyacentes a la formación de los textos véase José Mattoso, "João Soares Coelho e a Gesta de Egas Moniz", en *Portugal Medieval – Novas interpretações* (Lisboa: IN-CM, 1985), pp.409–35 donde se propone la hipótesis de que el desarrollo de las tradiciones épicas sobre el ayo de Afonso Henriques se debe al trobador João Soares Coelho (s. XIII), miembro de una linaje bastarda que procuraba así dignificarse y legitimarse.

<caption>90 *Isabel de Barros Dias*</caption>

6   Sobre este asunto, véase el estudio clásico de Ramón Menéndez Pidal, *La Épica Medieval Española*, reed. de Diego Catalán y María del Mar de Bustos, *Obras Completas de R. Menéndez Pidal*, XIII (Madrid: Espasa-Calpe, 1992) o Alan Deyermond, *La Literatura Perdida de la Edad Media Castellana, Catálogo y Estudio (I: Épica y Romances)* (Salamanca: Ediciones Universidad de Salamanca, 1995).

7   Sobre este asunto véanse Luís Filipe Lindley Cintra, *1344b* vol I (Introd.), António José Saraiva, *A Épica Medieval Portuguesa* (Lisboa: ICALP, 1979) y José Mattoso, "As Três Faces", y "João Soares Coelho".

8   DeRH: VII, cap. 5–6, 19 e 23. El Toledano se limita aquí a referirse a la genealogía del primer rey de Portugal, y enfatiza como su padre, el conde Henrique, aunque era un guerrero que actuaba por su propia cuenta, siempre respetó los lazos vassálicos que lo vinculaban a su suegro (Alfonso VI). En cuanto a Afonso Henriques, menciona que fue el primero en utilizar el título de rey de Portugal, sin contar las circunstancias que lo había conducido a ello. Se limita pues a citar lacónicamente las ciudades que conquistó y las obras que hizo. En lo que se refiere a las tensiones entre él y Fernando II de León, comenta dos veces que el rey portugués fue preso, y soltado posteriormente gracias a la magnanimidad de su ya ex-pariente. Esta narrativa es, pues, manifestamente favorable al rey leonés, cuyo carácter generoso se alaba y cuya actitud agresiva contra Portugal se disculpa mediante el argumento del 'mal consejo'.

9   PCG: I, pp.650–52, 672 y 675–76.

10   *La Traduccion Gallega de la Cronica General y de la Cronica de Castilla*, ed. de Ramón Lorenzo (Orense: Instituto de Estudios Orensanos 'Padre Feijoo', 1975), pp.689–91 y 720–22 (de aquí en adelante **Trad.Gall**).

11   Tanto en la historia de Afonso Henriques como en la de Fernando II: Trad.Gall: 691 y 722. Esta escena y sus implicaciones textuales e ideológicas han sido estudiadas por Lindley Cintra, *1344b* vol I (Introd), pp. xc, ccclxi–xii y ccxxxviii–ccxl.

12   Trad.Gall: p. 691.

13   *Crónica de Veinte Reyes*, ed. de José Manuel Ruiz Asencio y Mauricio Herrero Jiménez (Burgos: Ayuntamiento de Burgos, 1991), XII, cap. 4–10 y XIII, cap. 13–14 (de aquí en adelante **Cr20R**). Respecto a este texto, hay que tener en cuenta no sólo su filiación en la 'Versión Crítica' afonsina sino también las vínculas entre esta versión y la *Crónica de 1344* estudiadas por Lindley Cintra, *1344b* vol I (Introd.) y Catalán, *De la silva*.

14   'El rrey don Alfonso de Portugal fuese entonçes para Coynbria e por achaque de la pierna nunca quiso caualgar en todos sus días nin salió de Coynbria fasta que murió' (Cr20R: 276b).

15   *Livro de Linhagens do Conde D. Pedro*, ed. de José Mattoso en *Portugaliae Monumenta Historica – Nova Série*, vol. II/1–2 (Lisboa: Academia das Ciências, 1980), 7B2–13 (de aquí en adelante **LLCDP**).

16   'A *IV^a Crónica Breve*, conforme o demonstrou Diego Catalán Menéndez Pidal, consiste na cópia de um fragmento da hoje perdida *Crónica Portuguesa de Espanha e Portugal* (a chamada *Crónica Galega* por Cristóvão Rodrigues Acenheiro), um texto de 1341–1342 de que o *Livro das*

Lembranças reproduziu a parte relativa à história dos reis de Portugal',
Luís Krus, "Crónicas Breves de Santa Cruz" en Giulia Lanciani y Giuseppe
Tavani (coord.), *Dicionário da Literatura Medieval Galega y Portuguesa*
(Lisboa: Caminho, 1993), p.194. Las cuatro *Crónicas Breves* fueron
editadas en los *Portugaliae Monumenta Historica. Scriptores* (Lisboa:
Academia das Ciências, 1856), pp. 23–32 (de aquí en adelante N°CrBr).

17   Sobre este asunto, véase Luís Filipe Lindley Cintra, *1344b* vol I (Introd.),
p. CCCLXXXIX y António José Saraiva *A Epica*, pp.21–27.

18   Este texto omite los conflictos entre Afonso Henriques y el clero así
como el desastre de Badajoz.

19   IVCrBr: 30–31. Según António José Saraiva, este pasaje estará ligado a
tradiciones clericales distintas de cualquier poema juglaresco sobre Afonso
Henriques: António José Saraiva, *A Épica*, p.91.

20   Luís Filipe Lindley Cintra, *1344b* vol I (Introd.), pp. CCCLV–CCCLVI.

21   António José Saraiva sostiene que este episodio que considera como siendo
de origen clerical y originalmente no relacionado con el poema juglaresco
sobre Afonso Henriques habrá sido intercalado precisamente para justificar
el título de rey posteriormente atribuído (*A Epica*, pp. 59 y 91). Sobre la
suerte de este pasaje véase Luís Filipe Lindley Cintra, "A Lenda de Afonso
I, Rei de Portugal (origens e evolução)", *ICALP Revista*, 16–17 (1989),
pp. 64–78.

22   El penúltimo capítulo del MS. 2656 de la B.U.S. anuncia, de manera
parecida a la Trad. Gall., que va a contar la historia de los reyes de
Portugal pero en este mismo punto deja de seguir el texto de la Trad Gall
que efectivamente hace un resumen de los reyes de Portugal y de las
batallas de Afonso Henriques (parecido al de la PCG). El texto del MS.
2656 salta estos dos capítulos y a partir de su último capítulo retoma el
hilo del cap. 474 de la Trad Gall y del cap. 702 de 1344b terminando
enseguida. Es, por lo tanto, muy difícil saber si la historia narrada en
1344b también se encontraba en 1344a. Por un lado, la omisión de los
dos cap. anunciados a la manera de la Trad Gall puede hacernos pensar
que sí, por otro lado la gran similitud del texto de 1344a a una narrativa
parecida a la de la Trad. Gall puede inducirnos a sospechar que no.

23   En este episodio, Afonso Henriques se enfrenta con el poder eclesiástico
que intenta dominar su carácter excesivo. En la primera fase, cuando el
obispo de Coimbra excomulga la tierra porque Afonso Henriques había
despreciado la orden pontífica de liberar a su madre, el rey portugués lo
sustituye imponiendo a los canónigos de Coimbra un obispo negro, de
origen musulmán. En la segunda fase el papa manda un cardenal a Afonso
para verificarse si él debería ser considerado hereje o no. El enviado es
recebido con desdén y amenazas de violencia por lo cual el cardenal
apuesta por la excomulgación y se huye. Al enterarse, Afonso Henriques
persigue al cardenal y casi lo mata. Le confisca las riquezas que tenía y le
obliga a prometer que el país no pueda ser excomulgado mientras viva.
Al final, el rey le muestra las cicatrices que marcan su cuerpo y que para
el mismo rey son pruebas que no es hereje ya que cada una es símbolo y
testimonio de combates contra los musulmanes en defensa de la fé católica.

Según António José Saraiva, la tradición del 'Bispo Negro' también fue un elemento añadido posteriormente a la gesta de Afonso Henriques, Saraiva, *A Epica*, pp.66–67; José Mattoso lo asocia con el ambiente laico de los caballeros de Coimbra que constituían el núcleo del ejército de Afonso Henriques y cuyo poder pretendían exaltar, "As Três Faces", pp. 34–5.

24   Sobre la cuestión de la lucha sobre los derechos de la madre y los del hijo véase Pedro Picoto, "Espaço e Poder na Épica Medieval Portuguesa", *Colóquio – Letras*, 142 (1996), pp. 65–81.

25   1344b: IV, 203–207. Es de destacar que la *Crónica de 1344* acentúa aún más el carácter negativo de la reina Urraca al integrar el capítulo en el cual sale como una excesiva violenta. (pp.206–7) La Cr20R también presenta esta situación igual que la 1344a (cap.622). El tema de la madre que intenta matar o de alguna forma perjudicar a su propio hijo también ocurre en la 'Leyenda de la Condesa Traidora', donde la madre del conde don Sancho de Castilla no hesita en intentar envenenar a su hijo para conseguir sus fines (PCG: II, cap.765).

26   Sobre este asunto, véase José Mattoso "João Soares Coelho" o Isabel de Barros Dias, "On Royal Infallibility", *Portuguese Studies*, 15 (1999), pp.42–51.

27   Por ejemplo por Luís Filipe Lindley Cintra, *1344b* vol I (Introd.), pp. CCCLXXXIX–CCCXCI. También es importante aquí destacar el testimonio de los *Livros de Linhagens*. De hecho, en cuanto que el LLCDP omite en la historia de Afonso Henriques el episodio de Egas Moniz y presenta todavía el ayo de Afonso Henriques como 'Soeiro Meendez' (LLCDP 7B6), la leyenda de Egas Moniz ya se encuentra en el anterior *Livro de Linhagens do Deão*: 'E este dom Egas Moniz criou el rei dom Afonso de Portugal, o primeiro que i houve, e fez erguer o emperador que jazia sobre Guimarães com companha a guisa de lealdade. E fez senhor do reino o criado, a pezar de sa madre, a rainha dona Tareja, de cuja parte o reino vinha'. (*Livro de Linhagens do Deão*, ed. de Joseph Piel e José Mattoso en *Portugaliae Monumenta Historica – Nova Série – Livros Velhos de Linhagens* (Lisboa: Academia das Ciências, 1980), 9A2). La cuestión de la relación entre las diversas versiones de los *Livros de Linhagens* se aborda en las 'Introduções' de las respectivas ediciones.

28   '– Senhor, vós nõ fezestes cordura de viir aco, ca, se vos alguẽ disse que ligeiramẽ te poderiades tomar esta villa, nõ vos disse verdade, ca çerto seede que ella sta açalmada do que há mester pera dez anos. E bem sabees vós que jaz hi o principe vosso primo, que he muy bõo fidalgo, cõ muytas cõpanhas e muy bem guisadas pera guerra, por a qual razõ non poderees fazer o que querees. E, em stando aquy, poderees receber dampno dos mouros em vossa terra. E, quanto he por o facto da reỹa sua madre, nõ o devees culpar, ca elle fez o que devya, ca ella o quisera matar ou deserdar da terra que seu padre gaanhou aos mouros e que el rey dom Affomso, vosso avoo e seu, lhe leixou. Mas, quanto he do que dizees que he razõ de vos conhecer senhorio e hir a vossas cortes, e eu assy o tenho que he bem, mas vós nõ o devees culpar ca os seus mesteres forom tantos

que nõ pode al fazer. Mas, se vós ho quiserdes segurar e alçarvos daquy e hirvos pera vossa terra, eu vos farey que hũu dia qual vós quiserdes que vaa a vossas cortes onde vós divisardes. E desto vos farey menagem'. (1344b: IV, 219–20).

29   PCG: II, 646; 1344: IV, 200–201.

30   1344: IV, 223

31   Sobre la figura del ayo y su papel en estas crónicas véanse Luís Filipe Lindley Cintra, *1344b* vol I (Introd.), pp. CCCLXXXIX–CCCXCI, José Mattoso "João Soares Coelho" y Isabel de Barros Dias, "Modèles de dévotion", *Etudes Mediévales*, 1(1), 1999, 287–294.

32   1344b: III, 65, 92, 97–102.

33   1344b: III, 93–96.

34   Caso de la promesa que Roy Gutierrez es obligado a hacer según la cual debería volver a la prisión de Fernán Royz después del entierro de su hermano Alvar: 'Mas Roy Gutierrez era omne sabidor, et luego que fue en su logar, metio a su hermano Aluar Royç en un ataud et dexol por enterrar, et si Fernand Royç le enuiaua dezir que guardasse ell omenage et se tornasse a la prision como era puesto, enuiaual el dezir que non auie aun enterrado a su hermano Aluar Royç. Et Fferrand Royç, non auiendo carrera por o passar a el nin reptarle por ello, dexolo assi estar' (PCG: II, 674b).

35   1344b: IV, 336.

36   'A *Crónica do Condestabre de Portugal*, aparecida em manuscrito em 1433 e impressa em 1526, diz que o jovem Nun'Álvares "usava muito de ouvir e ler livros de histórias, especialmente usava mais ler a estoria de Galaaz em que se continha a soma da Távola Redonda" (cap. IV). E Fernão Lopes conta, na *Crónica de D. João I*, que os guerreiros de D. João I, gracejando, se comparavam a Galaaz, a Tristão, a Lançarote e a outros companheiros da Távola Redonda, dizendo que só faltava ali o bom rei Artur (2ª parte, cap.76)'. António José Saraiva, *O Crepúsculo da Idade Média em Portugal* (Lisboa: Gradiva, 1990), p.72. Otro ejemplo que también puede ser mencionado aquí es el del famoso pasaje de la *Divina Comédia* (Inferno, canto 5) en el cual se narra la historia de los amores de Paolo y Francesca que ven su inicio en la lectura de la historia de 'Lancilotto'.

37   Sobre este asunto véase Isabel de Barros Dias "Modelos Heróicos num Fluir Impuro" en Cristina Almeida Ribeiro y Margarida Madureira (coord.), *O Género do Texto Medieval* (Lisboa: Cosmos, 1997), pp.105–112.

38   'et escriuieron otrossi las gestas de los principes, tan bien de los que fizieron mal cuemo de los que fizieron bien, por que los que despues uiniessen por los fechos de los buenos punnassen en fazer bien, et por los de los malos que se castigassen de fazer mal' (PCG: I, 3b). Para la 1344b: II, 5.

39   Inseridos generalmente en la situación en la cual un rey moribundo transmite sus últimos consejos a su sucesor jóven, y que también figura en la historia de Afonso Henriques (1344b: IV, 215–16, transmitido igualmente por la Cr20R, LLCDP, III y IV Cr.Br). Según António José

Saraiva la inserción del discurso del conde a Afonso Henriques tiene como propósito presentar al jóven príncipe como 'verdadeiro e único sucessor do pai quanto à posse e defesa das terras', Saraiva, *A Epica*, p. 54, justificando así su legitimidad en las luchas que posteriormente lo enfrentarían con su madre.

40   Lo cual ocurre en la épica de Afonso Henriques (1344b: IV, 216, y también en las Cr20R, LLCDP, III y IV Cr.Br). Para un estudio más general véase Isabel Barros Dias, "On Royal Infallibility".

41   Para la leyenda de Afonso Henriques 1344b: IV, 228 (episodio que también es transmitido en la Cr20R, III y IV Cr.Br) y IV, 223 (que también surge en la III Cr.Br).

42   Presente en las narrativas épicas sobre Afonso Henriques aunque con ecos en otras épicas como las 'Mocedades de Rodrigo' (1344b: III, 298).

43   De hecho, esta noción es importante en la defensa de Afonso Henriques contra la acusación de ser hereje y justifica la confiscación por parte del rey de los tesoros que considera necesario para mantener la guerra contra los musulmanes (1344b: IV, 227–229). La misma noción puede encontrarse en las historias sobre el Cid (1344b: IV, 157), y en las 'Mocedades de Rodrigo' donde también salta el tema de la exención tributaria (1344b: IV, 328–329).

44   Caso de los problemas que surgen del conflicto de intereses entre madre e hijo respecto a cual de los dos debía heredar el territorio, o de la cuestión sobre el derecho de 'enganar' o de romper un juramento por lealtad extrema. También se plantea el tema de hasta que punto un vassallo puede o debe rebelarse cuando se ve agredido o maltratado por él que debería ser su señor, la cual es una de las cuestiones más recurrentes de la épica medieval (cf. También las canciones de gesta francesas, sobretodo las del ciclo de vasallos rebeldes). Sobre estos asuntos, es interesante recordar la argumentación de Fernán González según la cual los vasallos no deben lealtad al señor de su señor. Así, si el conde fuera de alguna forma maltratado por el rey, sus hombres tienen el deber de ayudarlo (PCG: II, 419b). De acuerdo com esta argumentación, la quiebra del juramento y el 'engano' por Egas Moniz son actitudes lícitas.

45   Por ejemplo en lo que se refiere a las narrativas épico-legendarias sobre Fernán González. De hecho, tanto el material épico sobre Fernán González como aquel sobre Afonso Henriques sirven para legitimar el proceso por el cual un condado pasa a ser reino. Sobre las intenciones subyacentes de las dos narrativas véase Elisa R. P. Nunes Esteves, "Relações entre as lendas de Fernão Gonçalves e Afonso Henriques", en Juan Paredes (ed.), *Medioevo y Literatura. Actas del V Congreso de la A.H.L.M.* (Granada: Universidad de Granada, 1995), vol. II, pp. 229–35. Sobre la cuestión de la legitimación de las orígenes de Castilla, bien como los procesos según los cuales se puede construir antiguedad y raíces para un reino nuevo véase Charles F. Fraker, *The Scope of History – Studies in the Historiography of Alfonso el Sabio* (Ann Arbor: The University of Michigan Press, 1996), pp. 40–41.

46   Lo cual parece ser simultaneamente una maldición y una bendición que

acompaña a los heroes desde la Antiguedad. Sobre este asunto véase Micheline de Combarieu du Grès, *L'idéal humain et l'expérience morale chez les héros des chansons de geste: des origines à 1250* (Aix-en-Provence/Paris: Université de Provence/Champion, 1979) donde se estudian las diversas formas que puede tomar el exceso en una sociedad obsesionada por la inmovilidad social. La rebelión épica puede comenzar por un deseo de independencia, una busqueda de libertad, una afirmación de si mismo; pero también puede gradualmente cambiar la personalidad del héroe que llega a querer superar a si mismo, desafiar a los hombres, la sociedad y finalmente a Dios. Tal guerrero orgulloso y excesivo se opone al héroe ejemplar que sirve los intereses de la comunidad. Algunos de estos rasgos aparecen tanto en Fernán González como en Afonso Henriques ya que ambos son excesivos, orgullosos e irreverentes respecto a las leyes sociales y religiosas. Afonso Henriques desafia el poder y la dignidad eclesiásticos, combate y apresa a su propia madre y puede ser considerado un rebelde a Alfonso VII. Fernán González también muestra rasgos de rebelión contra su rey, muestra su carácter excesivo al combatir al conde de Tolosa o cuando sus vassallos le acusan de ser demoníaco e imparable. Al fin, no hesita en desafiar a Dios cuando Este parece no venir en su auxílio. Nótese, sin embargo, que los rasgos más excesivos del carácter de Fernán González se encuentran de forma más nítida en el *Poema de Fernán González*, 'Poema de Fernán González' ed. de Ramón Menéndez Pidal y reed. de Diego Catalán en *Reliquias de la Poesía Épica Española* (Madrid: Gredos, 1980), pp. 34–153, o en los capítulos de la *Crónica de 1344* que narran su reunión con el rey de León con más detalle y vivacidad (1344a: cap.235–37; 1344b: cap. 356–57).

47 De hecho, los textos que aparecen en el LLCDP y en la IVCr.Br. se parecen más al relato de la Cr20R que al de la IIICr.Br. y de la 1344b. Hay que destacar la origen portuguesa de estas leyendas que fue atestada independientemente de su ocurriencia en textos castellano-leoneses. Sobre este asunto véase Diego Catalán, *De Alfonso X*, p. 269.

48 1344b: IV, p.229

49 '– Meu filho dom Affomso, prendestesme em ferros e desherdastesme da honrra que me leixou meu padre e quitastesme de meu marido. E eu rogo a Deus que vós sejaaes preso como eu som e, por que metestes ferros em minhas pernas, ferros quebrantē as vossas'. (1344b: IV, 218).

50 'E entom foy comprida a maldiçõ que lhe lançou sua madre quando lhe disse que ferros lhe quebrassem as pernas e preso fosse como ella era'. (1344b: IV, 236).

51 Sobre este asunto véase José Mattoso, "João Soares Coelho", pp. 37–38. Las narrativas en las cuales Afonso Henriques se ve ridicularizado y maltratado tienen su origen en el ámbito de la alta nobleza norteña. Sería muy difícil ignorar estas historias porque surgen en los libros de linajes, inclusive en el mismo *Livro de Linhagens do Conde D. Pedro*, es decir, un texto de la mano del mismo autor de la primera versión de la *Crónica de 1344*.

52 Cf. pasaje citado en la nota 27. Esta cuestión ha sido estudiada por José

Mattoso, "João Soares Coelho", p.116.

53   El cual es el caso por ejemplo de la 'Versión Crítica', descrita por Inés Fernández-Ordóñez, *Versión crítica*.

54   Armas retóricas del conocimiento general a las cuales aluden las mismas crónicas: 'Maneira he de todollos estoriadores que fazẽ livros d'estorias, en que som estorialmente contados os grandes feitos, de os fazerem de boas e nobres razõoes. E os que acham feitos, se en algũa cousa son minguados, devẽnos correger con boas e fremosas pallavras, non desfalecendo na verdade da estoria mas comprindo as razõoes minguadas e tirando as sobejas, en tal guisa que os que leerem pellos livros aprendam a ben falar e venham en conhecimento e sabedoria das cousas antigas' (1344b: IV, 418) (Para la PCG: II, 737 y para la Trad.Gall: 821).

55   'E, por que esta estoria dos que conquistaron as Spanhas ataa os Godos, fala de muytos que en ella veheron a conquistar, he forçado, por a hordenança da storya hir dereita, que, daqueles principes que en ella veheron e fezeron grandes feitos, que nos os metamos na estoria algũas vezes, tomando hũas cousas pequenas que fazem hordenãça na scriptura, ainda que non tangam muyto aos feitos d'Espanha, e leixando algũus outros grandes feitos que elles fezeron que non pertençẽ a esta estoria' (1344b: II, 76).

56   Caso de la enumeración de las diversas batallas que vieron un enfrentamiento entre Aníbal y los Romanos (1344b: II, 84–86).

57   Sobre todo el caso de Galba, elegido Emperador (frente a Nerón) en España (PCG cap.178). Los buenos emperadores Nerva y Trajano (PCG cap. 190–91) eran naturales de *Hispania*, así como el 'sábio e estudioso' Adriano (PCG cap. 196, 198). También se hace referencia a otras figuras ilustres como Quintiliano, 'sábio espanhol' (PCG cap. 179) o Paulo Orosio (PCG cap. 357).

58   Sobre esta construcción ideológica, verosimilmente iniciativa del mismo rey sabio y su deconstrucción en la segunda redacción de la *Crónica de 1344* véase Isabel de Barros Dias, "Romanos, senhores de toda a terra?", Isabel Allegro de Magalhães, João Barrento, Silvina Rodrigues Lopes y Fernando Cabral Martins (coords.), *Literatura e Pluridade Cultural Actas do III Congresso de Associão Portuguesa de Literatura Comparada, 1998*, (Lisboa: Colibri, 2000). Sobre los ideales imperialistas de Afonso X véase, sobretodo, Roberto Júlio González-Casanovas, "Alfonso X's Concept of Hispania: Cultural Politics in the Histories", Simon Forde, Lesley Johnson y Alan V. Murray (eds.) *Concepts of National Identity in the Middle Ages* (Leeds: Leeds Texts and Monographs, 1995), pp. 155–170.

59   Sin embargo, transforma el artículo definido de la primera en tercera persona, lo que ya implica un cierto alejamiento.

60   Sobre el papel de la *inventio* en la traducción medieval, véase Rita Copeland, *Rhetoric, Hermeneutics, and Translation in the Middle Ages* (Cambridge: Cambridge University Press, 1991).

61   Sobre este asunto, véase Isabel de Barros Dias, "Cantares de Unificação e de Partição" *Discursos – Língua Cultura e Sociedade (Regiões / Identidade)*, III série, 1 (1999) pp. 153–63.

62 Ejemplificada en la *Estoria de Espanna* en la interpretación de un señal que supuestamente ocurrió al nascimiento de Jesús: 'Otrossi fallamos en las estorias que a aquella ora que Ihesu Cristo nascio, seyendo media noche, apparescio una nuue sobre Espanna que dio tamanna claridat et tan grand resplendor et tamanna calentura cuemo el sol en medio dia quando ua mas apoderado sobre la tierra. E departen sobresto los sabios et dizen que se entiende por aquello que, despues de Ihesu Cristo, uernie su mandadero a Espanna a predigar a los gentiles en la ceguedat en que estauan, et que los alumbrarie con la fe de Cristo; et aqueste fue sant Paulo. Otros departen que en Espanna auie de nascer un princep cristiano que serie sennor de tod el mundo, et ualdrie mas por el tod el linage de los omnes, bien cuemo esclarecio toda la tierra por la claridat daquella nuue en quanto ella duro' (PCG: I, 108b).

63 Sobre todo Fernando I, 'Par de Imperador', su hijo, el rey Alfonso VI, el Emperador Alfonso VII y Fernando III, padre del rey sabio.

64 Cap. 845 de la PCG, 250–3 de la Tad.Gall., 416–18 de la 1344a, y 508–10 de la 1344b.

65 El texto surge ya bastante desarrollado en la Cr20R aunque no tanto como en la *Crónica de 1344* (1344a: cap. 365–68; 1344b: cap. 468–71).

66 Texto que surge en la Trad.Gall, 1344a y 1344b interpolado entre los cap. 803–4, 804–5, 809–10 y 810–11 de la PCG.

67 Textos interpolados entre los cap. 895–6 de la PCG. Ausentes también de la Trad.Gall, corresponden a los cap. 490–99 de la 1344a y 582–91 de la 1344b. La Cr20R se refiere a los conflictos que oponen el Cid a Alfonso VI pero no implican ni la más mínima concesión por parte del rey (Cr20R: X, cap. 47–53).

68 Respecto a este asunto es curioso como la crónica portuguesa organiza la cuenta de los reyes peninsulares a su favor, olvidándose así de los otros reinos periféricos: 'foron reis de Castella e de Leom trinta e sete. E, cõ os reis godos, que foron trinta e seis, fazem sateenta e tres. E, com el rey don Garcia e com outros sete que forom reis de Portugal, foron per toda conta oytẽeta e hũu, ataa a era de myl e trezentos e oyteenta e dous annos que este livro foy feito, feria quarta, viinte e hũu dias de Janeiro da dita era' (1344b: II, 380).

69 Sobre todo al dar más peso a la narración sobre los reinos de Aragón y Navarra, para no hablar de Portugal. Esta versión continuada está ausente tanto de la PCG como de la versión editada de la Trad.Gall (1344a: cap.312 y 321–31; 1344b: cap.429, 437–42 y 705–27).

70 Sobre la divulgación de la *Crónica de 1344* véase Diego Catalán, *De la silva*, p.178.

71 Sobre la cuestión de 'autoridad', de la re-elaboración sucesiva y de la naturaleza inacabada de los textos medievales, véase Mary J. Carruthers, *The Book of Memory* (Cambridge: Cambridge University Press, 1992), sobretodo cap.6. 'Thus, both "authority" and "author" were conceived of entirely in textual terms, for an "auctor" is simply one whose writings are full of "authorities". And an "author" acquires "authority" only by virtue of having his works retained "sententialiter" in the memories of

subsequent generations [...] Both the word *auctor* and the later synonym, *originalis*, are related closely to the traditional metaphor of literature as a great river flowing over time from a *fons* or "source'" pp. 190–91.

La materia cidiana en la crónica general alfonsí: tramas y fórmulas

Fernando Gómez Redondo
Universidad de Alcalá

Para Samuel G. Armistead

La incorporación de la materia épica a la trama cronística detuvo la compilación de la *Estoria de España*, al menos, en dos momentos capitales: en la mitad del cap. 616, justo cuando se estaban ordenando las noticias relativas a Bernardo del Carpio,[1] y en el cap. 896, cuando va a comenzar a referirse la campaña levantina del Cid, con un repertorio de fuentes distinto al utilizado hasta entonces.[2]

Aunque estas dos fracturas correspondían a diversos momentos del proceso compilatorio, coinciden en señalar uno de los aspectos más difíciles a que tuvieron que enfrentarse los talleres historiográficos: la incardinación de los cantares de gesta en el modelo ideológico que defendía la crónica general;[3] esta tensión reproduce el enfrentamiento medular que define las formas literarias peninsulares entre 1200 y 1350; en ese siglo y medio se están oponiendo dos concepciones del mundo, dos registros de ideas, dos núcleos de poder: el de la aristocracia y el de la realeza.

1 La materia épica: las líneas ideológicas

La eclosión –que nunca decadencia–[4] que sufre la poesía épica a lo largo de ese período sólo puede comprenderse cuando se descubren las expectativas de recepción a las que tenía que servir.[5] La poesía épica no sólo conservaba la memoria de la fundación de Castilla, sino que a la vez vinculaba los derechos y valores de los clanes linajísticos en esa oposición a la curia leonesa y a sus modos de relación cultural.

Tras la muerte en 1157 de Alfonso VII y en 1158 de Sancho III, divididos de nuevo los reinos, Castilla queda en una posición de desventaja frente al reino leonés; este hecho exigirá la construcción de una identidad política que será impulsada, en esa segunda mitad del s. XII, por crónicas (la *Najerense*, la *Adefonsi Imperatoris*, la difusión de la misma *Historia Roderici*) y por cantares de gesta en que se recordaban los hechos ocurridos en las primeras guerras fratricidas, así como las virtudes y los deméritos con que se habían comportado sus principales actores.[6]

Intentar saber qué hubo antes de la primera mitad del s. XII presupone caer en la pura especulación, pero no así cuando se aborda la segunda de la centuria, por cuanto existe un contexto de recepción apoyado en unas circunstancias ideológicas claras.[7] Sobre todo, los años de la minoridad de Alfonso VIII (1158–1170) resultan idóneos para recordar las claves de la identidad castellana en un primer *Cantar de Fernando I* (que no tendría por qué incluir la escena de la partición) o para evocar las guerras fratricidas desde la soberbia del rey castellano Sancho II; en un caso se trataría de un cantar de afirmación castellanista, mientras que en el otro, la ideología leonesa impulsaría caracterizaciones positivas de doña Urraca y de Alfonso VI en especial;[8] en este marco de la reconstrucción de la materia épica, es cuando tiene que crearse una de las configuraciones más importantes de la materia cidiana, si no es que se trata de la primera: la caracterización de un Cid rebelde, síntesis del espíritu castellano, en cuanto viva encarnación del 'Castellae vires per saecula fuere rebelles' que se proclamaba en el interior del *Poema de Almería*, en su v. 138.[9]

En la segunda mitad del s. XII, Castilla y León no se enfrentarán en campo de batalla alguno, pero sí que recordarán las guerras anteriores con las implicaciones ideológicas oportunas; los principales clanes de la nobleza castellana armarán su imaginario linajístico con las hazañas de un Rodrigo, expulsado de sus tierras por un rey leonés y sostenido en el destierro por el esfuerzo de sus mesnadas; también Bernardo del Carpio –uno de ellos– o Fernán González dan sobradas muestras de la resistencia que debe oponerse a los modos engañosos de que se sirven los reyes –la línea astur-leonesa– para destruirlos.[10]

Alfonso VIII, a pesar de su matrimonio en 1170 con doña Leonor de Inglaterra, no tenía que ver con malos ojos ese repertorio de signos de rebeldía, a cuyo amparo fue reconstruyendo un reino hasta lograr convertirlo en el más poderoso de los peninsulares; por ello, en 1190 portugueses y leoneses, navarros y aragoneses sellaron un pacto de defensa contra esa corte expansionista. Alarcos, 1195, y la casi desaparición de Castilla obligaron a construir otro modelo cultural diferente;[11] la aristocracia se iba a convertir en pieza de una cortesía más atenta a los productos clericales y a otras materias narrativas;[12] se busca, ahora, afirmar un distinto espacio de convivencia y, sobre todo, ofrecer la imagen de un reino integrador; por ello, el primer *Cantar de mio Cid* pierde ese sustrato de defensa de la rebeldía para configurar la identidad de un nuevo héroe integrado en el espacio cortesano, expulsado del mismo por intrigas de unos "ricos omnes" que no han sabido defender la identidad política de ese reino (lo que ocurre dentro de los cantares es viva imagen de los núcleos de pensamiento de sus receptores) que, en cambio, el héroe logrará mantener y ampliar en las condiciones más adversas; el primer *Cantar de mio Cid* tuvo que contar con una trama de hechos centrada en los reinados de Sancho II y de Alfonso VI, extendida ésta desde la Jura de Santa Gadea hasta la conquista de Valencia;[13] todo un proceso argumental que se adapta, luego, a las nuevas circunstancias: basta, ahora, con señalar que Rodrigo es airado por culpa de sus 'enemigos malos' y con reiterar, hasta la saciedad, que el Cid considera al rey como su 'señor natural' y que todo su esfuerzo se encamina a recuperar su 'amor'.[14]

No es fácil saber cuáles serían los límites de ese segundo *Cantar de mio Cid*, que se fecha con tanta precisión en 1207, en el arco temporal de la reconstrucción cortesana que propicia la victoria de 1212; los segundos matrimonios de las hijas del Cid con infantes de Navarra y de Aragón pueden, metafóricamente, reflejar la concordia de reinos capaz de destruir el peligro de la invasión almohade.

Con todo, las incertidumbres a la hora de reconstruir estos estadios iniciales de una materia literaria como la cidiana son inevitables; mucho más si se piensa en la contradicción que supone contar con una fecha (mayo de 1207) en que Per Abbat 'escrivió este libro' (v. 3731) y con un solo manuscrito de mediados del s. XIV en que se conserva ese supuesto original;[15] al margen de que no parezca muy verosímil que se hayan conservado inalteradas, durante siglo y medio, las líneas argumentales de un cantar que se escucharía en la corte de Alfonso VIII hasta copiarse en las postrimerías del reinado de Alfonso XI, debe repararse en que el verdadero medio de transmisión de ese poema no era el de la escritura sino el de la oralidad, ese fenómeno de la recitación (monódica, gestual, dramatizada) pensada para que el receptor se convirtiera en una pieza activa de ese proceso de transmisión de unos textos que han de ser vistos y oídos en el curso mismo de su ejecución, es decir de su interpretación.[16]

El análisis de las fórmulas de recitación del *Cantar de mio Cid*, conservado en el códice de Vivar, es el que advierte de la existencia de dos procesos recitativos diferentes, porque tenía que haber dos conciencias de recepción distintas también en sus presupuestos.[17] Esto quiere decir que no es fácil saber cómo sería el *Cantar* de 1207 (no, desde luego, como lo conserva el ms. único), pero sin embargo la valoración de las fórmulas –propias y ajenas– de la primera crónica general puede ayudar a comprender cómo se difundiría esta materia cidiana, desde los estratos iniciales al reinado de Alfonso X.[18]

2 El Cid en la primera crónica general

La materia cidiana que acoge la *Estoria de España* es sumamente contradictoria y no sólo porque su formación se detuviera en esa mitad del cap. 896, hasta el punto de poder afirmarse que el resto de la crónica general ya no atiende a los dictados alfonsíes,[19] sino porque varios fueron los productos textuales de que se sirvieron los compiladores, algunos de ellos contradictorios en su propia naturaleza;[20] la seguridad de datos de la *Historia Roderici* sirve para complementar las informaciones de los cantares de gesta sobre Rodrigo; conviene emplear el término plural de 'cantares' porque, como se ha señalado, se trata de una poesía que vive en su transmisión oral y no en su conservación escrita;[21] ni la *estoria* que 'cuenta/dize' las hazañas del Cid tenía por qué corresponderse con el supuesto original fechado en 1207[22] ni los compiladores debían enfrentarse a un solo cantar de gesta –ya conocidos directamente, ya prosificados de forma previa– referido a Rodrigo.[23]

La singularidad de esta materia cidiana la revela el hecho de que, en puridad, se trate de la materia textual más antigua referida a la gesta del Cid, por cuanto el códice de Vivar es muy posterior a este proceso de formación cronística.

Esta circunstancia es la que explica que, confrontado el *Cantar de mio Cid* conservado con las líneas textuales que llegaron a la *Estoria de España*, se descubran de inmediato notables diferencias ante las que la crítica ha ensayado diversas explicaciones, sin que ninguna parezca más convincente que otra; ya en 1955, en las "Fuentes de cada capítulo en particular",[24] tiene que hablarse de un *Cantar refundido de Mio Cid* para explicar estas variaciones, una opinión que contrasta con los que achacan estas diferencias a las intervenciones de los compiladores, responsables de la modificación de rasgos caracterológicos, recursos expresivos o del cambio de las mismas líneas narrativas.[25] El problema se agrava a nada que se compare la materia cidiana que ingresa en la crónica alfonsí con la que llega a las compilaciones posteriores, incluyendo la consecuente evolución que la inacabada *Estoria de España* sigue; tanto la *Versión crítica* de esa *Estoria de España* (c. 1283), en la parte que hasta ahora se ha llamado *Crónica de veinte reyes*,[26] como la *Crónica de Castilla* presentan relatos cidianos divergentes entre sí y contrapuestos a los que figuran en la *Estoria de España*;[27] de nuevo, estos cambios pueden achacarse a diversos testimonios poéticos o bien a la iniciativa personal de los cronistas.[28]

Ahora bien, este laberinto de transmisiones textuales y de versiones cronísticas puede aclararse en algunos aspectos si se atiende a los contextos de recepción a los que irían dirigidas esas producciones (las poéticas y las cronísticas) y a los mecanismos de relación del texto con sus respectivas audiencias. Porque se trata de un doble proceso de afirmación textual; a la crónica llegan cantares de gesta (o *estorias*) con un específico sistema formulario que los cronistas mantienen o complementan con usos nuevos que apuntan a distintas utilizaciones de esos productos.[29]

De este modo, en lo que hoy se llama primera crónica general, es decir en ese *corpus* cronístico que acaba de armarse a finales del reinado de Alfonso XI, con cuadernos provenientes de diversos talleres, pueden detectarse cuatro importantes núcleos de materia cidiana, dotado cada uno de ellos de una específica estructura de transmisión narrativa:[30]

A) Capítulos 845–½896: primer *Cantar de mio Cid* complementado, ideológica y argumentalmente, con referencias del segundo *Cantar*, fechado en 1207.

B) Capítulos ½896–921: conquista de Valencia, conforme al relato de Ben Alcama, sin ninguna otra clase de información suplementaria.

C) Capítulos 922–946: recuperación de las informaciones de los cantares de gesta, aunque sometidos a otro tratamiento narrativo de carácter caballeresco.

D) Capítulos 947–962: con apoyo exclusivo en la *Estoria de Cardeña*, se refieren los últimos episodios de las vidas de Rodrigo y de Jimena, convertidos en soporte de un culto monástico.

Por la distribución de capítulos,[31] *A* pertenece a un núcleo de redacción histórica (la tercera mano: E^2c), que se encuentra aún gobernado por los dictados alfonsíes, mientras que *B*, *C* y *D* corresponden a lo que Catalán ha llamado "laguna cidiana".[32]

Como se comprueba, la vida del Cid, extendida en ese largo centenar de capítulos, no puede ser más heterogénea: acoge noticias, en su tramo inicial, del primer *Cantar* en el que el carácter del héroe es plenamente rebelde, como síntesis de los valores de esa Castilla amenazada en la segunda mitad del s. XII; completa esos datos con referencias del segundo *Cantar*, en que el héroe se encuentra integrado en el modelo de corte que configurara Alfonso VIII a comienzos del s. XIII y que, en muchos aspectos, coincide con los patrones básicos con que Alfonso X sustenta su ideología cultural; de ahí, el interés del Rey Sabio por los hechos vinculados a este prototipo de héroe que le permite diseñar una de las vías por las que la aristocracia podía, también, ser asimilada en el entramado de relaciones cortesanas que él diseñara, sin tener, por ello, que renunciar a sus *virtutes* características; todo ello ocurre, además, en los últimos compases de redacción de la *Estoria de España*, cuando la rebelión nobiliaria de 1272 comienza a afectar las estructuras básicas de este proyecto cronístico.

Sin embargo, Ben Alcama suministra otra imagen cidiana, en la que Rodrigo muestra los perfiles de una dura diplomacia, rayana con el oportunismo y no exenta de la codicia que la presa de Valencia representaba, por mucho que se envuelva su figura con la imagen de un conquistador justiciero y de un defensor de la fe.

Cuando se recuperan, en el cap. 922, las informaciones provenientes de los cantares de gesta, el proceso narrativo que se construye ya es otro, abierto hacia el dominio caballeresco y muy cercano a los esquemas con los que se estaban armando las primeras estructuras textuales de la ficción narrativa. Porque se trata no sólo de una quiebra de métodos de composición, sino de ámbitos de recepción. El contexto al que se dirigían estas redacciones cidianas, con las que luego se parchea E_2, es el mismo que requiere los materiales que proceden de la *Estoria* caradignense para rematar la vida de Rodrigo; cuando la caballería se resuelve en hagiografía sólo puede pensarse en un ámbito social como destinatario de estos productos, el molinismo,[33] es decir el marco que precisaba de la conversión de Josafat, de las peripecias místicas de la *Gran conquista*, de la *estoria* de Zifar y de Grima, amén de ese repertorio de *romances* de materia hagiográfica, de los que queda una buena muestra en el escurialense h-i-13.[34]

No hay ninguna contradicción en ello, por cuanto la primera crónica general no se termina conforme a los deseos iniciales fijados por Alfonso, pero se prosigue a su muerte; uno de esos impulsos redaccionales es el de la *Versión amplificada de 1289*, en cuyo centro se sitúan estas *estorias* cidianas que, luego, la "cuarta mano" (*E₂d*) empalmará a los otros materiales compilados con criterios de mayor rigor historiográfico. En todo caso, se trata de piezas que deben incardinarse al nuevo modelo cultural que presiden Sancho IV y doña María de Molina.

Resulta así que, en esa primera crónica general que acaba de armarse a mediados del s. XIV, con versiones que proceden de distintos entramados culturales, hay cuatro figuras cidianas que testimonian el provecho que diferentes contextos supieron sacar a una trama episódica, recortada o amplificada en función de los nuevos intereses de recepción a que debía atenderse.

Ello además demuestra que la crónica no era un simple registro de hechos que se formaba para ser guardado en la cámara regia, sino que esa multiplicación extraordinaria de versiones y de manuscritos cronísticos, en ese período de turbulencias políticas por que pasa Castilla entre 1275 y 1325, pone de manifiesto el modo que los distintos grupos políticos dominantes (la realeza y la aristocracia abiertas en diferentes opciones) vinculaban su ideología a estas redacciones historiográficas, modificando los procesos textuales de que se nutrían. Para armar una crónica no sólo se tienen que buscar unas fuentes determinadas, sino que éstas resultan privilegiadas y señaladas por los grupos sociales que las han usado, que se han servido de ellas para afirmar sus concepciones ideológicas.

Hay, en consecuencia, varios sistemas de pensamiento involucrados en la materia cidiana que conserva la primera crónica general, porque distintos fueron el contexto alfonsí en el que penetraron esos dos cantares de gesta –el primer y el segundo *Cantar de mio Cid*, cada uno de ellos portador de una identidad diferente, que se amalgamará para construir una nueva– del de Sancho IV, en el que la trama cidiana se abre hacia los dominios temáticos que ese marco cultural requería: el espíritu de la cruzada (con Rodrigo arrebatando Valencia a los árabes), la dimensión caballeresca, el ultraje de las damas y el alejamiento del entorno cortesano, más el impresionante retablo de su muerte, con los correspondientes signos prodigiosos asociados a un culto que, al decir de la crónica, se practicaba ante el cadáver embalsamado del héroe.

Lo que evidencia este trazado de la primera crónica general es que los cantares de gesta dieron lugar, en las cortes de Alfonso X y de Sancho IV (proyectada ésta en la que mantuvo doña María durante el reinado de su hijo Fernando IV), a distintos productos textuales que son los que acaban siendo utilizados como fuentes cronísticas. Hay que desechar el tópico de que viejos poemas mantuvieran vivas las hazañas de los héroes épicos y de que los compiladores no tuvieran, ante la escasez de noticias, más remedio que asumir ese bagaje de informaciones; si un cantar de gesta, en su compleja transmisión oral, llega hasta mediados del s. XIII y, re-creándose en cada una de sus interpretaciones, atraviesa el marco de renovación cultural que configura el Rey Sabio, es porque, adaptándose al mismo, se transforma en una pieza más de un armazón cultural que pretendía domeñar las voluntades de los clanes linajísticos.

Esto es lo que explica ese desarrollo a veces contradictorio de esta materia literaria; salvo los relatos de la *Historia Roderici* y de Ben Alcama, el grueso de la materia cidiana procede de esos dos cantares de gesta a los que se añade el piadoso relato de la **Estoria de Cardeña*, pero quizá no de una forma directa, sino a través de versiones que han podido construirse con independencia de las necesidades historiográficas; eso es así, sobre todo, en la trama de informaciones que se integra en los caps. 922 y 962, en los que se llega a construir –como reflejo que sería– un texto que posee las mismas características que la *Estoria del Cavallero del Çisne*, injerida en la *Gran Conquista de Ultramar*, o que las *estorias* que acaban por armar el *Libro del caballero Zifar*.

3 Las fórmulas cronísticas

La singularidad de estas redacciones la descubre el sistema formulario que la crónica conserva, como reflejo de la utilización que se hacía de cada uno de esos relatos independientes.

Por supuesto que el cronista posee recursos propios, también formularios, para engarzar los diversos relatos que acoge, pero muchos los asimila de esas *estorias* que han atravesado ya unos determinados marcos de recepción a los que él está también sirviendo.[35]

Procede, aun de forma esquemática, dar cuenta de esta red formularia, en función de los cuatro núcleos textuales ya señalados, en los que se distribuye esta materia cidiana:

	A) *EE* 845–865 y 890–½896 E_2c: 518*b*–565*b*: cantares de gesta más crónicas latinas	C) *EE*: 922–946 E_{2d}: 591*b*–627*b*: cantar de gesta más *estoria* caballeresca
1. Fórmulas de presentación narrativa	"[como] agora diremos/ contaremos": 4 "aun va la estoria"; 2 "aun cuenta la estoria": 1 "la estoria comiença d'esta guisa": 1	"et la estoria cuéntalos assí": 1

	A) *EE* 845–865 y 890–½896 *E₂c*: 518*b*–565*b*: cantares de gesta más crónicas latinas	C) *EE*: 922–946 *E₂d*: 591*b*–627*b*: cantar de gesta más *estoria* caballeresca
2. Fórmulas de remisión de fuentes	"cuenta/dize la estoria": 5 "dizen algunos": 2	"cuenta/dize la estoria": 18 "dizen/diz": 2
3. Fórmulas de recitación directa.	"et por esto que oídes": 1	"et si nós quisiéssemos dezir/contar": 2 "et ésta fue una de las meiores faziendas": 1 "et vós devedes saber que este escudero": 1
4. Analepsis	"como avemos ya dicho": 1 "cavallos que diximos": 1 "el capítulo que diximos": 1	"segunt lo a contado la estoria": 1 "lo avemos dicho et lo a contado la estoria (...)":1 "dize la estoria, según lo avemos contado":1 "ya desuso oyestes los nombres": 1 "ya desuso oyestes por la estoria": 1 "segunt que desuso ya oyestes": 1 "en la estoria son nombrados": 1
5. Prolepsis		"la estoria vos lo contará adelante": 1 "así como adelante vos contará la estoria": 1 "adelante por la estoria oiredes": 1 "segunt que adelante oiredes": 1
6. Intensificación de sentimientos	"pésol' de coraçón/mucho": 2 "plógol' mucho/d'esto": 2 "ovo ende muy grand pesar": 1	"grant el alegría et el goço": 1 "llorando de los oios": 1 "todos dixieron por una boca": 1
7. Reticencia	"allí eran tantos que seríen muchos de contar": 1	"esto non es de preguntar": 1 "que non á omne que vos lo sopiesse fablar":1 "¿quién vos podríe

	A) *EE* 845–865 y 890–½896 E_2c: 518*b*–565*b*: cantares de gesta más crónicas latinas	C) *EE*: 922–946 E_{2d}: 591*b*–627*b*: cantar de gesta más *estoria* caballeresca
		contar?": 11 "¿quién vos podríe dezir?": 3 "¿quién vos sabríe contar?": 1 "et si nós quisiéssemos dezir (...) esto non á guisa": 1
8. Entrelazamiento	"Agora dexaremos et tornaremos a la razón": 1 "Agora dexa aquí la estoria et torna a contar": 2 "Ya dixiemos aquí diremos de cómo...": 1	"Mas agora dexa la estoria a fablar por contar...": 1 "Mas agora dexa la estoria de fablar et torna a contar...": 1
9. Visualización		"Et allí veriedes": 1 "allí veriedes los grandes lloros": 1 "et todo omne que viesse diríe...": 1 "que todo omne que lo viesse diríe...": 1
Totales	**29 fórmulas / 28 capítulos**	**62 fórmulas / 25 capítulos**

	B) *EE* ½896–921 E_2d: 565*b*–591*b*: Ben Alcama	D) *EE*: 947–962 E_{2d}: 627*b*–643*b*: *Estoria caradignense*
1. Fórmulas de presentación narrativa	"et esto que aquí dezimos": 1 "agora queremos contar": 1 "assí como agora diremos": 1	
2. Fórmulas de remisión de fuentes	"diz ... dizen": 4 "Et diz Abenalfarax...": 1 "cuenta la estoria": 1	"cuenta/dize la estoria": 12 "diz...": 1 "Et diz Abenalfarax...": 3 "Cuenta la Estoria d'este noble varón...": 1

	B) *EE* ½896–921 E_2d: 565b–591b: Ben Alcama	D) *EE*: 947–962 E_{2d}: 627b–643b: *Estoria caradignense*
3. Fórmulas de recitación directa.	"una de las cosas por que se perdió Valencia": 1	"de los que non ay en esta nuestra tierra": 1 "o agora yaze": 2 "et agora dezit sendos paternostres": 1 "et por aventura ay oy en día":1
4. Analepsis	"que avemos ya dicho": 4 "fasta esto que avemos ya dicho": 1 "assí como es ya dicho": 2 "que dixiemos": 1 "assí como lo avemos ya contado": 1 "segunt á contado/dicho la estoria":1	"segunt que lo ha contado la estoria": 1 "assí como lo ha contado la estoria": 1 "assí como la estoria vos lo ha ya contado": 1 "segunt que ha contado la estoria": 1 "...que dichas son": 1
5. Prolepsis	"temíense de lo que después les avino": 1 "assí como la estoria cuenta adelante": 1	"assí como la estoria vos lo contará adelante": 4 "assí como oiredes adelante": 1
6. Intensificación de sentimientos		
7. Reticencia	"nunca omne tan fuerte diluvio vio": 1	"que non á omne en el mundo que non sopiesse...que non cuidasse": 3 "¿quién vos podríe contar?": 1 "ca en ninguna estoria non falla omne": 1
8. Entrelazamiento		"Mas agora dexa la estoria de fablar/contar...por contar...": 4
9. Visualización		
Totales	**24 fórmulas / 27 capítulos**	**41 fórmulas / 16 capítulos**

Conviene la relación de *A* (veintiocho capítulos de E_2c) con *C* (veinticinco capítulos de E_2d) no sólo por mantener unos hilos argumentales comunes, sino porque la mayor parte de las líneas temáticas que informan estos núcleos proceden de cantares de gesta, usados ya directamente, ya reconvertidos en *estorias* de carácter caballeresco, que es lo que ocurre en la materia cidiana de E_2d; sólo con reparar en el número de fórmulas que sostienen una y otra parte puede constatarse la influencia, en cada una de ellas, de un modelo textual diferente. Lo mismo sucede con los otros dos bloques narrativos: los veintisiete capítulos de *B*, procedentes de la historia de Ben Alcama, poseen un menor número de fórmulas que los dieciséis capítulos de *D*, extraídos de la **Estoria de Cardeña*; y es que tanto *C* como *D* se abren a otro dominio de recepción, claramente vinculado a la difusión de los relatos de corte caballeresco y hagiográfico; ese proceso de transmisión textual es el que exige no sólo una distribución formularia más abundante, sino, a la vez, fórmulas apropiadas a esa naturaleza narrativa, que no aparecían en *A* (capítulos en que los poemas épicos eran sometidos a la férula de las crónicas latinas o del *Liber regum*) ni por supuesto en *D*.

3.1   De los cantares de gesta al relato cronístico

El bloque *A* de los capítulos 845–½896, dependiente de esas dos líneas de la gesta cidiana, posee una orientación formularia condicionada por la adaptación de esos cantares (no citados directamente, pero sí apuntados en el proceso de la oralidad que los ha transmitido) al espacio textual de la crónica; en este bloque, debe apreciarse el esfuerzo de los compiladores por armonizar las fuentes y por construir con ellas un nuevo relato que se ajustara al valor de esas *estorias* que Alfonso quería acoger en la crónica y que propiciaba, precisamente, con estos particulares tratamientos narrativos; de ahí que de las veintinueve fórmulas de este bloque, quince, más de la mitad, se dediquen a la presentación narrativa de los hechos más significativos y a la remisión de fuentes (en donde destaca esa doble referencia al 'dizen algunos' que es la que precisa la utilización o el conocimiento, cuando menos, de la materia épica);[36] a ese conjunto de declaraciones, que revela las intencionalidades con que son vinculadas las diferentes líneas textuales que ingresan en la crónica, debe añadirse el conjunto de las fórmulas de entrelazamiento, que venían ya arrastradas desde anteriores tramas épicas, y que ponen de manifiesto el esfuerzo por construir una capitulación coherente, una estructura de hechos que permita ordenar los varios –a veces, opuestos– sentidos de esta materia narrativa. De este modo, unas dos terceras partes de estos recursos formularios (19 sobre 29) corresponden plenamente al trabajo de los historiadores y sirven para mostrar distintas facetas de la labor compilatoria; ello es notable si se piensa que se están asimilando informaciones provenientes de dos cantares de gesta, diferentes en su actitud, a los que se logra imbuir una nueva dimensión ideológica, sin que ello presuponga una eliminación absoluta de su primera identidad narrativa; sólo por este motivo puede hablarse de dos líneas de materia cidiana –una asentada en la rebeldía, otra en la integración– porque se conservan pasajes que son reveladores de esa contradicción de sentidos; ello ocurre sobre todo en el proceso que precipita el destierro y en la secuencia de hechos siguientes al mismo.

De las otras diez fórmulas, cinco suponen un fiel reflejo del control que se realizaba sobre los sentimientos de los oyentes a través de la recitación épica; la crónica se interesa por estos motivos porque constituyen efectivas pinceladas caracterológicas y sirven, además, para indicar las reacciones que se tienen que poner en juego a la hora de interpretar determinados hechos. Hay tres analepsis: dos referidas a materia ya expuesta y una a la trama capitular construida y que no poseen orientación épica alguna; extraña que no haya ninguna prolepsis y ello puede ser muestra de un proceso narrativo autónomo, suficiente en el recorrido de informaciones que se articula; sólo hay una fórmula de reticencia, correspondiente además a un verso del primer cantar,[37] y por último hay una importante fórmula de recitación directa, de carácter explicativo, que tiene que provenir de las fuentes:

> Et desí firmó con éll el Çid pazes de parte del rey don Alfonsso su señor, et tornósse con todas sus parias pora Castiella. El rey don Alfonsso cuando.l' vio, plógol' mucho con éll et recibiól' muy bien et fue mucho su pagado[38] de cuanto en su mandadería avíe fecho. Et por esto que oídes que avíe fecho el Çid, ovieron muchos envidia d'éll, et queríenle mal, et mezcláronle con el rey como agora contaremos aquí (523*a*, 1–10).

El pasaje es importante, porque de ser épico,[39] no tendría que apuntar a esa parte perdida del *Cantar de mio Cid*, sino al primero de estos cantares, en los que la condición de rebeldía de Rodrigo se entramaría con los episodios relativos a la Jura de Santa Gadea y a las campañas de Sevilla y de Toledo.

3.2 *Del cantar de gesta a la* estoria *caballeresca*

Finalizada la incorporación de las noticias que suministra Ben Alcama, parece que vuelve a usarse la materia de los cantares épicos, puesto que a partir del cap. 920 comienzan a detectarse equivalencias entre la crónica general y los versos conservados en el códice de Vivar;[40] sin embargo, toda la materia relacionada con la actuación de Rodrigo tras la conquista de Valencia, guarda sólo una similitud temática con las líneas argumentales del *Cantar de mio Cid* conservado, y ello contando con que en el poema épico hay ya, en toda esta parte, una notable diferencia de tono y de tratamiento significativo con respecto a la primera; ese fenómeno de acercamiento a la materia caballeresca que se detecta en la segunda parte del *Cantar*, en cuanto se comparan las líneas de la gesta cidiana con el texto cronístico se aprecia un desarrollo mayor de estas posibilidades temáticas, seguramente porque procede de una *estoria* ajustada ya a otras expectativas de recepción.

En este sentido, el examen de los procedimientos formularios revela dos hechos importantes: a) nada tiene que ver esta parte de la crónica con el otro conjunto de capítulos dedicados a la materia cidiana; es más, la diferencia en el número de fórmulas, como ya se ha apuntado, señala una construcción narrativa distinta: si en veintiocho capítulos se habían distribuido veintinueve fórmulas (diecinueve privativas del compilador), ahora, en menos capítulos, en veinticinco (aunque no en menos espacio textual), caben sesenta y dos fórmulas abiertas a todos los registros posibles; las más numerosas siguen siendo las remisiones de fuentes (veinte señalan el punto en que se está procediendo a asimilar unas informaciones que 'cuenta/dize' una 'estoria' o que se saben porque las 'dizen'), pero aumentan ahora, de modo espectacular, el resto de las opciones formularias para insertar la voluntad del receptor o del oyente en la materia narrativa en función de las perspectivas con que deben ser asimiladas esas noticias; es curioso, por ejemplo, que las únicas fórmulas de visualización (de claro sabor épico) de toda la materia cidiana en la crónica general aparezcan aquí.[41] Se trata de un entramado formulario que revela el modo en que la audiencia requería estos recursos para acceder a unas acciones narrativas, gobernadas desde el 'ver' y el 'oír'. Pero ya no se trata de cantares de gesta ni fuera hay juglares que, en virtud de sus peculiares técnicas de recitación, estén apoderándose de la voluntad receptiva de los oyentes. Y sin embargo, los esquemas son los mismos, porque a través de ellos se han configurado unos modos de interpretación de la realidad, que debe ser 'vista' y 'oída' de esa precisa manera; por ello, estos recursos aparecen no sólo en los *romances* que ahora se traducen,[42] sino incluso en los autóctonos como es el caso del *Zifar*,[43] que se articula, textualmente, a la vera de estos productos.

Y lo mismo ocurre con el resto de procedimientos formularios: una comparación entre los modos recitativos (puesto que no son otra cosa) que comparten la *estoria* de la crónica general, esos primeros *romances* traducidos y el *Zifar* desvela que, fuera, hay un público dotado de un 'entendimiento' receptivo que ha sido armado mediante estos engarces narrativos; es cierto que proceden de las estructuras formales de la gesta, pero también lo es que adquieren ahora otra identidad, condicionada por esas expectativas que se están configurando conforme al dictado de unos presupuestos doctrinales, que obligan a asumir –y a pensar– las acciones narrativas según estos modos elocutivos.

Importa, así, considerar las fórmulas de recitación directa, afirmadas en el 'dezir' recitativo, en la misma dimensión física y material de la palabra que se está construyendo, para proyectarse en un determinado grado de conocimiento o de 'saber';[44] las dos primeras se combinan con modos de reticencia, como cuando Yúçef cerca Valencia, en el cap. 926:

Et si nós quisiéssemos dezir cada uno cómo lidió, esto non á guisa por que pudiesse seer, mas diz' la estoria que el Çid lo fizo tan bien aquel día et tantos mató de los moros, que la sangre le corríe por el cobdo ayuso..., 598a, 12–18.

O ya, con referencia a las vistas del Cid con el rey en cap. 927, se encarecen de este modo:

Et si nós quisiéssemos contar los grandes adobos que levaron amas las partes a estas vistas, esto seríe luenga razón de contar, 600a, 43–46.

Lo significativo, en los dos casos, es la voluntad que se exhibe de poder 'dezir' o 'contar' esa serie de hechos, que son abreviados en virtud de otras líneas narrativas que se consideran de mayor interés. Puede también aprovecharse este grado de comunicación con el público para ofrecer una concreta explicación,[45] por cuanto la intención del entramado formulario no es otra que la de armar ese preciso grado de 'saber' que, en ocasiones, se apunta de un modo explícito, como cuando el enviado del Cid recoge a sus hijas en el robledo de Corpes:

Desí fueron al aldea, do Ordoño les avíe dicho que las dexara, et vós devedes saber que este escudero Ordoño hermano era de padre et de madre de Pero Bermúdez, 613a, 17–19.

Es posible que ésta sea una de las fórmulas más importantes de esta *estoria* que acaba por ingresar en la trama de la crónica general, porque avisa sobre el tipo de recitación a que sería sometida esa fuente, que perseguía promover en el público unas reacciones vinculadas al entendimiento de esos hechos; por supuesto, en el *Cantar* que conserva el códice de Vivar hay un amplio despliegue de fórmulas de 'saber',[46] pero ninguna de ellas posee esta indicación sobre los valores que pone en juego un determinado personaje; quizá el v. 2317 ('mas, sabed, de cuer les pesa a los ifantes de Carrión') pueda cumplir esta función que parece más clara en el v. 2774: 'Sabet bien que, si ellos le viessen, non escapara de muert', curiosamente referido al mismo personaje que rescata a las hijas del Cid: en el *Cantar* es 'Félez Muñoz' que, en la crónica, se convertirá en hermano de Pero Bermúdez.

Las fórmulas de reticencia son las que demuestran, con mayor claridad, la transformación que ha sufrido el marco de recitación-recepción con respecto a la primera de las tramas cidianas: el que haya diecisiete fórmulas frente a sólo una revela cómo los oyentes estaban acostumbrados a dejarse sorprender por estos rápidos modos de concentración o de intensificación narrativa, que, si se despliegan, es para afirmar con ellos los distintos grados de ese proceso de transmisión narrativa; son los propios procedimientos elocutivos los que sostienen la verdad de la acción argumental; por ello, se recurre a ese amplio muestrario de perspectivas de recitación: 'contar', en el marco de la interrogación retórica, no escapa del mismo dominio del 'cómputo' –temporal porque es numérico– con que aparecía en los versos épicos; 'dezir' apela a la propia acción de referir los hechos en ese transcurso real que está desarrollándose; 'fablar', por último, al dominio retórico en el que este término señala la manera especial (por las dificultades formales) de entregar a la audiencia una determinada secuencia de hechos, como cuando ocurre la reunificación familiar:

> Et Álvar Fáñez abraçó a doña Ximena, et amas a dos sus primas et a doña Elvira et a doña Sol. Et atán grant fue el alegría que en uno fizieron que non á omne que vos lo sopiesse fablar, 594*b*, 14–18.

Las dos fórmulas de entrelazamiento vinculadas a esta trama cidiana se apoyan en la misma acción verbal de 'fablar', que sostiene ese grado de recursos recitativos, apoyados en la adversativa 'mas' que marca, con mayor precisión, la ruptura de las líneas narrativas que se están construyendo y afirmando, además, con un diferente dominio de precisiones temporales; este conjunto de fórmulas incide, de nuevo, en el tipo distinto de público que habría tras estas fuentes cidianas; sólo hay ahora una fórmula de presentación narrativa, conectada a la propia compilación de los materiales cronísticos, frente a las ocho con que los cantares de gesta, antes del cap. 896, habían sido reducidos a un texto de mayor regularidad cronográfica; por contra, el número de analepsis aumenta de tres a siete, convocando, en tres de esas ocurrencias, el cauce por el que el público pasa a formar parte del registro de hechos presentados: tal es el valor del 'ya oyestes',[47] que remite al 'saber' que estos 'oyentes' (si lo han sido de verdad) han tenido que construir. Porque hay una mayor vinculación del dominio imaginativo con estas líneas argumentales, aparecen ahora esas cuatro fórmulas prolépticas que más que anunciar el cumplimiento de una materia narrativa, inciden en el modo en que la *estoria* va a entregar un conocimiento que habrá de resolverse en claves de afirmación doctrinal.

Por último, se sigue manteniendo un pequeño número de recursos de intensificación de sentimientos, que como en el caso de las fórmulas de visualización, sirve para fijar reacciones de personajes ante determinados hechos que han de ser asumidos, con idéntica valoración, por los oyentes.

Por tanto, esta segunda trama cidiana, referida a los hechos que llevan de la conquista de Valencia a la victoria de los vasallos del Cid sobre los infantes de Carrión, se apoya en un discurso formulario que guarda pocas semejanzas con respecto al primer núcleo argumental (el del exilio y las primeras campañas), en el que se enhebraron cantares de gesta con crónicas latinas. Esas diferencias están indicando que, en esta sección de la crónica general, desvinculada ya de los criterios con que Alfonso X había impulsado su redacción, se está usando otra fuente distinta del *Cantar*:

y no sólo por las sorprendentes variaciones temáticas con que ahora se cuentan unos mismos hechos, o por la aparición de nuevos personajes en escena, sino sobre todo por la defensa de otros valores (la conducta caballeresca como soporte de la identidad cortesana) que son los que requieren esos nuevos modos de elocución, acordes con las líneas de pensamiento que se están configurando. Es posible, por tanto, que, con base en el *Cantar*, se construyera una *estoria* en la que la materia épica se convirtiera en caballeresca, muy similar a los *romances* de materia carolingia que se difundirían ya en la corte molinista.

3.3   *De la historia árabe al* exemplum *político*

Otra es la dimensión del núcleo cronístico proveniente de la historia de Ben Alcama (*EE* ½896–921). Es una de las pocas ocasiones en que, en la crónica general, cualquiera que fuese su marco de composición, se utiliza sólo una fuente que no es complementada con informaciones de ningún tipo, ni crónicas latinas ni textos (*cantares* o *estorias*) procedentes de la tradición oral; las veinticuatro fórmulas que registran estos veintisiete capítulos corresponden todas a distintos aspectos del proceso compilatorio, y ello contando con que el formador de la crónica ha asimilado ya una serie de recursos que, aun no estando en la fuente que tiene delante, pondrá en juego en su redacción. Seis fórmulas se destinan a la remisión de fuentes, siendo significativa la que figura en el cap. 911, en donde aparece el nombre del alguacil del Cid en Valencia, Ibn al-Faray o Abenalfarax, el supuesto autor de la *estoria* de la que están sacando los datos:

> Et diz' Abenalfarax en su arávigo, onde esta estoria fue sacada, que estando todo el pueblo de Valencia ajuntado por la muy grant cuita en que eran, fablando en cómo faríen, dize que se levantó Alhuacaxí el alfaquí, que avíe fechas estas razones d'estos viessos, et començó a dezir en su arávigo todas estas razones segunt que las á contado la estoria, *578b*, 30–33.

Se trata de uno de los primeros tópicos de verosimilitud narrativa, afirmada en el dominio de una *auctoritas* incontrovertible, por cuanto esta materia, en verdad, proviene de una traducción de la crónica de Ibn ᶜAlqama, hoy perdida, pero citada y extractada, con cierta frecuencia, por historiadores árabes;[48] sin embargo, la oportunidad de dotar a este relato de una segura veracidad no va a desaprovecharse y, para ello, nada mejor que acudir a la figura de un testigo excepcional, próximo a los hechos y perfectamente enterado de todos los sucesos; como tal, aparece ya en el cap. 896, sufriendo las consecuencias de la rebelión que, tras la marcha del Cid de Valencia, promueve el cadí de la ciudad, Ibn Yahhâf, el Abeniaf de la crónica; luego, se sabrá que este Abenalfarax ('un su alguazil que era moro': *565b*, 16–17) es sobrino de Alhuacaxí, el autor de la elegía por la caída de Valencia y un personaje que adquirirá una significación crucial en el desarrollo de las tramas cidianas.

En este núcleo narrativo son importantes los recursos destinados a armar la estructura temporal del relato; once casos de analepsis demuestran la necesidad de apoyar lo dicho/contado en el proceso mismo de la traducción que se está verificando; de los dos casos de prolepsis, uno posee valor de intensificación narrativa, muy cercano a las intrigas textuales de la ficción:

> Et los omnes que avíen seso estavan muy pesantes et temíense de lo que despúes les avino, 588*a*, 19–21.

Se aprovecha el componente caracterológico de ese pesar que inunda a los habitantes de la ciudad de Valencia, para asentar en el mismo una pieza importante de la historia que se está articulando, aunque aún no se haya contado.

Y es que asiste al compilador el propósito de incidir en los aspectos morales de los hechos que refiere; por eso, la única ocasión que podría considerarse de recitación directa articula una razón explicativa para comprender el suceso que se está disponiendo:

> Agora queremos contar cómo fue la muerte del rey de Valencia et aquel su pleito de Abeniaf et d'este alcayat de los almorávides que metieron en Valencia, 566*b*, 49–51; 567*a*, 1.

Es lo mismo que ocurre con la única fórmula de reticencia que aparece en el texto, asociada a una cierta visión providencialista:

> Mas Dios Nuestro Señor dioles tal agua aquella noche, que nunca omne tan fuerte diluvio vio, 574*b*, 20–23.

Estos recursos formularios descubren, en fin, en la *estoria* de Ibn ᶜAlqama el uso que pretendía darse a unos materiales que explicaban, desde otra vertiente, la ocupación de Valencia por las huestes del Cid: se trata, así, de un *exemplum* narrativo, valioso por los juicios, de carácter político, sobre la conducta de los personajes y por el modo en que debe ejercerse el poder.

3.4 Del relato monacal a la estoria hagiográfica

La cuarta trama cidiana que conserva la crónica general, entre los caps. 947–962, refiere los prodigios y la muerte ejemplar con que Dios envuelve la figura de Rodrigo; en un relato, que presenta muchos puntos comunes con los *romances* de materia hagiográfica, a Rodrigo se le revela el plazo de vida que le queda y los comportamientos a que tendrán que sujetarse sus hombres para obtener la última victoria sobre Búcar y conducir, después, a Castilla su cuerpo victorioso, montado en su caballo, hasta ser recibido por el propio rey, que participará en la preparación de su monumento funerario.

Estos sucesos son los que requieren un sistema formulario especial, capaz de tornar en creíbles unos hechos que, en principio, por su propia naturaleza, pueden resultar inverosímiles; de ahí ese graduado proceso de afirmación de la *auctoritas* por medio de las fórmulas de remisión de fuentes; de los diecisiete casos en que se recuerda que los hechos los 'cuenta/dize' la 'estoria' resultan de interés las tres referencias a Abenalfarax, aquel alguacil del Cid en Valencia, al que ahora se dota de nueva significación al convertirlo en sobrino de Alhuacaxí, el alfaquí que había compuesto la elegía (*EE* 909) sobre la pérdida de Valencia, luego 'departida' en *EE* 910 y que, por propia voluntad, se convierte, adopta el nombre de Gil Díaz y desempeña las funciones de privado del Cid; la conquista de un alma corona la militar; se aprovechan, ahora, todas las relaciones de significados posibles entre estos personajes, vinculadas a las funciones que habían desempeñado en la trama anterior:

> Segunt cuenta la estoria que conpuso Abenalfarax, sobrino de Gil Díaz, en Valencia, diz' que cinco años fue el Çid señor d'ella, 633*a*, 24–26.

Se tiende, así, una línea de verosimilitud que envuelve cualquier noticia que pueda resultar sorprendente, como la de esta manda testamentaria, referida a doña Jimena:

> et Gil Díaz que la sirviesse en todos los sus días, lo que él fizo bien, assí como la estoria vos lo contará adelante, 635*b*, 47, 636*a*, 1–2.

O el modo en que se cierran todas estas previsiones al justificar las especiales informaciones de que disfruta ese Abenalfarax, contando el modo en que había logrado enterarse de sucesos en cuya ejecución no había participado:

> Segunt cuenta Abenalfarax que fizo esta estoria en arávigo, diz' que el día que la conpaña del Çid sallieron de Valençia..., 638*a*, 50–52.

Todos estos planos de afirmación textual están articulados con una lógica especial que sólo se descubre al llegar a *EE* 961, el famoso capítulo en el que se narra cómo el Cid, aun muerto y momificado, evitará que su barba sea mesada por un judío que luego, mediante una conversión más, acabará atrapado por el culto a su figura; ese epígrafe se sostiene en la titulación de la *estoria* a la que, hasta este punto, se había ido remitiendo para extraer todas estas noticias sobre la vida del Cid, ajenas a los cantares de gesta:

> Cuenta la *Estoria d'este noble varón el Çid Ruy Díaz el Campeador,*
> *señor que fue de Valencia,* et dize assí, que diez años estudo el su cuerpo
> assentado en aquella siella en el tabernáculo que el rey don Alfonso le
> pusiera..., 642*a*, 33–7.

Del mismo modo que la historia de Ibn ᶜAlqama se encubría con esa
referencia al fabuloso sobrino de quien es ahora Gil Díaz, ese mismo hilo
de verosimilitud sigue tensándose para sostener los hechos de esta
espectacular *estoria* caradignense,[49] que es la que, en conjunto, posee un
mayor número de fórmulas de recitación directa, como demostración de
los procesos recitativos reales con que sería difundida: de estos cinco
usos, tres se refieren al enterramiento del Cid, uno al marco compartido
por oyentes y recitador,[50] y otro a la reacción con que ese público debe
asumir la noticia de la muerte del héroe:

> Et cuando esto ovo dicho Ruy Díaz, el noble varón, dio a Dios la su
> alma sin manziella. Esto fue en la era de mill et CXXXII años, en XV
> días andados del mes de mayo. *Et agora dezit sendos paternostres con*
> *su avemaría, que Dios depare qui lo diga por vós,* 636*a*, 21–6.

Resulta fundamental esta invocación del recitador, incluida en la crónica
porque se encontraba en la fuente,[51] y que demuestra que este proceso
textual se leía y que había un público que debía manifestar unas reacciones
ante aquello que estaba oyendo. El tratamiento temporal se cuida también
en virtud de las respuestas que se pretende suscitar en la audiencia; es,
también, ésta la trama cidiana con mayor número de prolepsis,
recuperándose la dimensión del 'oír' para anunciar una de las líneas
argumentales; cinco analepsis remiten a lo 'contado' o recuerdan las
cosas que ya han sido 'dichas'; hay una variación importante con respecto
a los anteriores casos y es la inclusión de la figura del público en ese
proceso de remisión a lo ya referido; esto sucede por la importancia de la
noticia, puesto que no en vano se trata de recordar la conversión de la
que nace Gil Díaz:

> Después que el noble cuerpo del Çid fue enterrado assí como avemos
> dicho, Gil Díaz, el su privado que él fizo cristiano en Valencia assí
> como la estoria vos lo ha ya contado, 643*a*, 28–31.

De nuevo, en esta trama vuelven a articularse unidades argumentales
mediante la recurrencia a los casos de entrelazamiento, de los que hay
cuatro en total, apoyados en la ruptura que señala la adversativa, y se
despliegan mecanismos de reticencia que más que apoyarse en la figura
del recitador,[52] requieren el impersonal 'omne' para encarecer la naturaleza
del prodigio que se va a referir.

En resumen, el texto hagiográfico, con estas cuarenta y una fórmulas de recitación, recupera la dimensión de oralidad con que estas *estorias*, antes de ingresar en la crónica, debían funcionar; estos procedimientos de articulación narrativa, con todo, se emplean ahora para subrayar la verosimilitud de unos hechos prodigiosos de los que depende el sentido final que un marco de recepción quería que adquiriera la vida de Rodrigo. Es muy posible que esa *estoria* caradignense haya surgido como consecuencia de la necesidad de propagar el culto a este héroe, pero en cuanto ingresa en la crónica, se incardina en el pensamiento cortesano al que esta sección cronística debía servir; ahí es donde resultan oportunas las comparaciones con los *romances* de materia hagiográfica o con el propio *Zifar*, que en su *estoria* primera se hace eco de estas mismas expectativas.

4 Conclusión

Cuatro Cides, por tanto, conserva la primera crónica general porque cuatro han sido los contextos de producción y de recepción que han requerido estos cambios en la imagen del héroe: a) los vestigios de la rebeldía inicial fundamentan su integración en un modelo de corte plenamente alfonsí; b) la historia árabe perfila un Cid taimado y justiciero, que pone en evidencia la soberbia y la avaricia de los últimos gobernantes valencianos; c) la peripecia de las bodas con los infantes de Carrión permite que los vasallos del Cid desplieguen unos modos de conducta caballeresca que traspasa el reinado de Alfonso X; d) la muerte del héroe aquilata una *estoria* de factura hagiográfica. Y estas variaciones no han sido sólo temáticas, sino, lo que es más importante, formales, como lo ha revelado este análisis de los sistemas formularios que, en virtud de unas técnicas específicas y en cuatro ocasiones diferentes, dotaron a Rodrigo de una identidad distinta: la épica, la ejemplar, la caballeresca y la religiosa.

NOTAS

1   Véase D. Catalán, *De la silva textual al taller historiográfico alfonsí. Códices, crónicas, versiones y cuadernos de trabajo* (Madrid: Fundación Ramón Menéndez Pidal-Univ. Autónoma, 1997), p. 37, en su análisis del ms. E_1, cuando estaban unidos al mismo los dos primeros cuadernos del ms. E_2, tal y como lo revela el ms. C (BN Madrid 12837). Indica Catalán que cuando se intentó 'incorporar la información de los cantares de gesta a la narración de los historiadores en latín, en más de una ocasión surgieron problemas que retrasaron la redacción de un texto definitivo de la *Estoria*', p. 39.

2   'Es más, la historia árabe de Ibn ᶜAlqama se transcribe en adelante desnuda de toda adición procedente de las restantes fuentes alfonsíes que venían utilizándose hasta aquí de un modo sistemático', véase D. Catalán, *La Estoria de España de Alfonso X: creación y evolución* (Madrid: Gredos,

1992), p. 53.

3   Véase el resumen que esbozo en "4.5.1.3.2: Las versiones: su formación ideológica", en *Historia de la prosa medieval castellana. I. La creación del discurso prosístico: el entramado cortesano* (Madrid: Cátedra, 1998), pp. 665–9.

4   Véase Catalán, *La Estoria*, p. 108, n. 86.

5   Tal y como lo he propuesto en "La otra épica", en *Actas del VI Congreso Internacional de la A.H.L.M.*, Carlos Alvar y José Manuel Lucía Megías (edd.) (Alcalá de Henares: Universidad, 1997), pp. 701–19.

6   Es oportuna esta reflexión, casi legado, de Colin Smith: 'If I still think there was no full epic before about 1200, allowance being made for Michael's proposal of an early *Roncesvalles* poem (in Navarre?), I now concede that there may well have been heroic-type verse or song for centuries before 1200 and that the Cid-poet may have used these types, with their doubtless diverse metrical patterns and their formulas and stylistic devices, in addition to being influenced by French and Latin metrics as known to him in twelfth-century works', "Toward a Reconciliation of Ideas about Medieval Spanish Epic", *Modern Language Review*, 89:3 (1994), pp. 622–34, p. 629.

7   Georges Martin alcanza esta conclusión en su análisis de "La geste": 'Son étude sémantique apparaît comme une urgence. Elle devra être menée par une analyse confiante de la sémiologie des textes et de leur rapport signifiant, non au contexte historique des événements qu'ils narrent, mais à celui qui environnait leur production', véase, Jean Canavaggio (ed.), *Histoire de la littérature espagnole I* (París: Fayard, 1993), "Chap. III: La geste", pp. 43–73; cita en p. 72.

8   Frente a otro de signo contrario, como ha postulado M. Vaquero en "El rey don Alfonso, al que dixieron el Bravo e el de las partiçiones", *Boletín de la Real Academia Española*, 70 (1990), pp. 265–88.

9   Aun considerando la hipótesis que plantea Georges Martin, en "¿Fue *Mio Cid* castellano?", *Ibérica*, 2 (1993), pp. 183–200.

10   De nuevo, M. Vaquero, "Spanish Epic of Revolt", en Steven M. Oberhelman (ed.), *Epic and Epoch: Essays on the Interpretation and History of a Genre* (Texas: Lubbock, 1994), pp. 146–63.

11   Entre otros, véase Derek W. Lomax, "The Date of the *Poema de mio Cid*", en A.D. Deyermond (ed.), *«Mio Cid» Studies* (Londres: Tamesis, 1977), pp. 73–81; en concreto, p. 80.

12   A. Arizaleta ha ajustado la composición del *Libro de Alexandre* a este proceso; en consecuencia, señala: "On pourrait également considérer que l'*Alexandre* constitue la mise par écrit des ambitions d'une élite sociale, celle des chevaliers, qui avaient besoin de raffermir leur position et qui auraient vu dans les aventures du souverain grec la représentation littéraire, et peut-être officielle, de leur activité", véase *L'invention d'Alexandre* (París: Klincsieck, 1999), p. 261.

13   Así lo postulé ya en "Las 'Mocedades' cronísticas" [1994], *Las «Mocedades de Rodrigo»: estudios críticos, manuscrito y edición*, ed. de Matthew Bailey (Londres: King's College London-Centre for Late Antique &

Medieval Studies, 1999), pp. 137–61, pp. 158–60, y volví a plantearlo en "La otra épica", pp. 717–18. Mercedes Vaquero analiza esta posibilidad en "El cantar de la Jura de Santa Gadea y la tradición del Cid como vasallo rebelde", *Olifant*, 15:1 (1990), pp. 47–84. El mismo tratamiento político concede Charles F. Fraker a la materia dedicada a Sancho II: véase *The Scope of History: Studies in the Historiography of Alfonso el Sabio* (Ann Arbor: The University of Michigan Press, 1996), obra en la que incluye dos trabajos anteriores: "Sancho II: Epic and Chronicle" y "The Beginning of the *Cantar de Sancho*".

14   Para este concepto es fundamental el trabajo de G. Martin, "Amour (une notion politique)" [1986], que alcanza esta conclusión: 'la dépendance personnelle exaltée dans le camp cidien semble conçue comme un régime qui (...) ouvre les voies de l'enrichissement et de la familiarité royale à une formation sociale composée d'*infanzones* et de *caballeros* nobles et vilains (voire de bourgeois), tandis que la dépendance naturelle est perçue comme un régime qui, seul en vigueur, favoriserait des puissances indéfiniment reconduites par la «nature», en *Histoires de l'Espagne médiévale (Historiographie, geste, romancero)* (París: Klincksieck, 1997), pp. 169–206, p. 206.

15   Para un uso distinto al que debía cumplir el texto inicial; señala Germán Orduna: 'De modo que ya podemos conjeturar con algún fundamento que el *Poema de Mio Cid* –así llamaremos al texto del códice de Vivar– fue muy leído y trabajado, quizás en escriptorios del s. XIV, en bibliotecas del XV y en el archivo de Vivar, durante los siglos XVI y XVII', "El testimonio del códice de Vivar", *Incipit*, 9 (1989), pp. 1–12; cita en p. 6.

16   Como subrayara debidamente Thomas Montgomery, "The *Poema de Mio Cid*: Oral Art in Transition", en *Mio Cid Studies*, pp. 91–112.

17   Así lo he demostrado en "Recitación y recepción del *Cantar*: la transmisión de los modelos ideológicos", en *IX Centenario de la muerte del Cid*, Alcalá (actas en preparación); con otros propósitos, A. Gargano ha distinguido "L'universo sociale della Castiglia nella prima parte del «Cantar de Mio Cid»", *Medioevo Romanzo*, 7 (1980), pp. 221–32.

18   En la línea que señala John Miles Foley: 'Such richness of meaning derives from the simple fact that any performance or text – whether oral or oral-derived – is not "the whole story". Its elements have life outside the narrow confinement of any given configuration, and that life is a matter not only of compositional utility but also of aesthetic content', "Orality, Textuality, and Interpretation", en A.N. Doane y Carol Braun Pasternack (eds.) *Vox intexta: Orality and Textuality in the Middle Ages*, (Madison: Univ. of Wisconsin Press, 1991), pp. 34–45, p. 43.

19   Señala Catalán: 'me parece evidente que más acá del capítulo 896 la *Primera crónica general* (y con ella las Crónicas hermanas *manuelina* y *de Castilla*) carece de suficientes merecimientos para ser considerada representativa de la *Estoria de España* alfonsí', *La Estoria*, p. 107.

20   Incluso admitiendo que existió una prosificación de toda la materia cidiana como plantea B. Powell, en *Epic and Chronicle. The «Poema de mio Cid» and the «Crónica de veinte reyes»* (London: The Modern Humanities

Research Association, 1983): 'This earlier prosification must have been part of the collection of historical material compiled by the scholarly teams of Alfonso X', p. 54, Nancy Joe Dyer recuerda que 'la base poética del primer cantar, común a la matriz compilatoria alfonsí, no es forzosamente el mismo poema que se prosifica para los otros cantares. No nos sorprende si la prosificación entera es "mixta" de dos o más refundiciones', "Variantes, refundiciones y el «Mio Cid» de las crónicas alfonsíes", en *Actas del IX Congreso de la A.I.H.* [1986] (Frankfurt am Main, Vervuert Verlag, 1989), pp. 195–203; cita en p. 197.

21   Th. Montgomery lo precisa con claridad: 'The spoken word may survive poorly on the written page', "Oral Art in Transition", p. 95.

22   Smith denomina, por ejemplo, 'A' a ese original que pudieron tener presente: 'My conclusion from this is that if we wish to reconstitute the likely contents of 'A' with respect to *Cantar* I of the poem, the *PCG* offers much the better guide', véase "The First Prose Redaction of the *Poema de Mio Cid*", *The Modern Language Review*, 82 (1987), pp. 869–86; cita en p. 880.

23   Es evidente que no comparto la conclusión que alcanza Catalán: 'Después de considerar una por una todas las divergencias notables existentes entre el relato del *Mio Cid* copiado por Per Abbat y la Crónica alfonsí, me reafirmo en la creencia de que la *Estoria de España* tuvo aquí como fuente una redacción de la gesta idéntica a la conocida', *La Estoria*, p. 115.

24   Preparadas por don Ramón y su equipo de colaboradores, para la segunda edición de la *Primera crónica general de España* publicada en 1955, pp. lxxiii–ccviii.

25   Por ello, David G. Pattison indica: 'The compilers of the *PCG*, up to this point at least, have constantly shown themselves willing and able to expand poetic narratives in the interests of criteria which are different: more logical, more rational in terms of narratorial sequence and motivation than those of epic verse', *From Legend to Chronicle. The Treatment of Epic Material in Alphonsine Historiography* (Oxford: The Society for the Study of Mediaeval Languages and Literature, 1983), p. 121.

26   Véase el ya clásico estudio de Inés Fernández-Ordóñez, *Versión crítica de la Estoria de España. Estudio y edición desde Pelayo hasta Ordoño II* (Madrid: Fundación Ramón Menéndez Pidal-Univ. Autónoma, 1993), pp. 112–13. Se cuenta, por fin, con el espléndido trabajo de Nancy Joe Dyer, *El «Mio Cid» del taller alfonsí: versión en prosa en la «Primera Crónica General» y en la «Crónica de veinte reyes»* (Newark: Delaware, Juan de la Cuesta, 1995), con edición de estos materiales cronísticos; es una lástima que no haya podido aprovechar las variaciones, en el árbol de crónicas, que ha provocado la aparición del ms. *Ss*.

27   Powell, por ejemplo, no cree que la primera crónica general y lo que se ha llamado *Veinte reyes* usen, siempre, el mismo poema 'all the time', p. 43; en cambio, N.J. Dyer sostiene lo contrario, ver, ahora, "El *Poema de Mio Cid* en la *Primera crónica general* y la *Crónica de veinte reyes*", en *La Juglaresca (Actas del I Congreso Internacional sobre la juglaresca)*, dir.

de Manuel Criado de Val (Madrid: Edi-6, 1986), pp. 221-8.

28   Así, Brian Powell, comparando el desarrollo de la gesta cidiana con las redacciones cronísticas de 1289 y de *Veinte reyes*, señala: 'There is no need to seek to explain such omissions of lines by supposing another version of the *PMC* in which such lines did not exist', *Epic and Chronicle*, p. 109.

29   Aun con otra tradición de fondo, vale aquí este planteamiento de Ursula Schaeffer: 'Formulaic expression and the contextuality maintained by this mode of expression can (...) also be functionalized by a medieval poet who writes his text. This formally presented contextuality, in the sense of reference to shared knowledge, finds its expression in the poetic use of the first-person plural pronoun', "Hearing from Books: The Rise of Fictionality in Old English Poetry", *Vox intexta*, pp. 117-36, p. 123.

30   La remisión de capítulos corresponde, por tanto, a la fijada por R. Menéndez Pidal al editar los escurialenses E_1 y E_2 en 1906; el texto se cita por esta edición en su tercera reimpresión: (Madrid: Gredos-Seminario Menéndez Pidal, 1977), con indicación de páginas, columnas y líneas; debe advertirse que hay un capítulo, el 908, cuyo número se repite dos veces (véase p. 573), lo que altera la correspondencia de las fuentes.

31   Puede verse el gráfico que fijo en mi *Historia de la prosa I*, p. 679.

32   Véase "Un fragmento interpolado (la «mano cuarta» de E^2)", en *De Alfonso X al conde de Barcelos* (Madrid: Gredos, 1962), pp. 64-9.

33   Véase mi *Historia de la prosa medieval I*, pp. 853-1092.

34   Véase en mi *Historia de la prosa medieval II* (Madrid: Cátedra, 1999), §7.3.2, "*Romances* de materia hagiográfica", pp. 1339-70, y §8.6.2, "Las *vitae* del ms. h-i-13", pp. 1936-62.

35   Incluso con el tránsito de la oralidad a la escritura; John K. Walsh concluía: 'Most performances were from memory, but there is evidence that some minstrels (especially in the later period) read from something resembling a lectern, in which case the routines we describe would have been attenuated', "Performance in the *Poema de mio Cid*", *Romance Philology*, 44:1 (1990), pp. 1-25, p. 21.

36   Ambas relacionadas con la ornitomancia: 'Otro día salió el Çid de Vivar con toda su compaña, et dizen algunos que cató por agüero...', 523*b*, 19-21; 'Et passó éll el río Salón; et dizen algunos que saliente d'esse río que ovo muy buenas aves et señales de bienandança', 530*b*, 28-31.

37   'De parte de los moros dos señas ha cabdales / e fizieron dos azes de pendones mezclados, ¿quí los podríe contar?', vv. 698-9, se convierte en 'Et avíe ý dos señas cabdales d'aquellos dos reys moros, et los otros pendones d'aquellos pueblos ayuntados allí eran tantos que seríen muchos de contar', 528*a*, 44-6; *b*, 1.

38   Confróntese con los vv. 248, 412, 782 y 2856 para un uso equivalente.

39   Como se señala, además, en las "Fuentes de la crónica: algunas adiciones basadas en el *Cantar refundido de Mio Cid*, perdido", p. clxxiv.

40   'Despuéss, conquistada Valencia y dando fin Ibn ᶜAlqama, vuelve a percibirse en la *Primera crónica* el hilo narrativo de *Mio Cid* (primero, aislados en el cap. 920 de PCG, los versos 1209-10 y 1219-20; luego, a

partir del cap. 922, de corrido, desde el verso 1222 en adelante)', D. Catalán, *La Estoria*, p. 118.

41   Aunque conectada sólo una al campo de lo militar: 'Et allí veríedes a cada parte sallir los cavallos vazios, et d'ellos las siellas tornadas', 597*b*, 47–48; 'allí veríedes los grandes lloros de la una parte et de la otra, en guisa que bien se dava a entender que les adevinavan los coraçones el mal que les avíe a venir et el cual les estava aparejado et eran muy çerca d'ello', 608*a*, 17–21; 'et todo omne que viesse la posada que el Çid teníe, diríe bien que era una grant hueste', 615*b*, 15–16; 'que todo omne que lo viesse diríe que era muy onrrada siella de omne bono et que pertenescíe pora tal omne como el Çid era', 616*a*, 23–6; como apunta Walsh: 'That is, that there was a handful of plans for performing and narrating battles, and every adept *juglar* learned them as virtuoso techniques, within a prescribed performance tradition', "Performance in the *Poema de mio Cid*", p. 18.

42   De modo especial, en los de materia hagiográfica, carolingia y de la Antigüedad (caso del *Otas*) que provienen, en su mayor parte, de *chansons de geste*.

43   Por ejemplo en p.102: 'Allí veríedes muchos cavalleros derribados e los cavallos sin señores andar por el canpo', ed. de C. González (Madrid: Cátedra, 1984), p. 230.

44   Como señala José Luis Girón Alconchel, 'la textualidad oral se define, además de por el género (los diversos géneros líricos y narrativos orales), por un modo especial de cohesión y por una coherencia también específica', véase "Cohesión y oralidad. Épica y crónicas", *Revista de poética medieval*, 1 (1997), pp. 145–70, p. 156.

45   Que cabe considerar reflexión del compilador: 'et cuando descendió, fueron et besáronle las manos. Et ésta fue de las meiores faziendas que el Çid vençió después que ganó la noble çibdat Valencia', 598*b*, 3–6.

46   Según mi estudio de nota 17, siete en el cantar primero, diez en el segundo y ocho en el tercero.

47   'de los cuales ya de suso oyestes los nonbres', 617*a*, 44–45; 'segunt que ya desuso oyestes por la estoria', 620*b*, 41–42; 'los cuales eran seis segunt que de suso ya oyestes', 622*b*, 7–8.

48   Véase Catalán, *La Estoria*, p. 100, n. 44.

49   Aprovechando esta referencia, ha sido estudiada por William J. Entwistle, "*La estoria del noble varón el Çid Ruy Díaz el Campeador, señor que fue de Valencia*", *Hispanic Review*, 15 (1947), pp. 206–11.

50   Cuando se presenta el regalo del soldán de Persia: 'assí como en animalias estrañas de las que non ay en esta nuestra tierra', 628*a*, 14–16.

51   De hecho, sólo aparece en *EI*, no en *FOP*.

52   Sólo hay un caso, pero importante: '¿Et quién vos podría contar las muy grandes alegrías et las muy grandes noblezas que fueron fechas en aquellas bodas? Ca esto seríe mucho de retraer', 631*a*, 33–37. Dependería esta noticia de los cantares de gesta, pero el valor de la referencia depende de ese término "retraer", una de las maneras de designar la propia acción recitativa.

Antes de la *collatio*. Hacia una edición crítica de la *General estoria* de Alfonso el Sabio (segunda parte)

Inés Fernández-Ordóñez
Universidad Autónoma de Madrid

1   Estado de la cuestión

En 1930 vio la luz la edición de la primera parte de la colosal compilación universal de Alfonso X el Sabio, la *General estoria* (h. 1270–1280), gracias a la admirable labor filológica de Antonio G. Solalinde, en la que se anunciaba el plan de publicar en los años siguientes las partes restantes. Pero la prematura muerte en 1937 de este investigador en el exilio impidió cumplir lo proyectado.[1] Hubo que esperar nada menos que treinta años, hasta el principio de los años sesenta, para que pudiera leerse impresa la segunda parte de la obra, publicada esta vez por los discípulos de Solalinde, Lloyd A. Kasten y R. B. Oelschläger, que completaron los dos tercios del trabajo editorial que había dejado inconclusos su maestro.[2] Desde entonces, la edición de esta obra esencial de la producción alfonsí quedó abandonada sin que hasta hoy haya alcanzado a las partes tercera, cuarta y quinta, inéditas con la salvedad de algunos fragmentos aislados.

Esta lamentable falta solamente se ha visto paliada por algunas ediciones parciales, que han empezado a aparecer pasados ya más de veinte años desde la publicación de la segunda parte. Varias de ellas presentan el denominador común de publicar selectivamente los pasajes procedentes de alguna de las fuentes manejadas en la composición de la *General estoria*. Es el caso de la edición que en 1982 publicaron Tomás González Rolán y Pilar Saquero de la *Historia de preliis* junto con la traducción alfonsí contenida en la cuarta parte y que los compiladores alfonsíes titularon *Estoria de Alexandre el Grand*.[3] También representa una edición de este tipo la que hizo Benito Brancaforte de todos los fragmentos que en las partes primera, segunda y tercera procedían de las *Heroidas* y las *Metamorfosis* de Ovidio, aunque en este caso sin reconstruir el modelo latino.[4]

Otras ediciones parciales anuncian, en cambio, su voluntad de completar la sección que inicialmente se divulga. Pedro Sánchez-Prieto y Bautista Horcajada dieron a la imprenta en 1994 un volumen que contiene un extenso fragmento inédito de la tercera parte de la *General estoria*, el de los Libros de Salomón, manifestando su intención de culminar la edición crítica de la tercera parte.[5] Sánchez-Prieto y Horcajada partieron también del interés por una fuente concreta, la *Biblia* en este caso, ya que estudiaban las versiones romanceadas de la *Vulgata* en el siglo XIII. Su edición no se conforma por ello con dar a conocer la versión alfonsí sino que reconstruye el modelo latino del que partió dentro de la compleja tradición textual de la *Vulgata*, resultando por esta causa doblemente meritoria. Inspirada por el mismo espíritu y en la misma escuela que la anterior, la edición de Joaquín Pérez Navarro de la versión del *Libro del Eclesiástico* contenida en la cuarta parte también se completa con la reconstrucción del modelo latino que le sirvió de fuente.[6]

Aparte de estas ediciones en papel, el Seminario de estudios medievales de la Universidad de Wisconsin hizo posible la lectura de algunos manuscritos de la *General estoria* gracias a transcripciones paleográficas divulgadas en otros soportes. Primeramente apareció en microfichas la transcripción de los códices de la *General estoria* copiados en el *scriptorium* de Alfonso X, el ms. *A* (816, Bib. Nacional, Madrid) de la primera parte y el ms. *U* (Urb. Lat. 539, Bib. vaticana, Roma) de la cuarta parte.[7] Posteriormente, el mismo Seminario ha difundido en el mismo tipo de soporte las transcripciones de los manuscritos *K* de la segunda parte, *Γ* de la quinta parte y *Δ* de la sexta parte, editadas por Wilhelmina Jonxis-Henkemans.[8] Todas ellas, junto a la de los Libros de los Macabeos de la quinta parte contenidos en el ms. *Z* (I-I-2, Biblioteca del Escorial), han sido publicadas nuevamente, para mayor facilidad de su consulta, en CD-ROM.[9]

Aunque gracias a las antiguas ediciones de Solalinde y a estas transcripciones más modernas aquel que esté muy interesado puede leer casi de principio a fin la compilación universal alfonsí, lo cierto es que la lectura transcurre a través de testimonios de valor textual muy desigual, editados además sin criterios uniformes.[10] Ante esta carencia fundamental, el hecho de que no contemos con una edición justamente crítica, como la que modélicamente representa la edición de los *Libros de Salomón* de la tercera parte, es a todas luces de menor importancia, dado que son todavía mayoría los textos medievales castellanos que carecen de ella. Pese a todo, mi propósito aquí será el de plantear cómo debería hacerse una edición crítica que aspirase justamente a serlo. Y por crítica entiendo una edición que llevada a cabo desde los presupuestos teóricos de la crítica textual sea capaz de manejar todos los testimonios que de una obra se conserven estableciendo su grado de proximidad al original, si éste se ha perdido, y proponiendo como hipótesis el texto de la obra que el editor juzga sobre bases textuales como más cercano a él, sin que por ello se dejen de anotar cumplidamente las variantes divergentes de los demás testimonios.

Estos requisitos han sido cumplidos por el momento por la edición de los *Libros de Salomón* de Sánchez-Prieto y Horcajada. En efecto, establecida la filiación textual entre los distintos manuscritos, se seleccionó el ms. más antiguo R (CXXV$^{2-3}$, Biblioteca Pública, Évora) como base lingüística de la edición y se corrigió recurriendo al testimonio de los mss. más tardíos y hermanos, S (Y-I-8, Biblioteca del Escorial) y T (7563, Biblioteca Nacional, Madrid), derivados independientemente del arquetipo, cuando esta rama contaba con el apoyo de la fuente latina del pasaje o cuando el texto conservado por R presentaba un error evidente. La anotación de las variantes fue exhaustiva, distribuyéndose en dos aparatos críticos: un primer aparato que justifica las correcciones al texto e incluye todas las variantes de sustancia rechazadas en el mismo, y un segundo aparato que recoge las variantes estrictamente gráficas y lingüísticas de los manuscritos S y T. Aunque de menores logros, también la edición de la *Estoria de Alexandre el Grand* de González Rolán y Suárez Somonte ofrece un texto crítico basado sobre el manuscrito U del *scriptorium* corregido en sus errores evidentes bajo la luz aportada por el modelo latino y por las enmiendas conjeturales de los restantes cuatro testimonios, los códices V (Y-I-11, Biblioteca del Escorial), Σ (X-I-3, Biblioteca del Escorial), Y (8966, Biblioteca Nacional, Madrid), y Λ (1539, Biblioteca Nacional, Madrid), todos ellos derivados de un subarquetipo común que copió en apariencia el códice regio.[11]

Las ediciones de Solalinde y de sus discípulos han venido considerándose ediciones críticas dada la exhaustividad en la anotación de las variantes de los diversos manuscritos y la presentación de un *stemma* o árbol genealógico. Sin embargo, no se ha puesto en duda la validez del *stemma* propuesto ni de los métodos seguidos para obtenerlo, los del francés Dom Henri Quentin.[12] En realidad, tanto Solalinde como Kasten y Oelschläger cuestionaron críticamente esos métodos, de forma implícita, desde el momento en que renunciaron a aplicar en la edición la corrección basada en el árbol genealógico al que los cotejos acordes con el método de Quentin los habían conducido, rechazando expresamente el calificativo de crítica para su labor. En efecto, tanto en la primera como en la segunda parte se conformaron con transcribir el manuscrito considerado óptimo y corregirlo mínimamente en sus errores evidentes. Esta opción resultó ser bastante acertada, puesto que los códices base de las ediciones fueron seleccionados correctamente: tanto el ms. del escritorio alfonsí A en la primera parte como el ms. K en la segunda representan la mejor opción para proporcionar la base lingüística del texto por su proximidad al original y por carecer de lagunas o refundiciones que hubieran deturpado sus textos. La selección del ms. N de la segunda parte es, en cambio, algo más discutible. La aplicación en la práctica editorial de los *stemmata* con que Solalinde y sus discípulos encabezan la edición de la primera y la segunda partes hubiese producido consecuencias aberrantes en el texto de la *General estoria*, que afortunadamente la prudencia de los editores evitó.

Aunque tanto en la primera como la segunda parte se recurrió a idéntico método clasificatorio, hay que puntualizar que las conclusiones a que llegó Solalinde en la primera parte respecto a las relaciones de parentesco de los manuscritos parecen mucho más cercanas a la verdad que las obtenidas en la segunda parte por sus discípulos. La diferencia se debe, sin duda, a que en la primera parte se contaba con un códice 'original' del *scriptorium* alfonsí mientras que se carecía de él en la segunda. Tanto en uno como en otro caso los editores evaluaron incorrectamente las relaciones entre los testimonios más cercanos al texto original, la parte 'alta' del *stemma*, pero ese fallo resulta mucho más notorio en la segunda parte, debido quizá a la existencia de un número mayor de manuscritos, todos ellos bastantes tardíos.

Mi propósito en este trabajo es reflexionar sobre los métodos de crítica textual que se manejaron y proponer cuál hubiera sido el proceder en mi opinión correcto. Para ello, he seleccionado la segunda parte de la *General estoria*, sección idónea a mis fines por la gran complicación que ofrece, tanto por el número de testimonios como por la carencia de un 'original' del *scriptorium* alfonsí.

2 Testimonios disponibles, extensión y diferencias de factura en los mismos

2.1 *Extensión de los testimonios disponibles*

La segunda parte de la *General estoria* (de aquí en adelante *GE2*) se nos ha transmitido en trece testimonios, todos posteriores a tiempos de Alfonso X. Solalinde, Kasten y Oelschläger (1957: X-XXXII) ofrecen una descripción detallada de los mismos, que resumo aquí a la vez que la actualizo en algunos aspectos:

1   *I* (IV 1165, Bibliothèque royale Albert Ier, Bruselas [*olim* Biblioteca particular del Duque de Wellington, Apsley House, Londres]). Códice del siglo XV, fechado en 1481. Consta de 205 folios que contienen la primera mitad de *GE2* (desde el prólogo hasta que comienza la *estoria de Ércules*).

2   *J* (M-562, Biblioteca de Menéndez y Pelayo, Santander). Códice de finales del siglo XIV. Consta actualmente de 135 folios. Contiene la primera mitad de *GE2* casi completa, que fue transcrita por dos copistas (ff. 1–119r y ff. 120r–135v).

3   *K* (10237, Biblioteca Nacional, Madrid). Códice del siglo XIV. Consta de 345 folios actualmente, habiéndose perdido probablemente los dos últimos. Contiene la primera mitad de *GE2*. Fue utilizado por Solalinde, Kasten y Oelschäger como base de su edición de la primera parte de *GE2* (1957: vol. I). También ha sido objeto de una transcripción paleográfica en el HSMS (Kasten y Jonxis-Henkemanns, 1993 y Kasten *et al.*, 1997).

4   *L* (2616, Biblioteca de la Universidad, Salamanca [*olim* II-N-4 ó II-2037, Biblioteca de Palacio Real, Madrid]). Códice del siglo XV. Consta de 486 folios, que contienen la primera mitad de *GE2* completa.

5   *M* (Y-III-13, Biblioteca del Escorial). Códice del siglo XIV. Consta de 243 folios que contienen la primera mitad de *GE2*.

6   *N* (O-I-11, Biblioteca del Escorial). Códice del siglo XIV. Consta de 416 folios actualmente, habiéndose perdido los dos o tres primeros, los ff. 146, 163–165, y el último. Contiene la *GE2* prácticamente al completo. Fue utilizado por Solalinde, Kasten y Oelschäger como base de su edición de la segunda mitad de *GE2* (1961: vol. II).

7   *O* (Y-III-22, Biblioteca del Escorial). Códice del siglo XV. Consta de 294 folios que contienen dos tercios de la primera mitad de *GE2*, interrumpiéndose justo al inicio de la *Estoria de Tebas*.

8   *Φ* (Y-I-7, Biblioteca del Escorial). Códice del siglo XV. Consta de 371 folios que contienen íntegra *GE2*.

9   *P* (Y-I-1, Biblioteca del Escorial). Códice fechado en 1405. Consta de 195 folios que contienen la segunda mitad de *GE2* (desde el inicio de la *estoria de Ércules* hasta el final).

10   *Q* (X-I-2, Biblioteca del Escorial). Códice del siglo XVI. Consta de 428 folios que contienen íntegra *GE2*.

11   *Q'* (2248, Biblioteca de la Universidad, Salamanca [*olim* 2-C-5 ó II-211, Biblioteca de Palacio Real, Madrid]). Códice del siglo XIII que contiene el *Chronicon mundi* del obispo Lucas de Tuy (ff. 1–94), un *Elenchus paparum a Petro usque ad Cornelium* (f. 94), la *Historia Turpini* (ff. 95–112) seguidos de un fragmento de la *estoria de Ércules* de *GE2* (ff. 113–114) copiado en el siglo XIV.

12   *π* (V-II-1, Biblioteca del Escorial). Códice del siglo XV. Consta de 279 folios actualmente, habiéndose perdido al menos 17 folios originales. Contiene la segunda mitad de *GE2* y fue copiado por varios escribas.

13   *R* (CXXV[2-3], Biblioteca Pública, Évora), *GE2* + *GE3*. Códice de finales del siglo XIII o comienzos del XIV. Se caracteriza por haber copiado exclusivamente los pasajes de procedencia bíblica de *GE2* y *GE3* (y parcialmente de *GE4*). Consta de 261 folios (ff. 1–84, *GE2* y ff. 85–261, *GE3* y *GE4*), habiéndose perdido presumiblemente varios por el final.

Antes de nada, parece necesario resaltar que sólo cuatro testimonios transmiten el texto de *GE2* de principio a fin (con la salvedad de las lagunas particulares de cada uno): *N*, *R*, *Φ*, *Q*. La mayoría de los testimonios conservan el texto bien de la primera mitad (*K*, *J*, *L*, *M*, *I*), bien de la segunda (*π*, *P*), marcando con su extensión una frontera entre el año 6° del juez Jepté, punto en que se reseñaba la noticia analística de la muerte de Hércules, y el comienzo de la *estoria unada* de ese héroe griego que seguía a continuación. Los editores de la *GE2* respetaron esa división de la tradición manuscrita y contribuyeron a consagrarla, al distribuir el texto editado en dos volúmenes. Me referiré a las dos mitades como *GE2-I* y *GE2-II*.

Una edición que persiga obtener el membrete de crítica debe, primeramente, analizar las varias situaciones textuales que se presentan con resultado de la conservación parcial o completa de los testimonios. Así lo planteó correctamente Solalinde al identificar seis situaciones textuales distintas en la primera parte según las porciones de texto conservadas por cada manucrito (1930: LIII). En el caso de la segunda parte de la *General estoria*, encontramos las siguientes situaciones diversas ateniéndonos al elenco de testimonios disponibles en cada momento:

1 Prólogo de la segunda parte, I, pp. 3a–6b$_{15}$: mss. *I, J, K, L, M, O, Φ, Q.*

2 Libro de Josué, I, cap. I, p. 6b$_{17}$, a cap. IV, p. 12b$_{21}$: *I, J, K, L, M, O, Φ, Q, R.*

3 Libro de Josué, I, cap. IV, p. 12b$_{21}$, a Libro de los Jueces, cap. CCXX, p. 326b$_{30}$: *I, J, K, L, M, N, O, Φ, Q, R.*

4 Libro de los Jueces, I, cap. CCXXI, p. 326b$_{32}$, a cap. CCCLXXV, p. 438b$_1$: *I, J, K, L, M, N, Φ, Q, R.*

5 Libro de los Jueces, I, cap. CCCLXXVI, p. 438b$_2$, a cap. CCCLXXXVIII, p. 453a$_{32}$: *I, K, L, M, N, Φ, Q, R.*

6 Libro de los Jueces, I, cap. CCCLXXXVIII, p. 453a$_{32}$, a cap. CCCXC, p. 455b$_{18}$: *I, L, M, N, Φ, Q, R.*

7 Libro de los Jueces, I, cap. CCCXC, p. 455b$_{18}$, a cap. CCCXCII, p. 457b$_{20}$: *I, L, N, Φ, Q, R.*

8 Libro de los Jueces, II, cap. CCCXCIII, p. 1a, a Libro segundo de los Reyes, cap. XIX, p. 381b$_{21}$: *N, Φ, P, π, Q, R.*

9 Libro segundo de los Reyes, II, cap. XIX, p. 381b$_{21}$, a Libro tercero de los Reyes, cap. II: *π* (p. 396b$_7$), *Φ, P, Q, R* (p. 397b$_8$).

Las nueve situaciones arriba descritas pueden en realidad reducirse bastante si consideramos que una buena parte se produjo debido a la pérdida de folios iniciales o finales en los varios manuscritos. Así, las tres primeras constituyen en realidad la misma (con supresión o no del prólogo y de los primeros capítulos de Josué). En el caso del ms. *N* la pérdida de texto se debe al deterioro físico que ha hecho que falten los dos o tres folios iniciales.[13] En cambio, en el del ms. *R* la ausencia del prólogo no puede achacarse a causas materiales, sino a la voluntad de suprimir todos aquellos pasajes que no derivaran directamente de la Biblia.

A su vez, las situaciones numeradas como (5), (6) y (7) representan distintas conclusiones de la primera mitad de la segunda parte ocasionadas por la pérdida material del cuaderno (5) o de los folios finales (6 y 7). El prototipo del ms. *J* perdió seguramente el cuaderno final (o una parte del mismo), según parecen sugerirlo la materia que falta hasta el término de *GE2-I* y su final abrupto a mitad del título del capítulo CCCLXXVI en las palabras 'Del fecho del puerco', dejando en blanco el final de la col. *a* y toda la col. *b* del último f. 135v. Por otro lado, la cantidad de texto desaparecido hace suponer que el ms. *K* extravió sus dos folios finales.[14] En cuanto a *M*, puesto que deja en blanco la col. *b* de su último folio 242v, copiaría de un prototipo en el que sólo se habría perdido el último.

Igualmente, las situaciones (8) y (9) representan en realidad una única por las mismas razones. El ms. *N* termina, en estado de conservación muy degradado, trunco cerca del final de la segunda parte por haberse visto privado no sólo de un folio, sino probablemente también de su último cuaderno. Los cuadernos originales de *N* estaban compuestos por dieciseis folios, y puesto que el último reclamo figura en el f. 409 y el códice finaliza trunco en el vuelto del f. 424, es seguro que el último cuaderno conservado, de 16 folios, perdió el último. No debe desecharse la posibilidad de que el cuaderno que contendría el texto de la segunda parte hasta su final siguiera el mismo camino, bien en *N*, bien en su modelo.

Es posible, pues, extrar conclusiones fiables a partir del examen de sólo tres situaciones: (3), (4) y (8). Lo único que diferencia a la situación (3) de la (4) es la presencia o ausencia del ms. *O*. En este caso, no es evidente el motivo por el que la copia se interrumpe pasados dos tercios de la primera mitad de la segunda parte, justo al comienzo de la *Estoria de Tebas*.

2.2 *Diferencias de factura*

Aparte de tener en cuenta el número de manuscritos disponibles para cada sección, existe otro aspecto pertinente en la adscripción textual de los manuscritos que casi nunca se consideró adecuadamente por parte de los editores de la segunda parte. Se trata del hecho de que ciertos testimonios combinan en un mismo códice secciones que no parecen de la misma factura, según se deduce de importantes cambios formales en los manuscritos, como la variación en el tipo de letra, que a veces coincide incluso con cambios en el papel, la iluminación, la rubricación, etc. Estas divergencias pueden simplemente deberse a la colaboración de dos amanuenses en la copia de un único modelo, pero también pueden ser indicativas de un cambio de prototipo, circunstancia capaz de alterar las relaciones textuales propuestas en un momento dado.

Son al menos tres los manuscritos en que este factor de posible distorsión de los resultados no se sopesó adecuadamente.[15] El ms. *J* fue copiado por dos escribas contemporáneos de finales del s. XIV. El primero copió los folios 1–119r (corresponde hasta I, p. 396b$_{16}$) y dejó en blanco la mayor parte de la col. *b* del f. 119r y todo el vuelto, que correspondía al final de un cuaderno. El segundo transcribió el texto entre los folios 120r–135v, donde finaliza (corresponde desde I, p. 397b$_2$ hasta p. 438a$_2$). Los denominaremos *J*$_1$ y *J*$_2$, respectivamente.

En el ms. *Φ* también parecen haber intervenido dos manos. Aunque el tipo de gótica redondeada es extraordinariamente parecido, lo que hace pensar a los editores de la *General estoria* que es de la misma mano, creo que existen motivos para esgrimir que se trata de secciones copiadas con relativa independencia antes de ser ensambladas. La primera mano, que llamaré Φ_1, transcribió íntegra la primera mitad de la segunda parte (*GE2-I*) entre los folios 1ra–226ra, dejando en blanco el resto de la col. *a*, la totalidad de *b* y el vuelto del f. 226. El tamaño de la letra, el número de líneas por pagina, el tipo de tinta y la numeración son distintas en la sección Φ_1 de los que figuran en la segunda mitad de la segunda parte, copiada entre los folios 227ra–371r (*GE2-II*), que reconoceremos como Φ_2.

Manuscritos de composición mucho más compleja son N y π. La letra original de N es gótica, del s. XIV. En ella, que identificaremos como N_1, se transcribió la mayor parte del códice, que contiene la segunda parte completa. Pero el prototipo de que copió N_1 presentaba algunas lagunas, debidas a la pérdida de folios sueltos, que el escriba de N_1 detectó, reservando para su enmienda espacios en blanco en los lugares correspondientes. Estas lagunas son las siguientes (marco con // el principio y el fin):

a)   Jueces, cap. LIV, p. $181b_{18}$- cap. LVI, p. $183a_{36}$, 'ondas e desa manera andauan sobre el agua de cabo e començaron a trebejar en semejança de quitoles // trayele derecho...' (deja en blanco f. 83r, mitad, y v).

b)   Jueces, cap. CV, p. $225a_{13}$-cap. CVII, p. $227a_{14}$, '... cuenta aqui la estoria // son las almas e por quelas armas...' (en blanco f. 106r, final, y v).

c)   Jueces, cap. CCCLXXVIII, p. $441b_{32}$-cap. CCCLXXXI, p. $445b_9$, '... et el puerco con la grand saña // a mios hermanos e sotierrame con ellos...' (en blanco f. 205r final y v).

d)   Jueces, cap. DCXLIV, p. $196a_{32}$- cap. DCXLVIII, p. $199a_{33}$, '...e contar vos emos del su tienpo // [E]n aquella sazon auia en Betelen...' (en blanco ff. 308v, mitad, y 309 completo).

e)   Primero de los Reyes, cap. LXXXV, p. $292a_{29}$-b_{28}, '... e dixo asi contra sy // del veynte e vn anno ...' (en blanco f. 367r, mitad, y v).

Las lagunas (a) y (b) son debidas a la pérdida de un folio cada una, mientras que en las lagunas (c) y (d) la materia omitida corresponde a dos folios. La laguna (e) no procedía directamente del prototipo de N_1, porque la reencontramos en los mss. P y Φ_2. En este caso, el espacio en blanco que revela que algún copista percibió la existencia de la laguna remonta al prototipo común a N_1, P y Φ_2, según nos lo descubre el hecho de que no sólo N_1 sino que también P (f. 144v*b*) y Φ_2 (f. 333r*b*) ofrezcan idéntica reserva de espacio.[16]

Algunos de estos espacios en blanco fueron rellenados por una mano posterior de letra cortesana recurriendo indudablemente a otro códice distinto que el que fue modelo de N_1. Esta mano, que llamaré N_3, es la responsable del texto transcrito en N en las lagunas (a) y (b). Probablemente, el manuscrito manejado por N_3 no contenía completa

GE2-I, porque de lo contrario hubiese continuado con su labor suplidora de faltas en el resto de las lagunas de N_1 en lugar de dejarlas en blanco.[17]

Pero no son estos espacios en blanco los principales problemas que *N* plantea. Antes de que la mano N_3 interviniera sobre el códice, otros amanuenses habían trabajado en él. En efecto, al final del f. 125v N_1 concluye de copiar el texto del capítulo de Jueces CLV (p. 268b$_{24}$), aunque transcribiendo el título del capítulo CLVI siguiente 'De como entro Juppiter a Dane segunt dizen los auctores de los gentiles'.[18] Este final de capítulo coincide en N_1 con el final de folio y de cuaderno, y da paso a una extensa sección de letra cortesana copiada por otros escribas, a la que denominaré N_2. Las manos de N_2 transcribieron a partir del comienzo del f. 126r la materia desde el inicio del cap. CLVII de Jueces, p. 269b$_{14}$,[19] hasta 93 capítulos después, cuando el copista N_1 retoma la narración al principio del capítulo CCXLIX de Jueces, p. 414b$_5$, con las palabras '[E]n todo esto dolieronse del rey Niso...' (f. 195v, final). El empalme se revela en el cambio de letra, de gótica a cortesana, en el hecho de que en esta sección se anotan en rojo con cierta regularidad los epígrafes de los capítulos, ausentes en N_1 y en N_3, en que la composición de cuadernos y empleo de reclamos son en N_2 muy distintos de la sección de N_1, y en que los escribas de N_2 continuaron el texto de *GE2* que contenía N_1 omitiendo por error el capítulo CLVI (I, p. 268b$_{29}$-p. 269b$_{13}$), a pesar de que su contenido se anunciaba en N_1 justo antes del cambio.

No es fácil llegar a saber por qué tuvo lugar esta interpolación tan extensa. Podría pensarse que fue motivado por el deseo de 'rellenar' una laguna textual. Sin embargo, si la laguna tuviera su origen en causas físicas sería esperable que la letra de N_1 se reanudase a principio de cuaderno o, al menos, de folio, y no al final del vuelto del f. 195. La composición de los cuadernos en N_2 sugiere una explicación plausible a este comportamiento: los tres primeros cuadernos de N_2 constan de 20 folios, frente a los 16 folios del último cuaderno a cuya mitad, en el f. 195v, se reanuda N_1.[20] Quizá el copista de N_1 percibió la existencia de una amplia laguna textual, y al igual que en otras ocasiones, reservó en blanco cierto espacio, aunque esta vez mayor, desde el principio de cuaderno, f. 186r, hasta el f. 195v. Posteriormente, y por consulta de otro modelo textual, los escribas de N_2 se percataron de la amplitud del texto omitido en N_1, y se vieron obligados a añadir los tres cuadernos de 20 ff. La diversidad de escribas en N_2 no prueba en cambio, en mi opinión, el empleo de más de un prototipo textual, ya que algún error del texto contenido en N_2 afecta a fragmentos que fueron responsabibldad de distintos copistas.[21] Podemos saber que los escribas de N_2 trabajaron antes que el interpolador N_3 porque éste interviene también en esta sección.[22]

Aunque los editores de la segunda parte se percataron de la existencia de varias letras en *N*, no especificaron los fragmentos copiados por cada una ni creyeron conveniente distinguirlas como intervenciones sucesivas sobre el códice, precaución necesaria ante la posibilidad de que derivaran de varios modelos. Así anotaron en la edición las variantes de N sin hacer constar, salvo en una excepción (la página 269b$_{14}$), si procedía de N_1, de N_2 o de N_3. Lo desafortunado de su proceder resulta si cabe aún más evidente tras la consulta de las variantes, que aporta abundantes pruebas de la diversidad de los modelos textuales reproducidos en cada sección.[23]

Otro manuscrito de factura compleja es π. Se trata de un códice del siglo XV que parece haber sido compuesto por el procedimiento, ampliamente documentado en *scriptoria* monásticos, de desgajar el *exemplar* en cuadernos que se entregaban para su copia más rápida a varios escribas que trabajaban simultáneamente.[24] Los fragmentos transcritos de forma independiente debían luego ser convenientemente ensamblados. Este método se descubre en el ms. π en los cambios continuos de letra, en el hecho de que las mismas letras transcriben secciones discontinuas en el códice y en que el ensamblaje entre los fragmentos copiados independientemente es defectuoso en muchas ocasiones, dejando huecos en blanco al final de un cuaderno, por haber calculado mal el espacio que requeriría la copia del fascículo del modelo. La voluntad de ajustarse al espacio disponible y evitar esos desajustes conduce otras veces a comprimir o ensanchar la letra habitual del copista.

El examen del manuscrito me ha permitido identificar no sin dificultad al menos ocho escribas diversos que trabajaron en no menos de catorce fragmentos.[25] Ello combinado con los espacios en blanco, los reclamos, y las frecuentes lagunas en los cambios de cuaderno, me permite reconstruir, de forma provisional, las varias piezas en que se dividió el modelo y que fueron objeto de copia (a las que identificaré por letras):[26]

A)   Fragmentos 1) y 2), copistas π_1 y π_2. π_1: fragmento 1) ff. 1ra–23va (empalma con π_2). Corresponde a II, pp. 1a$_7$–29b$_{40}$. π_2: fragmento 2) ff. 23va–33vb (termina en espacio en blanco col. b y reclamo). Corresponde a pp. 29b$_{40}$–50b$_{40}$. La pieza A) fue transcrita en dos cuadernos de 18 ff., según se deduce de que en la numeración actual se repita la del f. 20, 20bis, y de que entre el f. 17v y el f. 18r exista actualmente una laguna de aproximadamente dos folios (falta el texto entre p. 20b$_{41}$ y p. 22a$_5$, '... los mançebos mas preçiados e mas // fablaron...'). Parece, pues, que se perdieron el último folio del primer cuaderno [f. 17bis] y el primero del segundo [f. 17ter].

B)   Fragmento 3), copista π_3: ff. 34ra–39vb. Corresponde a pp. 50b$_{40}$–58b$_{36}$. Fue transcrita aparentemente en un cuaderno de 6 folios (ff. 34–39).

C)   Fragmento 4), copista π_3: ff. 40ra–55vb. Corresponde a pp. 61a$_{12}$–78b$_{18}$. Fue transcrita en un cuaderno de 18 ff. Este cuaderno perdió su primer folio [f. 39bis] y el último [f. 55bis], ya que π presenta dos lagunas textuales, una entre el f. 39v y el f. 40r (corresponde a pp. 58b$_{36}$–61a$_{12}$, '... aquel carnero fue ally // que a su venida...'), y otra entre el f. 55v y el f. 56r (corresponde a pp. $78b_{18}$–$80a_{32}$, '... e quando esto vieron // sus fazañas en estas rrazones...').

D) Fragmento 5), copista π_4: ff. 56r*a*–62v*b*. Corresponde a pp. $80a_{32}$–$86a_4$. Fue transcrita en un cuaderno de 6 ff. (56–62).

E) Fragmento 6), copista π_3: ff. 63r*a*–78v*b*. Corresponde a pp. $86a_4$–$103a_{39}$. Fue transcrita en un cuaderno de 16 ff. (63–78), que termina en blanco la col. *b* del f. 78v y en reclamo.

F) Fragmentos 7) y 8), copistas π_5 y π_3. π_5: fragmento 7) ff. 79r*a*–82v*a* (empalma conπ_3). Corresponde a pp. $103a_{39}$–$111a_{46}$. π_3: fragmento 8) ff. 82v*b*–96v*a* (deja col. *b* en blanco y sigue reclamo). Corresponde a pp. $111a_{46}$–$128a_{34}$. Fue transcrita en un cuaderno de 18 ff. (79–96).

G) Fragmento 9), copista π_6: ff. 96rbis–114r*b* (deja resto de la col. y todo el vuelto en blanco, con la excepción del reclamo). Corresponde a pp. $128a_{34}$?–$147a_{50}$. Fue transcrita en un cuaderno de 18 ff. (96bis–114).

H) Fragmento 10), copista π_7: ff. 115r*a*–150v*b*. Corresponde a pp. $147a_{50}$–$191a_{34}$. Fue transcrita en dos cuadernos de 18 ff. (115–132, 133–150). El escriba π_7 anota reclamos en todos los folios y firmó al final del vuelto del f. 150 identificándose como Diego de Burguillos.

I) Fragmento 11), copista π_8: ff. 151r*a*–167r*b* (deja resto de la col. y todo el vuelto en blanco, con la excepción del reclamo). Corresponde a pp. $192b_{31}$–$222a_{30}$. Fue transcrita en un cuaderno de 18 ff. (151–167) que perdió su primer folio [150bis], según prueba la laguna existente en el empalme (falta entre pp. $191a_{34}$–$192b_{31}$, '...salir de manos e fuxeron // avemos nuestra fiesta...') y una numeración en romanos que π_9 añade en los rectos según la cual es obvia la falta de ese primer folio (151=II-167=XVIII).

J) Fragmento 12), copista π_6: ff. 168r*a*–242v*b*.[27] Corresponde a $222a_{30}$–$323a_{32}$. Fue transcrita en cuatro cuadernos de 20 ff. Tres de los cuatro cuadernos (168–187, 188–207, 208–227) están íntegros, mientras que el cuarto perdió sus últimos cinco folios: 228–242 + 5 ff., según puede asegurarse por la extensión del texto ausente desde el final del f. 242v y antes del siguiente cambio de letra en el f. 243r (entre pp. $323a_{32}$–$328a_{18}$, '...otras cossas biuas y ouo saluo // conpañas e commo auien...').

K) Fragmento 13), copista π_2: ff. 243r*a*–253v*b* (termina en espacio en blanco en col. *b*). Corresponde a pp. $328a_{18}$–$353b_8$. Fue transcrita en un cuaderno de 16 ff., que puede reconstruirse atendiendo al hecho de que entre los f. 244v y 245r se perdieron varias hojas así como el texto que contenían (entre pp. $331b_{46}$–$335b_{15}$, '... o estaua Saul e Abner fijo // Ephod auie...').

L) Fragmento 14), copista π_5: ff. 254r*a*–277v*b*. Corresponde a pp. $353b_8$–$396b_7$. Fue transcrita en un cuaderno de 25 ó 26 ff. del que se han perdido el último o los dos últimos (254–277 + 1 ó 2 ff), ya que el códice termina trunco justo antes del final de *GE2-II*.

En general los copistas fueron responsables de la transcripción de una pieza completa, aunque en algunos casos es evidente que trabajaron sucesivamente en la copia de la misma sección del modelo desencuadernado de que debían disponer: por ejemplo, los fragmentos 1) y 2) y los fragmentos 7) y 8), en que el empalme de las letras tiene lugar a mitad de folio.[28]

La factura desigual del códice podría conducirnos a suponer también una pluralidad de modelos textuales, hipótesis que de antemano no debe descartarse. Sin embargo, la participación de tantos escribas y el hecho de que intervengan en más de una ocasión precisamente sólo adquiere sentido en un taller en el que, ante la necesidad de obtener una copia rápida del *exemplar*, se procedió a su despiece y al posterior reparto de las piezas.

El carácter modesto, imperfecto y tardío del códice condujeron a los editores de la *General estoria* a desecharlo de su edición y no incluyeron sus variantes a pie.[29] Un estudio detenido del ms. π me permite asegurar que la decisión no fue acertada. Aunque compuesto de forma descuidada en un taller del s. XV, el modelo del que se copió este manuscrito era de gran valor, ya que, según veremos, carece de errores comunes al resto de los testimonios y nos permite conocer varios pasajes del texto de la segunda parte de la *General estoria* sólo conservados por él.

2.3. Recapitulación

El tener en cuenta la composición no uniforme de estos manuscritos obliga a aumentar las tres situaciones básicas que habíamos propuesto inicialmente hasta al menos cinco (prescindiendo por tanto de las diferencias de factura del problemático π, al que le presupongo, según he argumentado, un modelo único).

I.   Libro de Josué, I, cap. IV, p. $12b_{21}$, a Libro de los Jueces, cap. CLV (p. $268b_{24}$): *I, J$_1$, K, L, M, N$_1$, O, Φ$_1$, Q, R.*

II.   Libro de los Jueces, I, cap. CLVII, p. $269b_{14}$, a cap. CCXX, p. $326b_{30}$: *I, J$_1$, K, L, M, N$_2$, O, Φ$_1$, Q, R.*

III. Libro de los Jueces, I, cap. CCXXI, p. $326b_{32}$, a cap. CCCXXX, p. $396a_{23}$: *I, J$_1$, K, L, M, N$_2$, Φ$_1$, Q, R.*

IV. Libro de los Jueces, I, cap. CCCXXXII, p. $397b_2$, a cap. CCCXLVIII, p. $414a_{38}$: *I, J$_2$, K, L, M, N$_2$, Φ$_1$, Q, R.*

V.   Libro de los Jueces, I, cap. CCCXLIX, p. $414b_5$, a cap. CCCLXXV, p. $438b_1$: *I, J$_2$, K, L, M, N$_1$, Φ$_1$, Q, R.*

VI. Libro de los Jueces, II, cap. CCCXCIII, p. 1a, a Libro segundo de los Reyes, cap. XIX, p. $381b_{21}$: *N$_1$, Φ$_2$, P, π, Q, R.*

De estas seis situaciones textuales básicas, sólo la primera y la segunda recibieron por parte de los editores de la *General estoria* un análisis detenido que propusiera un *stemma* de las relaciones textuales.[30] La mayor complejidad de las combinaciones textuales en *GE2-I*, que da lugar a cinco situaciones diversas, contrasta con la relativa simplicidad de *GE2-II*, sección en que sólo parece pertinente considerar una.

3   Antes de la *collatio variarum lectionum*
3.1   *Examen externo del texto conservado en cada testimonio*

Antes de entrar en el examen de las variantes, la simple comprobación externa del texto transmitido en cada testimonio puede arrojar ya resultados importantes, si bien necesariamente provisionales. Si se trata de una obra en prosa, dividida habitualmente en capítulos, la constatación de los capítulos contenidos en cada testimonio, cotejando su inicio y su final, suele brindarnos ya las primeras conclusiones, fundamentalmente sobre lagunas particulares. Lo mismo sucede con las lagunas advertidas por los copistas para las que se reservó un espacio en blanco.

La situación que hemos llamado VI, esto es, la que comprende el texto de *GE2-II*, aporta un buen ejemplo de cómo pueden obtenerse conclusiones bastante seguras (aunque obviamente preliminares) a partir del simple examen externo de los diversos testimonios.

En esta sección se puede asegurar la independencia derivativa de la mayor parte de los manuscritos. Ningún otro testimonio fue copia directa de *R* ya que todos conservan los pasajes bíblicos sistemáticamente suprimidos en aquél. La independencia de los demás respecto de N_1 tampoco ofrece lugar a dudas habida cuenta de que éste presenta una laguna particular de la que ya hemos hablado antes, la laguna (d). A su vez, el copista del ms. Φ_2 percibió la falta de texto en su modelo, reservando en blanco el final de la columna *c* y la columna *d* del f. 330 y las columnas *a*, *b* y *c* del f. 331. El texto omitido ('..quanto suele arar vn // De como castigo Samuel a Saul...', II, pp. 284a$_{22}$–288a$_{19}$) tampoco falta en ningún otro manuscrito. Respecto al códice π, es desde luego imposible que cualquier otro testimonio descienda de él en su estado actual, en que ha sufrido la pérdida de numerosos folios, pero antes tampoco fue antígrafo de ninguno de los manuscritos conservados ya que no carece de lagunas particulares: omite el cap. DXXXIX de Jueces (II, p. 124a$_{27-44}$) y parte del prólogo a los Libros de los Reyes (pp. 208a$_{23}$–209b$_{38}$, '...los ebraycos todo quanto y pueden fallar // [A]ndados diez e seys años...'), para el que reservó en blanco la col. *b* del f. 159r. Sólo no parece posible independizar el testimonio *P* siguiendo este procedimiento.

El examen externo también permite afirmar sin dudas que N_1, *P* y Φ_2 derivan de un prototipo común porque comparten una laguna, desconocida para π y para *R*.

En efecto, en el Libro I de los Reyes, en el cap. LXXXV, 'De commo se conoscio Saul por culpado contra Dios, e mato Samuel al rey Agag, e se partieron el e Saul e non se vieron despues', los mss. N_1, P y Φ_2 presentan una omisión en común de la que ya hemos hablado, la laguna (e), en la que se omitió el relato de la muerte del rey Agag y la separación definitiva de Samuel y de Saúl, además de toda la información sobre los pueblos gentiles que los redactores de la *General estoria* situaban entre el año 10º y 20º de Saúl, distribuida en varios capítulos inmediatamente siguientes.[31] La narración en esos manuscritos sólo se reanuda, poniendo de manifiesto la falta, con la frase:

> Del veynte e vn anno en pos esto non fallamos que dezir aqui de estoria que razon sea de gentiles, e so el tienpo de las estorias que dichas auemos paso.
> E agora diremos de las tierras de estos dos reynados nueuos e de Saparte (II, cap. LXXXVI, p. 292b$_{28-33}$).

El nacimiento de los nuevos reinos a los que se alude, el de Lacedemonia y el de Corinto, únicamente se relata en el ms. π, ya que el autor del códice R copió selectivamente de su modelo el material procedente de la Biblia y eliminó todo relato alusivo a la historia de los pueblos gentiles. Por ello, aunque el ms. R no participa de la laguna (e) común a N_1, P y Φ_2 e incluye el relato de la muerte del rey Agag y de la separación de Saúl y Samuel, comparte con ellos, pero por causas distintas, la carencia de la narración que se incluía a continuación. El hecho de que el modelo de R disponía, en cambio, de esa información sobre los gentiles resulta probado porque empieza a transcribirla, probablemente engañado por el título del cap. LXXXVI, 'Del tienpo en que Samuel començo a prophetar', interrumpiéndose inmediatamente y eliminando los capítulos siguientes hasta que retoma el hilo al comienzo del siguiente de materia bíblica (cap. LXXXIX, 'De commo mando nuestro Sennor a Samuel que catase otro para rey de Yrrael e gelo mostro el').[32]

Aunque hasta ahora se creía que sólo el ms. R conservaba aquí parcialmente la redacción original, puede asegurarse que el testimonio del ms. π también ha preservado, y mejor, porque está completo, el texto que falta de N_1, P y Φ_2. Incluyo aquí su presentación crítica, señalando la laguna, que debió producirse por la pérdida de un folio, con < > y con negrita suplementaria desde el punto donde comienza la omisión de R:[33]

> començó ese rey Agag a tremir. E dixo así contra sí < a todos: 'Marauilla es de la muerte tan amarga que me así mueve, e partió los míos de mí, e agora a mí ante los omnes'. Dixol así Samuel: 'Como fizo la tu espada a muchas madres de los ebreos sin fijos, e las fizieste tú gemir e llorar por ellos, así fincará tu madre sin fijos

entre todos los suyos, e gemirá e llorará por la tu muerte'. E matólo luego Semuel, e fízolo ý puestas en Galgala ante santuario de Dios. Pues que esto fue fecho, fuese Semuel para su lugar a Ramata, Saúl otrosí para su casa a Galgala, ca segund departe maestre Pedro, quiere dezir tanto como collado porque seyé'n tal lugar. E de allí adelante non vio Semuel a Saúl en toda la vida que él visco, ca Saúl entendió cómo avié caído en la saña de Dios. E sabiendo los males que avién a venir, con grand tristeza e grand pesar que ovo ende non fue veer a Semuel después, que llorava toda vía Semuel por Saúl porque se repentiera Dios porque lo fiziera rey de Yrrael. E pero, que fuera él fasta allí buen rey, e buen varón e esforçado, e en sus batallas vençedor toda vía. Onde diz aquí que es de entender que, a tuerto e a derecho, lo que Dios quiere que aquello se á e faze, mas otrosí de entender es que Dios siempre es derechero, e lo que quiere que se faga que sea fecho, maguer que algunos omnes cuentan la cosa de otra guisa, que ello derecho es siempre. E visquieron de allí adelante Semuel e Saúl cada uno por su cabo. Agora dexamos aquí la estoria de la Biblia e tornaremos aquí a contarvos de las razones de los gentiles.

Del tiempo que Semuel començó a profetar

[A]ndados diez años del reinado del rey Saúl, començó Semuel a profetar públicamente. Del onzeno año e del dozeno año non fallamos que dezir aquí salvo las estorias que dichas son que pasaron.

Del rey Derecho de Asiria

[A]ndados doze años del reinado de Saúl, murió Tineo rey de Asiria, e reinó en pos él Dereclo veinte e nueve años [...] rey de allí quarenta años. Del catorzeno año e del quinzeno año del señorío de Saúl e del profetado de Semuel non fallamos qué dezir aquí, e so el tiempo de las que dichas son e avemos pasaron.

Del tiempo que começó de los reinados de Lacidonia e de Corinto

[A]ndados diez e seis años del reinado del rey Saúl, así como cuentan Eusebio e Gerónimo, començáronse de nuevo dos reis que non eran de antes. E estos fueran el de Mazedonia e de Corinto. E reinó en Lazedonia de luego un alto omne que llamavan Euristeo. E fue éste el primero dende, e duró en su reinado quarenta e tres años. E otrosí otro poderoso príncipe a qui dixeron Aleptes reinó en el reino de Sarinto, e fue éste el primero rey de allí, e duró en el reinado treinta e çinco años. E reinava ese año en que fue esto Derclo en Asiria, e Melampo en Atenas, e Eneas Silvio en los latinos, e los diapolitas en Egibto. [...] E del diez e ocho años e del diez e nueve años non fallamos en los libros de las estorias de los gentiles qué dezir aquí de las razones, e so los fechos d'estos otros años pasados e so la estoria de Semuel e de Saúl pasaron.

Del descendimiento de los eracletas

[A]ndados veinte años del reinado de Saúl, segund cuentan Eusebio e Gerónimo en las razones de los gentiles del tiempo del señorío de Semuel e de Saúl, andados de los años que aquí dezimos acaesçió el deçendimiento de los eracletas que fizieron en la çibdat Polyproçenso, e esto cuentan otrosí Eusebio e Geronimo. E estos eracletas qué cosa fueron non fallamos ninguna estoria nin otro escripto ninguno que lo diga, nin qué decendimiento fue, nin qué les fizieron en la çibdat Peloponeso.> Del veinteno año empós éste non fallamos qué poner nin qué dezir aquí de razón de estoria que aquí pertenesca, salvo que aquello que avemos dicho. Agora dexamos aquí de las tierras d'estos dos reinos nuevos e de la departiçión de quáles tierras son, segund aquello que ende fallamos por los escriptos de los sabios, e primeramente de Laçedomonia.

De la tierra de Laçedomonia

[T]ierra de Laçedomonia fallamos que es agora en Gresçia... (π_6, ff. 219r*b*–220r*a*).

Aunque π mantiene este fragmento perdido en el resto de testimonios, la comparación de su texto con *R* en la sección bíblica o con N_1, *P* y Φ_2 en la posterior nos muestra que, como copia descuidada y tardía, está plagado de errores. En el pasaje que únicamente π conserva pueden detectarse algunas pequeñas lagunas evidentes, como la que omite la referencia a los sucesos del año 17° o la que hace que aparentemente se den dos duraciones diversas y sucesivas del reinado de *Derculo* de Asiria, que he señalado con [...]. También es errónea la datación de la sucesión en Asiria en el año 12° de Saúl, cuando la coherencia interna, que acaba de rechazar la existencia de sucesos reseñables en el 11° y en el 12°, muestra que esa noticia debía situarse en el texto original en el año 13°. Esta suposición queda confirmada por la fuente del pasaje, los *Cánones crónicos* de Eusebio de Cesarea traducidos por Jerónimo, que notifican en el año 13° de Samuel y Saúl la sucesión en el trono del reino asirio de *Thineus*, quien había reinado treinta años, por *Dercylus*, que gobernó cuarenta. La fundación de los reinos de Lacedemonia y de Corinto coincide en esas tablas cronológicas en el año 16° ('In Lacedaemone regnauit primus Eurystheus a. XLII', 'Corinthi regnauit primus Alethes a. XXXV'), así como no disienten las sincronías con los diversos reyes del mundo (27° de *Melanthus* en Atenas, 8° de *Aeneas Siluius* en los latinos, 82° de la *dynastia Diapolitarum* en Egipto). La noticia relativa a la dinastía heráclida ('Heraclidarum descensus in Peloponnesum') se sincroniza en unos manuscritos también en el año 16°, mientras que otros la retrasan al 19°, más cerca de la datación que figura en GE2.[34]

El carácter original del pasaje mantenido en π no suscita pues ninguna duda, ya que ofrece las noticias analísticas procedentes de los *Cánones crónicos* entre los años 13° y 20°, que, siguiendo la técnica compilatoria usual de la *General estoria*, se intercalaban cada ciertos periodos de tiempo en la historia bíblica. Además, la mención analística de los dos nuevos reinados de Lacedemonia y de Corinto en este fragmento explica por qué los siguientes capítulos se dedican a glosar la aparición del reino de Lacedemonia (II, p. 292b$_{36}$–293a$_{26}$) y de Corinto (II, cap. LXXXVII).

La conservación de estos capítulos derivados del texto original nos permite asegurar que para la situación VI, incluso antes de iniciar el cotejo detenido de las variantes, debemos contar con tres ramas: R, N_1-P-Φ_2 y π. El argumento que podría esgrimirse en contra de esta reconstrucción basado en una pluralidad de modelos textuales para π queda descartado por el hecho de que aparte de este fragmento existen en π al menos otros cuatro capítulos desconocidos para el resto de testimonios, y que esos pasajes se encuentran en secciones transcritas por copistas dispares, en concreto π_6, π_2 y π_7.[35] Ello avala plenamente nuestra impresión primera de que el prototipo despiezado fue único y de que los cambios de letra no deben en principio hacernos sospechar variación en el antígrafo.

Dentro de la rama N_1-P-Φ_2, otros detalles externos hacen avanzar algo más nuestro conocimiento de las relaciones de la familia N_1-P-Φ_2 y sugieren un parentesco entre P-Φ_2. En efecto, el ms. P también presenta el blanco la parte central de la col. *b* del f. 95r, habiendo perdido el texto desde '...otrossi segunt los ebreos // De la fanbre que vino en tierra de Ysrael...' (II, p. 196b$_{14-38}$), pero la laguna no es privativa de él, sino que también existe en Φ_2 (f. 298r*b*), aunque en este códice no se guardó espacio alguno. Lo mismo sucede con la oración en latín que Bruto de Bretaña dedicó a Diana (II, p. 272a$_{25-31}$) y la respuesta que ésta le dio (p. 272b$_{25-30}$), omitidas en ambos. Además, la primera se introduce en *P* y en Φ_2 con un título en rojo sólo a ellos común, 'De la oraçion de Bruco a la deesa Diana en latin e desi segunt el latin segunt en el lenguaie de Castiella e de la respuesta que ouo' (*P*, f.133v*b*–134r*a*), 'De la oraçion de Bruco a la deesa Diana tornada de latin en el lenguaje castellano e de la respuesta que ouo' (Φ_2, f.326r*a*).[36] Las semejanzas exteriores entre ambos se extienden incluso al hecho de que dejan un espacio en blanco antes de transcribir el *Libro de Ruth* (de folio y medio en *P*, ff. 95v–96r y v; un tercio de la col. *b* del f. 298r en Φ_2). Todo ello no sólo corrobora la idea de parentesco entre ambos manuscritos, sino que nos conduce hacia la hipótesis de que ambos conocieron directamente un mismo antígrafo, idea que sólo podrá comprobarse tras un meticuloso examen de las variantes.[37]

3.2   *Hacia la* **constitutio stemmatis.**

Tras el sencillo examen externo del texto preservado por cada testimonio es posible ya adelantar, en ocasiones con bastante certeza, alguna hipótesis sobre las relaciones entre ellos. En el caso de la *GE2-II*, el *stemma codicum* que resulta de lo antes expuesto es el siguiente:

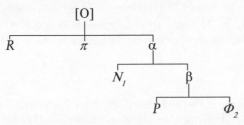

Ante lo destacado y evidente de los errores particulares y de los errores comunes de los varios testimonios en la situación VI, es sorprendente que los editores de *GE2* evitaran pronunciarse sobre las relaciones entre ellos al tiempo que anotaban religiosamente todas las variantes a pie, las cuales, por otra parte, reiteran de forma insistente las familias del *stemma* aquí propuesto. No obstante, no hay que olvidar que sólo la colación minuciosa de las *variae lectiones* y su correcta evaluación podrá precisar la relación de parentesco o filiación entre P y Φ_2, así como la posición relativa de π respecto de R y α.

4   Final

El análisis del método seguido para la edición crítica de una obra en particular, la *General estoria*, nos vale para recordar algunos principios esenciales de la crítica textual que no fueron tenidos en cuenta. En primer lugar, el principio de que ningún testimonio debe desecharse de la edición sin haberlo sometido previamente a un examen codicológico y textual que nos asegure su nulo valor a la hora de acercarnos al texto original. La fecha moderna o el carácter descuidado de un códice no deben hacer olvidar la máxima *recentiores non deteriores*, que fue ignorada en la edición de la *GE2*, como revela el injusto tratamiento que se dio al manuscrito π, privándonos así de conocer varios pasajes de la obra. En segundo, el principio de que de poco sirve amontonar las variantes si no se ha establecido previamente un criterio de corrección basado en la posición relativa que ocupan los diversos testimonios en un árbol genealógico. El acuerdo que muestran los manuscritos P y/o Φ_2 con R en *GE2-II* en muchas variantes debería haber conducido a la corrección inmediata del testimonio empleado como soporte básico del texto, N_1, al igual que los previsibles casos de concordancia entre π y R (más el subarquetipo β ocasionalmente) frente a N_1. Por último, el principio de que si bien sólo la *collatio* exhaustiva puede determinar con seguridad las relaciones de dependencia de los distintos testimonios, esa colación no debe ejecutarse de forma ciega, sino orientada con inteligencia por las diferencias observables de factura y por el examen externo previo del texto mantenido en cada testimonio. El olvido de esta circunstancia hizo que los editores de la *GE2* otorgaran la misma posición textual al copista principal de N, N_1, que a los escribas de la sección N_2, cuando el mero examen codicológico ya sugería la sustitución de su antígrafo.

NOTAS

1   Alfonso el Sabio, *General Estoria. Primera Parte*, ed. de Antonio G. Solalinde (Madrid: Centro de Estudios Históricos, 1930).

2   Alfonso el Sabio, *General Estoria. Segunda Parte*, ed. de Antonio G. Solalinde, Lloyd A. Kasten y Víctor R. B. Oeslschläger (Madrid: CSIC, I, 1957, y II, 1961).

3   Alfonso X el Sabio, *La historia novelada de Alejandro Magno. Edición acompañada del original latino de la Historia de preliis (recensión J²)*, ed. de Tomás González Rolán y Pilar Saquero Suárez-Somonte (Madrid: Universidad Complutense, 1982).

4   Benito Brancaforte, *Las* Metamorfosis *y Las* Heroidas *de Ovidio en La* General Estoria *de Alfonso el Sabio* (Madison: Hispanic Seminary of Medieval Studies, 1990).

5   Alfonso el Sabio, *General estoria. Tercera parte*, IV, *Libros de Salomón: Cantar de los Cantares, Proverbios, Sabiduría y Eclesiastés*, ed. de Pedro Sánchez-Prieto Borja y Bautista Horcajada Diezma (Madrid: Gredos, 1994). En el prólogo se anunciaba el siguiente programa de publicación: 2) Volumen II: Salmos de David. Cántico de Ana. 3) Volumen III: Historia de griegos y troyanos. Historia de los godos. Vida de Salomón. 4) Volumen I: Introducción. 5) Volumen V: reyes de Bretaña. Sucesores de Salomón en Judá e Israel. 6) Volumen VI: Profetas.

6   Alfonso el Sabio, *General estoria. Cuarta parte. Libro del Eclesiástico*, ed. de Joaquín Pérez Navarro (Padova: Cooperativa Libraria Editrice Università di Padova, 1997).

7   *Concordances and Texts of the Royal Scriptorium Manuscripts of Alfonso X, el Sabio*, ed. de Lloyd A. Kasten y John Nitti (Madison: Hispanic Seminary of Medieval Studies, 1978).

8   *Text and Concordance of the* General Estoria II: *BNM MS. 10237*, ed. de Lloyd A. Kasten y Wilhelmina Jonxis-Henkemans (Madison, Hispanic Seminary of Medieval Studies, 1993); *Text and Concordance of the* General Estoria V: *Escorial MS. R.I.10*, ed. de Wilhelmina Jonxis-Henkemans (Madison, Hispanic Seminary of Medieval Studies, 1994); *Text and Concordance of the* General Estoria VI: *Toledo MS. 43–20*, ed. de Wilhelmina Jonxis-Henkemans (Madison: Hispanic Seminary of Medieval Studies, 1993).

9   *The Electronic Texts of the Prose Works of Alfonso X, el Sabio*, ed. de

Lloyd Kasten, John Nitti y Wilhelmina Jonxis-Henkemans (Madison: Hispanic Seminary of Medieval Studies, 1997).

10   La colección 'Biblioteca Castro' tiene la intención de reparar este gran vacío en el conocimiento de los textos clásicos españoles acogiendo la publicación global de la obra, tarea de la que nos responsabilizamos Pedro Sánchez-Prieto y yo misma.

11   A partir de ese subarquetipo *w*, *Y* y *Λ* descienden de un mismo intermediario *r*, al igual que *V* y *Σ* de un modelo común *k* (González Rolán *et al.*, 1982, pp.24–27). Los editores anotaron las variantes atribuibles a alguno de los tres subarquetipos, *w*, *k* o *r*, y descartaron indicar las variantes particulares de cada códice, ni siquiera en la introducción. Con ello se nos privó de juzgar la veracidad de las afirmaciones de que *V* y *Σ* 'son independientes entre sí, pues aunque *Σ* es de fecha posterior carece de algunos errores significativos que sí figuran en *V*', y que 'los errores separativos de *Y* frente a *Λ* y de *Λ* frente a *Y* indican a las claras que son independientes entre sí' (*ibid.* pp. 25, 26).

12   Dom Henri Quentin, *Essais de critique textuelle (Ecdotique)* (Paris: Picard, 1926).

13   El ms. *N* se compuso de cuadernos regulares cada 16 folios y el primer reclamo figura en el f. 13v actualmente, hecho que sugiere la pérdida de los tres primeros. Pero la numeración en romanos que figura al pie identifica el primer folio actual con el tercero original, sugiriendo, en cambio, que fueron sólo dos los folios perdidos. Desde luego, dos folios ofrecen un espacio insuficiente para transcribir la materia ausente de *N*, aunque no hay que descartar que el modelo de *N* fuera ya lagunoso en su comienzo. Una posible solución conciliadora podría hallarse en suponer que la numeración actual se introdujo con posterioridad a la pérdida del primer folio, numerándose como primero el que en realidad era segundo.

14   El último reclamo figura en *K* en el f. 351v y el códice termina abruptamente, a mitad de una frase, al final de la col. *b* del f. 352v: 'E cuenta maestre Pedro que les demando quel yurassen quel toviessen verdad de lo quel dizien' (I, p. 453a$_{32}$).

15   Tampoco se indicó en la introducción a qué página, columna y línea de la edición correspondían los folios en que se producían esos cambios, dificultando notablemente la adjudicación de las variantes a una u otra sección. El examen directo de los códices me ha permitido subsanar este problema.

16   *Φ$_2$* y *P* ofrecen el mismo arranque de la laguna tras las palabras: 'começo esse rrey Agag a tremer todo e dixo assy' *P*, f. 144v*b*; 'começo ese rey Agag a tremer todo e dixo asy' *Φ$_2$*, f. 333r*b*, omitiendo 'contra sy' conservado en *N$_1$*.

17   Este aspecto relativo a la cantidad de materia conservada sugiere que el ms. empleado por *N$_3$* bien pudiera haber sido *J* o un hermano suyo, el único cuyo texto se interrumpe poco antes de la laguna (c) (en I, p. 438b) y que todavía se conservaba en la sección copiada en *N* por el copista *N$_2$* de la que ahora hablaremos. Sin embargo, un análisis textual más detenido de las variantes de *N$_3$* prueba que el testimonio que fue su modelo se

aproxima mucho más al prototipo de *L* y *Φ₂* que a otros testimonios de su misma familia como *I* o *J*.

18   El final del capítulo reza así (destaco en cursiva el título): 'Mas en este lugar mudaron los abtores de los gentiles la estoria en razón de otra manera de cómmo ganara Júpiter a Dane, e queremos dezir cómmo fue, e lo que departieron los nuestros sabios e otrosí sobre lo que ellos ý dixeron. *De cómmo entró Júpiter a Dane segunt dizen los abtores de los gentiles*' (*N₁*, f. 125v).

19   *N₂* comienza con el título, 'De lo que da a entender el grano de oro en que dizen los abtores de los gentiles que se tornó Jupiter segund vnos lo esponen', y sigue así: 'Esta razón d'este grano de oro en que se tornó el rrey Jupiter...' (f. 126r).

20   La descripción 'pormenorizada' de los editores (Solalinde *et al.*, 1957: XVIII–XX) no da cuenta del punto preciso (f. 126r) en que se produce el cambio de letra ni refleja extrañamente la composición de los cuadernos. Por otro lado, la deficiente mención de algunos de los reclamos revela que la factura del códice no fue comprendida. Según he podido comprobar, los reclamos aparecen cada 16 folios en la sección copiada por *N₁*: en el vuelto de los folios 13, 29, 45, 61, 77, 93, 109, [125], al principio, y luego en 201, 217, 233, 249, 265, 281, 297, 313, 329, 345, 361, 377, 393 y 409. Algunos de ellos han sido cubiertos por una reencuadernación, pero se descubren perfectamente al trasluz: se trata de los reclamos de los ff. 29, 109, 217, 249, 281 y 313. En la sección transcrita por *N₂* los cuadernos se componen en cambio de 20 folios: ff. 126–145, [146]–[165] (habiéndose perdido en ese cuaderno en tiempos posteriores a la numeración del códice los ff. 146, 163–165), y 166–185. Sólo el último cuaderno que contiene *N₂*, a cuya mitad regresa el copista de *N₁* (f. 195v final), repite la estructura habitual de 16 folios (ff. 186–201). Por otra parte, los reclamos en *N₂* figuran en los últimos folios de los cuadernos, 145 y 185, con la excepción evidente del folio perdido 165. Además se encuentran en esta seccción *N₂*, de forma muy ocasional, pequeñas porciones de una o dos palabras al final de la caja y por fuera de ella, tanto en el recto como en el vuelto de algunos folios, que no sirven para enlazar, ya que no son repetidas al inicio del vuelto o del folio siguiente. Encontramos estos 'pseudo-reclamos' al final de los folios 131v, 132r, 135v, 142v, 156r y 157r, desapareciendo más adelante.

21   La sección *N₂* fue transcrita por cuatro escribas. El primero, *N₂a*, que trabajó del f. 126r al 134r inclusive, reserva espacio para las iniciales de capítulo (salvo en los dos primeros), y rubricó su parte intercalando calderones en tinta roja en el texto y transcribiendo con fidelidad en ese mismo color los epígrafes originales de los capítulos, que se encabezan además con un calderón. El segundo, *N₂b*, comienza a transcribir cada capítulo con un calderón en negro de doble trazo seguido de la primera palabra del texto, cuya primera letra nunca es mayúscula. Este mismo amanuense es probablemente también responsable de una numeración suplementaria en romanos cuyos restos se perciben sólo en los dos primeros cuadernos de *N₂* (ff. 126–145, 146–165). En efecto, a partir de

la doble numeración que figura en los folios 134 = IX, 140–144 = XV–XIX, 149–162 = XXIIII–XXXVI, resultan evidentes las correspondencias del primer folio de N_2, f. 126= [I] y del último y perdido del segundo cuaderno [f. 165 = XL]. Atendiendo a estos rasgos, debemos atribuir a un escriba diferente la copia del tercer cuaderno de N_2 (ff. 166–185) y del comienzo del cuarto hasta el f. 193r, ya que no vuelven a emplearse la numeración ni los 'pseudo-reclamos' (véase nota 20), la letra se hace de trazo más grueso y más cursiva, y aunque el texto de muchos capítulos sigue precedido de un calderón, éste muestra un trazo netamente diferente del de la sección copiada por N_2b. Este tercer copista, N_2c, prefiere además encabezar el texto de cada capítulo con la letra mayúscula de la primera palabra, costumbre que se va intensificando a partir del f. 169v en que aparece la primera, al tiempo que va decreciendo el hábito de los calderones. El amanuense N_2c fue además el rubricador en rojo de los epígrafes de la sección copiada por él y de la anterior, N_2b. Las rúbricas se preceden regularmente desde el f. 134v hasta el f. 193r de la fórmula 'Capítolo de', y se amplifican alterando la versión original. El rubricador también pintó por dos veces en rojo un conejo con la cabeza girada a la derecha (f. 171v, f. 182v). Por último, desde el f. 193v y hasta el f. 195v en que se reanuda N_1, parece haber trabajado otro copista, N_2d, de letra de caracteres más goticos, y que alarga los trazos de la última línea además de transcribir en negro los títulos (o evitar transcribirlos).

El error al que me refiero es un desorden textual provocado por una mala encuadernación en el antígrafo de N_2 que afecta a N_2c y a N_2d: véanse I, pp. 406b$_6$, 407b$_{19}$, 408b$_{29}$.

22 En efecto, N_2c interrumpe el relato relativo a la reina Pasífae con el toro, al igual que el ms. J_1, con la disculpa: 'E quien más conplida mente esta estoria quisiere saber cate en el Ouidio mayor e por ý sabrá la manera de cómmo conteçió el fecho del toro e de la reyna Pasife', N_2 (f. 187v), 'E quien más complida mente quisiere saber esta estoria cate en el Ouidio mayor e por ý sabrá la manera de cómmo contesçió el fecho del toro e de la reyna Pasife', J_1 (f. 119rb). El mismo copista de N_2c añadió en rojo un título, 'Aquí ha de entrar de cómmo conteçió el fecho de la reyna Pasife con el toro' y reservó en blanco el resto del f. 187v. El interpolador de lagunas N_3, que todavía seguía 'mejorando' el códice N, incapaz de encontrar el pasaje en el modelo que manejaba, observa: 'avnque dize en este rreglón ante d'esto que ha de entrar aquí el fecho de la reyna Pasife con el toro, non es ansí, ca en toda la General estoria non se cuenta d'ello más de lo sobre dicho, ca el que lo quisiere saber fallar lo ha en el Ouidio mayor segunt suso dize' y repite en el siguiente renglón la frase 'avnque dize...' hasta '... en toda la general estori'. El amañador N_3 tuvo más éxito un poco más adelante, ya que N_2, después de transcribir el capítulo CCCXXXII con su título 'De la muerte del infante Androgeo, fijo del rey Minos de Creta' en la parte superior del recto del f. 188, había dejado en blanco el resto para reanudar su transcripción al inicio del vuelto con el título del cap. CCCXXXIV 'De cómmo el rey Minos demandó otrosí su ayuda a Yrco, rey de Oenopia'. El amanuense N_3

copió en el hueco el capítulo CCCXXXIII que faltaba, sin transcribir, como fue usual en sus otras intervenciones, el título: '[C]uenta Ouidio sobre la razon del rey Minos.... e era tierra de muchas azeytunas'. Estos huecos en blanco podrían sugerir que el modelo textual de N_2 fue el mismo que el de N_1, y que por tanto el cambio de copistas no necesariamente implicó una sustitución de modelo textual. Ello no puede ser cierto porque el primero de los espacios, el del f. 187v, es común al menos con J_1, y porque la letra de los copistas descubre que no pudieron trabajar contemporáneamente. Otro dato que en apariencia avala la hipótesis de un cambio de antígrafo es la transcripción de los títulos, ausente de N_1 y regular en N_2. Sin embargo, no atribuyo esta diferencia de comportamiento necesariamente a la diversidad de modelo textual, ya que alguna vez, como por ejemplo justo antes del cambio de copista, N_1 transcribe por error el título incorporándolo al texto del capítulo anterior (véase *supra* nota 18), hecho que prueba que su modelo no carecía de epígrafes.

23 En mi opinión, N_1 desciende del mismo subarquetipo que J_1 y que un subarquetipo que agrupa a *I*, por un lado, y a *L-Φ_1*, por otro. En cambio, N_2 parece emparentarse claramente con *I* (véase *supra*, nota 21), frente a la familia *L-Φ_1*. Confío en demostrar en el futuro con más detalle estas afirmaciones.

24 Cf. Jacques Lemaire, *Introduction à la codicologie* (Louvain-la-Neuve: Université Catholique de Louvain, 1989), pp. 159–160, y Agustín Millares Carlo, *Introducción a la historia del libro y de las bibliotecas* (Madrid: Fondo de Cultura Económica, 1993), p. 58–59, práctica documentada desde antes de la época carolingia. Para Millares Carlo este procedimiento podría ser el precedente del sistema de *pecia* empleado en las universidades para acelerar la reproducción de los textos escolares autorizados.

25 Quiero agradecer a Paloma Cuenca Muñoz, de la Universidad Complutense, y a María Asunción Vilaplana, de la Universidad Autónoma de Madrid, la ayuda prestada y el examen paleográfico del manuscrito. A María Asunción Vilaplana le agradezco enormemente su revisión y corrección de la transcripción del fragmento de π que se incluye más abajo, y a Paloma Cuenca sus observaciones sobre los copistas participantes. Los errores que puedan haberse deslizado son, por supuesto, sólo a mí atribuibles.

26 Los editores de *GE2* (I, pp. XXVII–XIX) sostuvieron la existencia de siete letras distintas en el códice con la siguiente distribución que, obviamente, no suscribo: Letra *a*: ff. 1–23c, 36r–55v. Letra *b*: 23c–33v, 254r–277v. Letra *c*: 34r–35v, 115r–150v, 168r–242v. Letra *d*: 56r–78v, 82d–114r. Letra *e*: 79r–82d. Letra *f*: 151r–167r. Letra *g*: 243r–253v. Al igual que en otras ocasiones, no dieron la referencia de estos cambios en su edición.

27 El copista π_6 responsable del fragmento 9) es con toda seguridad el mismo que trabajó en los dos últimos cuadernos del fragmento 12): copia los títulos y los remata con una línea de puntos, prolonga el trazo de algunas letras (*f, s, r*) hacia abajo de la última línea de la caja, letra muy semejante.

También es seguramente el responsable de los dos primeros cuadernos del fragmento 12), porque también ellos se escriben los epígrafes con idéntico sistema, pero debe señalarse que extrañamente no tiene lugar la prolongación de los trazos de las letras habitual en π_6.

28   En otro lugar espero abordar una descripción codicológica más pormenorizada y justificada del manuscrito π.

29   Esta decisión se justificó en que 'o los copistas cambiaron de lectura mucho o representa este manuscrito una versión bastante corrompida. El texto es de valor muy desigual' (Solalinde *et al.*, 1957: XXVII, nota).

30   Tres de los cuatro pasajes de donde extrajeron las variantes corresponden a la situación I (son los fragmentos de I, pp. $28b_{30}$– $31b_{22}$, $110a_{19}$– $111b_{12}$, $239b_{16}$–$240a_{25}$) y sólo el cuarto y último se inscribe en la situación II (pp. $303a_5$–$304a_{37}$). Las variantes fueron analizadas conjuntamente.

31   Véase *supra* y nota 16.

32   La laguna de *R* comienza después de haber iniciado el cap. LXXXVI con las palabras: 'Andados diez annos del regno de Saul, començo Samuel a prophetar publicamente. Del onzeno et del dozeno non fallamos que dezir aqui. E so las estorias de los fechos que dichos son pasaron' (p. $292b_{22-27}$). Su texto continúa seguidamente con el del cap. LXXXIX (p. $295a_2$).

33   Introduzco puntuación, acentuación y distribuyo *u/v*, *i/j* e *y* de valor vocálico de acuerdo con el uso moderno.

34   Cf. Eusebi *Chronicorum Canonum* quae supersunt, edidit Alfred Schoene, (Eusebi *Chronicorum Libri Duo*, edidit Alfred Schoene, vol. II), Editio secunda lucis ope expressa, (Frankfurt am Main: apud Weidmannos, 1967), p. 59.

35   Aunque por razones de espacio aplazo para otra ocasión la reproducción de estos capítulos, no puedo menos que anunciar que π contiene: 1) Un capítulo en que se describen las características de las naves en que los griegos se desplazaron hacia Troya antes del primer enfrentamiento (al que correspondería el número DLXIIbis del Libro de los Jueces), copiado por π_6, ff. 103–4. 2) Otro capítulo dedicado a censurar la codicia a partir del *exemplum* de la culebra que devoró a ocho pajarillos y a su madre (debería haber recibido el número DCXIbis de Jueces), copiado por π_7 y un interpolador, f. 130. 3) Un tercer capítulo que añade algunos detalles sobre la toma de Troya basados en Ovidio (constituiría el DCXIIbis de Jueces), también copiado por π_7, ff. 130–31. 4) Un cuarto capítulo dedicado a mostrar las maldades de la magia 'de las suertes' (que constituiría el CXXXIbis del Libro I de los Reyes), transcrito por π_2, f. 249.

36   Aunque los dos testimonios omiten los versos latinos, no se comportan de la misma manera. *P* reservó sendos espacio en blanco para los textos latinos no transcritos, seguramente porque esperaba copiarlos en otro color (f. 134r*a* y *b*). En cambio, Φ_2 (f. 326r*a*) procede a copiar la traducción de los versos inmediatamente después de transcribir ese título, eliminando no sólo las oraciones latinas sino también las palabras que a continuación anunciaban la traducción de las mismas, conservadas, en cambio, en *P* (f. 134r): 'Estos viessos quieren dezir desta guisa en el lenguaie de Castiella,

e la razon es dicha esquentra la deessa Diana, e dize asi Bruco' (p. 272a$_{33-36}$), 'Estos viessos quieren dezir en el lenguaje de Castiella desta guisa. Diz la deessa Diana a Bruco' (p. 272b$_{32-34}$).

37   Otra posibilidad que no debe desecharse de antemano es la de que Φ_2 derive de *P* a través de un códice intermedio no conservado. Esa hipótesis resulta muy sugerente si atendemos al hecho de que sólo variantes de fácil y evidente enmienda son privativas de *P*, testimonio que en la inmensa mayoría de los casos lee conjuntamente con Φ_2, mientras que Φ_2 tiene por su parte abundantes errores particulares. El manuscrito *P* no pudo, sin embargo, ser su modelo directo ya que carece de la omisión que estaba obviamente en el antígrafo de Φ_2 y para cuya enmienda guardó un espacio en blanco en los ff. 330–331 (véase *supra*).

La Crónica de Alfonso X publicada por Ocampo y la Crónica General Vulgata

María del Mar de Bustos Guadaño
Universidad Autónoma de Madrid.

1   Noticia sobre Florián de Ocampo[1]

La *Estoria de España* de Alfonso X, a diferencia de otras obras literarias medievales, fue, probablemente, la que logró mayor difusión, según atestigua el cuantioso número de copias conservadas (más de un centenar). Pero el empuje definitivo que afianzó su fama lo recibió de su divulgación impresa, gracias a la edición que de ella hizo, en 1541, el historiador zamorano Florián de Ocampo.[2]

Fue Ocampo cronista oficial del emperador Carlos V, privilegiado cargo para el que fue nombrado en 1539, y que había supuesto el reconocimiento de su temprana e intensa dedicación al estudio de la historia de España. Su principal cometido consistía en escribir una nueva historia general de la Península, pues, a pesar de los intentos de algunos historiadores del siglo XV por elevar la dignidad histórica de una nación que pretendía hacer valer su hegemonía en Europa, nadie, desde el siglo XIII, se había ocupado de remozar los cimientos de la historia hispánica. Ocampo se dispuso a ello y elaboró un plan historiográfico grandioso, tanto por su dimensión temporal, como por su proyección espacial y por la diversidad de contenidos que pretendía abarcar. Para satisfacer tan ambicioso propósito, y alentado por el espíritu humanista que infundían los nuevos tiempos, se dedicó a compilar cuantas fuentes del saber histórico pudo allegar, acogiendo no sólo el incesante caudal de autores clásicos que nutrían la erudición humanística, sino recurriendo también a la documentación medieval, a la comprobación experimental de los datos extraídos de sus lecturas, o a la información adicional que obtenía de los vestigios arqueológicos, de la epigrafía o la numismática, disciplinas que habían renovado la orientación tradicional de la investigación histórica. Su obra, por tanto, iba adquiriendo proporciones enciclopédicas. Tanto fue así que sólo pudo escribir la historia primitiva de la Península, desde los orígenes hasta la muerte de los Escipiones, dividida en cinco libros, los únicos que alcanzó a publicar (1555).[3] Fruto escaso si se contempla el conjunto, pero todo un desafío para quien se preciara de historiador, pues era aquélla la época más oscura, la más difícil de historiar, a causa de la penuria de fuentes escritas, y que, sin embargo, constituía un período esencial, dado el afanoso empeño con que los pueblos europeos se aprestaban a buscar en sus orígenes las raíces de su identidad nacional.

No es este el lugar apropiado para juzgar la calidad del esfuerzo historiográfico de Ocampo, pero interesa destacar su competencia como historiador para valorar justamente su labor como editor de la crónica alfonsí.

2   Ocampo como editor

Lejos estaba Ocampo de sospechar siquiera el fracaso de su propia historia cuando, en 1541, cumpliendo con los requerimientos de los impresores zamoranos, se dispuso a preparar para la imprenta la *Crónica General* de Alfonso X. Obraba en su poder, por entonces, un manuscrito de la crónica alfonsí que tenía prestado de un licenciado amigo suyo, Martín de Aguilar, ya que, probablemente, lo iba a utilizar como fuente imprescindible de la historia que estaba escribiendo.

No gozaban de mucha estima las crónicas romances entre los eruditos de su tiempo, pero el historiador zamorano sentía gran aprecio por las obras del Rey Sabio, en general, y por su historia de España, en particular, según declara en el cálido elogio que le dedica en el prólogo del libro impreso. La crónica alfonsí conservaba su vigencia, entre otros méritos, porque 'fue siempre la más larga relación que los Españoles han tenido de sus hazañas'. Ninguna obra posterior había logrado, en su opinión, superar la bien trabada y copiosa información de la compilación alfonsí. Sin embargo, Ocampo, con clara conciencia de la aventajada edad que le había tocado vivir, no se libra del todo de los prejuicios humanistas, y se ve obligado a señalar las deficiencias que acusa la crónica medieval, sobre todo en la historia antigua, aunque no puede por menos que disculparlas

> porque no se pudo tener, en el tiempo deste señor rey, la copia ni el ayuda de los libros que tenemos agora, en esta claridad y luz de letras en que biuimos, para sacar dellos lo que nos pertenescía.

La misma salvedad aplica a su estilo, cuyo sabor arcaizante no agradaba al gusto contemporáneo, a pesar de reconocerle nobleza expresiva.[4]

No se limitó el juicio del historiador regio a estos comentarios generales sobre la crónica alfonsí, sino que estimó oportuno extenderlo a consideraciones concretas sobre la autoría y composición de la obra. Al final de la Tercera y de la Cuarta parte del libro impreso, incluyó dos notas dirigidas al lector, con el fin de explicar el carácter discrepante de la última sección –la historia castellana desde Fernando I– respecto de las anteriores. Apoyándose en el parecer de algunos eruditos, sostiene Ocampo que la elaboración de la historia alfonsí fue tarea colectiva encomendada por Alfonso X a sus cronistas, quienes dependían estrechamente de las directrices regias. Esta colaboración quedó interrumpida al morir el rey, y la historia no pudo ser concluida más allá de la historia de los reyes de León. Sus continuadores, en época de Sancho IV, ajenos ya a los criterios alfonsíes, heredaron los materiales de la compilación, pero no acertaron a ensamblarlos armónicamente, según muestra el torpe acoplamiento de las diversas fuentes, ni tampoco pusieron mayor cuidado en la selección de vocablos ni en el estilo, al que Florián de Ocampo no duda en calificar de tosco. Estas desigualdades notadas en la redacción suelen pasar inadvertidas –afirma el editor– pues es común la atribución de toda la obra a Alfonso X.

Estas conjeturas llegaron en algún momento a causar polémica, pero no tuvieron mayor eco hasta nuestros días, en que la crítica reciente, con más sólidos fundamentos, ha verificado, en términos generales, su hipótesis. Sin embargo, no llegó a sospechar el cronista de Carlos V que la obra editada estaba lejos de ser la auténtica redacción alfonsí, pues el códice que manejaba contenía una de las múltiples refundiciones que surgieron al amparo de *la Estoria de España*.

El texto impreso presenta una división cuatripartita: la Primera parte abarca la historia de los antiguos pobladores, la romana y la de los pueblos bárbaros; la Segunda se ocupa de la dinastía gótica, de sus orígenes y asentamiento en la Península; a los hechos de período astur-leonés se dedica la Tercera parte, mientras que la Cuarta comprende la historia castellana desde Fernando I a Fernando III.[5] Esta periodización histórica disiente de la concebida por Alfonso X, pero no es extraña a la tradición manuscrita de su *Estoria*, y por tanto, podría ser la original del códice de Aguilar. El desigual reparto de capítulos de cada parte, numerados independientemente, y los epígrafes que anuncian cada sección, los cuales contrastan, por su arcaísmo lingüístico, con las notas y el índice general de la obra añadidos por el editor, parecen indicar asimismo que la crónica impresa es fiel reproducción de su modelo.

Ninguno de los manuscritos conocidos de la *Estoria de España* se asemeja al de Aguilar, cuya pérdida parece irremediable, pero algunas formas lingüísticas del texto impreso nos permiten aventurar su fecha y procedencia. La conservación de arcaísmos (condicionales e imperfectos en -*ie* o el sufijo -*iello*) indicarían una fecha temprana de la copia, pero se registran también modernizaciones léxicas y gráficas (confusión *s/ss*, *h*- por *f*-, *y* vocálica en cualquier posición) que la retrasan probablemente hasta el siglo XV. Por otro lado, la presencia de variantes dialectales características del área leonesa sugieren que el escriba procedía del territorio comprendido entre las provincias de León, Zamora y Salamanca. Se trata de localismos como ciertas formas del paradigma del perfecto (-*iron* por -*ieron*; -*isse* por -*iesse*; *vinon, quison*) y el uso de los sufijos -*ança*, -*eza* con epéntesis de *i* (*desesperancia*, *fortalezia*), o el sufijo *-mento* sin diptongación (*dozentos*, *forçamento*), pero abunda, sobre todo, la sustitución de *l* por *r* en los grupos consonánticos (*frota*, *conprir*, *nobreza*, *ygresia*). Es preciso señalar que estas variantes son minoritarias respecto a las correspondientes formas castellanas, y la más frecuente, el cambio fonético *l* > *r* tiene muy desigual distribución a lo largo del texto: escasea en la Primera parte, y aumenta progresivamente hasta dominar en la Cuarta. Así pues, mientras que la conservación de formas arcaicas, las actualizaciones léxicas y gráficas y los dialectalismos avalan la existencia de un códice unitario, la irregular frecuencia de estos últimos advierten sobre la posibilidad de que un corrector, acaso el mismo Ocampo, hubiera intentado suprimirlos.

La intervención editorial del cronista de Carlos V es fundamental para evaluar la fiabilidad del texto impreso como testimonio cronístico. Si nos atenemos a la declaración de Ocampo, donde, con argumentos convincentes, manifiesta expresamente su fidelidad al original, parece que sus enmiendas debieron de ser muy puntuales y limitadas:

> ...yo tomé cargo de corregir algo de la inpresión en las horas solas que se pudieron escusar de mis estudios y escrituras. Lo qual se hizo con tanta fidelidad, que jamás consentí mudar el estilo ni la orden ni los vocablos antiguos del original que tuuimos: pues allen de ser especie de maldad trastrocar hazienda agena, mayormente siendo de letras, traen estas palabras antiguas magestad al negocio, donde quiera que vengan; y aun es buena parte de la estoria saber los vocablos y manera de hablar que nuestros antecessores tuuieron, para lo cotejar con la mejoría de nuestro tiempo (f. 1v)

Es cierto que no alteró el modo de expresión de la redacción alfonsí, pero, según sugerimos arriba, es posible que realizara algunas correcciones lingüísticas con el propósito de castellanizar el texto, eliminando todo color dialectal del manuscrito de Aguilar; e incluso cabe esperar que suprimiera erratas, o que restaurara lecciones erróneas debidas a descuido de la copia o deterioro del códice. Todo ello se ajusta a una mínima e imprescindible labor editorial. Sin embargo, una cala más profunda del texto editado, apoyada en el cotejo con otros manuscritos emparentados con la edición, desvela una corrección que sobrepasa los estrechos límites que, al parecer, se impuso el editor. A Ocampo, como historiador, le resultaba difícil aceptar los errores hallados en el original, precisamente en la historia antigua, período sobre el que él mismo estaba trabajando en su crónica y que, por tanto, conocía en detalle. El hecho de que la mayoría de enmiendas de carácter erudito se concentren justamente en dicha sección y, en cambio, menudeen en la historia gótica o falten en las partes siguientes, es prueba suficiente para atribuírselas al cronista zamorano.

En todo caso, las correcciones de Ocampo son menores, puntuales y asistemáticas, dada la extensión de la obra. El historiador se aplica preferentemente a depurar las escasas citas latinas que, junto a su traducción romance, ilustraban algún pasaje cronístico. Los avatares de la transmisión textual, así como el menguado conocimiento del latín de los copistas medievales, habían hecho irreconocibles tales fragmentos, y el editor no dudó en restaurar su forma original. Así, en la edición impresa llama la atención la impecable transcripción de versos y frases latinas, en comparación con la incomprensible algarabía que de los mismos ofrecen los manuscritos cronísticos, entre los cuales el manuscrito de Aguilar no sería una excepción. Tal es el caso del epitafio en dísticos elegíacos con que se pone fin a la bella traducción de la epístola ovidiana de Dido a Eneas (*PCG* c. 59), donde la crónica medieval atestigua una lección minoritaria de los mss. latinos de las Heroidas, cuyo sentido acoge la traducción castellana: 'Prebuit Eneas et causam mortis et ensem / ipsa sua Dido concidit icta manu ...Eneas dio espada e achaque de llano / por que Dido coytada se mató con su mano'.[6]

Esta misma versión del epitafio se transmitió a todos los mss. de la *Estoria de España*, sólo que deformada por la impericia de los amanuenses; así la debió de leer Ocampo en el códice de Aguilar y, al enmendarlo, no se preocupó de reconstruir los dísticos del texto alfonsí, sino que reprodujo, sin más, la versión de estos versos que contenía la variante más difundida: 'Prebuit Eneas et causam mortis et ensem / ipsa su[a] Dido concidit vsa manu'. (f. 29c$_{34-36}$)

Como no retocó en consecuencia la traducción, se produjo un desajuste entre el original latino y su traducción, pues *coytada* se explica por *icta*, no por *vsa*. Este es el modo de actuar respecto de las citas latinas: depuración lingüística y respeto absoluto a la traducción castellana.

Pero donde resulta más evidente la intervención erudita del editor zamorano es en la corrección de algunos topónimos y antropónimos de las dos primeras partes. Esta labor de perfeccionamiento contrasta, no obstante, con innumerables errores de transcripción, lo que, de nuevo, pone de manifiesto la arbitrariedad con que se hizo la revisión editorial. En todo caso, son atribuibles al editor aquellas variantes de la edición impresa que, apoyadas por la fuente latina correspondiente, se oponen a toda la tradición manuscrita, mientras que son de más incierta atribución aquellas otras en que la edición se enfrenta a los manuscritos de su propia familia, pero coincide con otras ramas textuales de la *Estoria de España*.

Ocampo, como editor, no siguió método filológico alguno, ni siquiera se interesó por procurarse otros manuscritos de la obra con que subsanar, no ya los pequeños errores, sino, especialmente, las muy extensas lagunas que el códice de Aguilar contenía en la Tercera parte. El carácter arbitrario de sus enmiendas demuestra que se dejó llevar por su libre inclinación, guiado por su juicio y erudición, pero sin sujetarse a un criterio determinado. Sus retoques precisos ponen de manifiesto la voluntad de renunciar a arreglos de mayor sustancia, que hubieran contravenido el firme principio de respeto al original expuesto en el prólogo.

3   La composición artificiosa de la obra impresa

Las divergencias que notó Ocampo entre la Cuarta parte de la Crónica de Alfonso X y las tres anteriores, se vieron confirmadas a la luz de la tradición manuscrita de *la Estoria de España*. El libro impreso estaba formado por dos obras heterogéneas de origen independiente que fueron copiadas conjuntamente en alguna etapa de su transmisión. El cronista zamorano debió de conocer el códice de Aguilar como texto unitario, pues no alienta Ocampo sospecha alguna sobre su integridad. Por otro lado, la uniformidad lingüística de la obra impresa, a pesar de las desigualdades advertidas, afianzan la hipótesis de haber sido su original transcrito por un mismo amanuense.

Posteriormente, algunos investigadores aportaron suficientes pruebas del diferente carácter de las varias secciones de la edición impresa. Pero fue Diego Catalán quien determinó con claridad la composición artificiosa de la edición ocampiana, estableciendo los vínculos textuales que la emparentaban con su representación manuscrita: desde el Prólogo hasta el fin de la dinastía leonesa, la edición se integra en una familia de textos, de los cuales ninguno contiene la Cuarta parte, de modo que ésta resulta ser un añadido, del que sólo se conserva otro testimonio, el ms. Q' (II-1877, Biblioteca del Palacio Real, Madrid), que comienza en Fernando I, y que no guarda relación con los anteriores. En consecuencia, Catalán resolvió designar como *Crónica General Vulgata* (CGV) y *Crónica ocampiana*, respectivamente, a estas dos secciones (O_1-ed. y O_2-ed.) de la edición de 1541.[7]

Estas dos tradiciones textuales no derivan directamente del arquetipo de *la Estoria de España* de Alfonso X. La CGV ensambla dos versiones de la *Estoria* alfonsí: la primitiva anterior a 1274 (o *regia*) y la *crítica* de 1282–1284. La *Ocampiana* se singulariza por combinar las redacciones de la *Versión amplificada de 1289* y la de la *Crónica de Castilla*.[8]

4   La tradición textual de la CGV

De la CGV se conocen siete testimonios: el ms. Sl (39, Caja de Ahorros de Salamanca), el ms. C (Y. I. 9, Biblioteca de El Escorial), el ms. H (10216, Biblioteca Nacional de Madrid), el ms. R (II-2038, Biblioteca del Palacio Real de Madrid) y el ms. F (829, Biblioteca Nacional de Madrid). La edición de Ocampo (O_1-ed) reproduce con fidelidad, como vimos, su original, el códice de Aguilar, hoy perdido. Tampoco nos ha llegado el ms. de la CGV que utilizó el anónimo autor de una refundición parcial de la misma – desde Alfonso IV a Vermudo III– conocida como *Vulgata Interpolada*, copiada en los fols. 410r–478v de otro ms. mixto V (1277, Biblioteca Nacional de Madrid); a esta sección del ms. la designaremos como V_2.

La relación textual entre los principales testimonios de la *CGV* quedó prácticamente fijada por Ramón Menéndez Pidal,[9] aunque sólo cotejó un escogido número de variantes correspondientes al relato sobre los Infantes de Lara. A partir de este muestreo, pudo determinar que el ms. C era, a pesar de los frecuentes errores y descuidos de su amanuense, el texto más próximo al arquetipo de la *CGV*, rango que compartía con V_2, el ms. de la *Vulgata Interpolada*, si bien no llegó a precisar el grado de parentesco entre ambos. Los mss. OHRF formaban otra familia, de carácter innovador, y por tanto más alejada del original, que se ramificaba en dos subfamilias en las que se emparejaban OH, por un lado, y RF, por otro, una vez desechada la descendencia mutua entre sus miembros. Esta filiación apenas ha experimentado cambios importantes. Sólo faltaba integrar en el *stemma* de la *CGV* al ms. Sl, descubierto en 1983, así como comprobar su validez en toda la extensión de la obra. El ms. Sl se ha revelado como el mejor testimonio del arquetipo de la *Vulgata*.[10] Se hermana con el ms. C, pero ofrece la inestimable ventaja de una más cuidadosa transcripción, aligerada de los múltiples errores de C. A la misma rama se incorpora V_2, pero no desciende del mismo prototipo que SlC, sino de otro hermano de aquél.

La *CGV*, pues, se ramifica en dos subarquetipos, el formado por SlCV_2, que es el más fiel al arquetipo, y el que agrupa a OHRF, los cuales, a su vez, se diversifican en dos subfamilias: la que constituyen SlC, por un lado, y V_2, por otro, y las representadas por OH y RF, respectivamente. Este sistema de relaciones textuales se mantiene inalterable en toda la Tercera parte. En las secciones anteriores se reduce la representación manuscrita de la crónica, quedando tan sólo las dos subfamilias OH y SlC, cuyo parentesco es el mismo que en la Tercera parte. De otro lado, los mss. R y F continúan hermanados, pero derivan independientemente de la *Versión regia* o *primitiva*, mediante un prototipo similar al ms. C (12837, Biblioteca Nacional de Madrid) de esa versión. Ahora bien, mientras que R utiliza dicho antígrafo hasta su empalme con la *CGV*, F lo sustituye antes por la *Estoria del fecho de los godos* (*EfG*), y sólo volverán a agruparse a partir del año 14° de Alfonso I.

De todos los testimonios de la *CGV* es la edición ocampiana la que conviene manejar con prevención. El texto impreso ofrece, en ocasiones, lecturas ajenas al arquetipo de la *CGV*, pero corroboradas por otras ramas de la tradición manuscrita de la *Estoria*, que son fruto de una esporádica colación de algún corrector que las interpoló en el texto de la obra, y así debieron de pasar al ms. de Aguilar. El responsable de tales enmiendas se basó, probablemente en un ms. de la *Versión vulgar-enmendada de 1274*, para mejorar algún pasaje defectuoso localizado en las dos primeras partes de la crónica, y acaso en otro de la *Versión crítica* en la Tercera parte. Esta circunstancia aconseja contrastar siempre estas variantes de la edición con el ms. H, al menos, para reconocer su procedencia.

5   Formación de la CGV, Datación aproximada

La *CGV* es una obra de composición facticia, creada mediante la unión de dos diferentes versiones de la *Estoria de España*: la *Versión regia* (1272–1274) y la *Versión crítica* (1282–1284). El acoplamiento de ambas redacciones se hizo coherentemente, sin interrumpir la sucesión ordenada del relato histórico. El autor de la crónica utilizó la redacción regia durante la historia primitiva, romana y gótica, pero deja de fundarse en ella a partir del reinado de Pelayo (*PCG*, c. 566), sustituyéndola entonces por la *Versión crítica*, su principal modelo en la historia astur-leonesa. El cambio de prototipo se produce en un lugar significativo, que adquiere la condición de frontera histórica, entre la época anterior y posterior al dominio árabe de la Península. Esta circunstancia parece obedecer a causas materiales: el formador de la *Vulgata* habría recurrido al texto crítico por interrumpirse el ms. de la *Versión regia* en el límite señalado. La misma razón justifica el final de la *CGV*. Su prototipo crítico, al igual que otros descendientes de la misma versión, incluía, al acabar el reinado de Vermudo III, una nota que anunciaba la continuación de la historia con una Cuarta parte: 'Aquí se acaba la terçera parte deste libro que fabla de la Estoria de España, e comiença la quarta parte, en que comiença a contar de los ayuntamientos de Castiella e de León cómo fueron ayuntados de so un con el rey don Ferrando el Magno' (f. 269v). Es claro, por tanto, que al códice usado por el autor de la *CGV* le faltaba esa sección, a diferencia del que dispuso el autor de la *Crónica de veinte reyes* (*CVR*) quien, tras el anuncio de la nueva parte, prosigue la narración de la historia castellana sin interrupción.

No hay otros indicios externos que permitan averiguar el final y el comienzo de los códices supuestos, pero en los mss. SlC de la *CGV* queda huella de un añadido característico del códice regio alfonsí E₁, hecho que permite conjeturar la fecha de composición de la refundición . El viejo ms. del *scriptorium* alfonsí fue reformado en tiempos de Alfonso XI. Sus dos últimos cuadernos se incorporaron a un segundo volumen regio, escrito en la corte de Sancho IV, y se añadieron las remisiones correspondientes a cada volumen, además de otros retoques.[11] De los descendientes de E₁, unos son copias anteriores al arreglo y otras posteriores. La *CGV* se incluye entre estos últimos. Ni la edición ocampiana ni el ms. H, muestran conocer el final artificioso de E₁, aunque H inicia una nueva numeración de capítulos en el reinado de Pelayo; los mss. SlC, en cambio, añaden una remisión que parece inspirada en la del códice reformado:[12] 'e torrnó a Cordoua la silla del rreynado e la corte de los alarabes, la que ante era en Seuilla, *segunt más conplidamente en la Corónica de Castilla lo fallaredes, e de lo que acaesçió en su tienpo mismo'*. (Sl, f. 265b; C, f. 198b)

Se tiene noticia de que el ms. alfonsí E_1 aún conservaba su factura original (E^1 *orig.*) en 1321, mientras que en 1344, el cronista de Alfonso XI, Fernán Sánchez de Valladolid, lo describe ya bajo su forma actual.[13] Según estos datos, por tanto, la CGV no pudo ser escrita antes de 1321, y seguramente debió de componerse a mediados del siglo XIV, quizá después de 1344. Esta datación concuerda con los rasgos peculiares que tiene la CGV en el relato de los Infantes de Lara. Introduce allí ciertos pormenores, ajenos a los demás mss. de la *Estoria*, basados, al parecer, en la refundición de la Gesta de los Infantes, que Menéndez Pidal supone alcanza su mayor difusión en la segunda mitad del siglo XIV.[14]

6   Caracterización de la CGV

El parentesco de las dos primeras secciones cronísticas de la CGV con la *Versión regia* está fuera de toda duda, puesto que hereda todos los defectos característicos de dicha versión, y en ningún caso supera sus lecturas. Por otro lado, desconoce las innovaciones, así como las mejores lecturas que ofrecen, alternativa o simultáneamente, las demás redacciones de la *Estoria*: la *vulgar*, la *enmendada de 1274* y la *crítica*.

Entre los diferentes descendientes de la *Versión regia*, la CGV se integra en el grupo que deriva directamente del códice del *scriptorium* alfonsí E_1, del que copia todos sus errores. Por otro lado, no contiene las variantes que singularizan a las familias de mss. emparentadas con E_1, de modo que se configura como familia independiente, con defectos propios, generalmente descuidos de copia, y ciertas variantes novedosas, poco relevantes en general, aunque significativas en cuanto que manifiestan los hábitos refundidores que unifican su redacción.

La variante más destacable que aporta la CGV se registra en la historia gótica. Allí, en el excurso sobre los antepasados de los godos, todas las versiones de la *Estoria* coinciden en atribuir a Hércules la muerte de Pentesilea, reina de las amazonas, durante la guerra de Troya, a pesar de que en la historia del Toledano, fuente del episodio, aquélla muere a manos de Aquiles.[15] Pero la CGV, que copia literalmente el mismo relato, no cita a ninguno de los héroes griegos mencionados, sino que los sustituye por Pirro, el hijo de Aquiles, a quien en realidad correspondía tal hazaña: '...pero en cabo matóla Pirro, fijo de Archiles, e a muchas de sus dueñas'. (f. $148a_{11-21}$)

Esta familiaridad del autor de la CGV con la leyenda troyana se corresponde bien con la difusión que ésta había alcanzado en la segunda mitad del siglo XIV,[16] fecha supuesta de la composición de la CGV, gracias a las varias traducciones que se conocían ya en esta época. Pero también revela el interés más general que mostraba el autor de esta refundición por los relatos literarios, cuyos detalles aprovecha para interpolarlos en la narración histórica.

En la historia astur-leonesa, la relación de la *CGV* con la *Versión crítica* resulta más problemática. El parentesco entre ambas fue determinado por Menéndez Pidal, Cintra y Catalán en diversos fragmentos de la Tercera parte, cuando la *CGV* se tenía por un representante fiel de la redacción crítica, y más completo en algunos trechos, a pesar de sus graves defectos. Esta consideración del texto de la *Vulgata* se vio radicalmente alterada desde que se dio a conocer el ms. Ss (ms. 40, Caja de Ahorros de Salamanca). Los estudios de Inés Fernández-Ordóñez,[17] basados en este códice, han supuesto un avance fundamental en el más preciso conocimiento de la *Versión crítica*. Esta refundición del texto primitivo de la *EE*, escrita entre 1282–1284, es obra de un cronista anónimo, probablemente vinculado a la corte alfonsí. Buen conocedor del método historiográfico de los cronistas de Alfonso X, dispuso también de los materiales de la compilación. Basándose en criterios afines a los de sus predecesores, inculcó a la obra un renovado enfoque ideológico y estilístico, pero, sobre todo, acometió una profunda reorganización estructural del texto, especialmente intensa en pasajes relativos a Al-Andalus y en los relatos épico-legendarios, guiado por un afán de rigurosa coherencia cronológica y narrativa que había echado en falta en el texto original. Utilizó, además, un antiguo prototipo de la *Estoria de España*, anterior al que compartieron las *Versiones concisa* y *amplificada* (o la *regia* y *la vulgar y enmendada* en la sección precedente) que, en ocasiones, conserva lecturas más fieles a las fuentes, al tiempo que desconoce las innovaciones añadidas en etapas posteriores. En este aspecto, la *VC* es, por tanto, un testimonio indispensable para la reconstrucción del arquetipo de la *EE*.

La *CGV* hereda las reformas características de la *VC* a lo largo de toda la Tercera parte –según he comprobado–, lo que indica que fue esta redacción el modelo básico que utilizó su formador. Pero no el único. Según ha demostrado Inés Fernández-Ordóñez, la *CGV* completó la redacción crítica con la primitiva o *concisa*, mediante un texto emparentado con la subfamilia TGZ de dicha versión.[18] La colación no se hizo regularmente, pues sólo se detecta a partir del reinado de Ramiro III, ni tampoco parece ajustarse a un criterio determinado. Es clara la voluntad del cronista de enriquecer el relato histórico cuando nota la ausencia de información sustancial. Tal es el caso de los relatos sobre el Vado de Cascajar y la Condesa traidora, referentes al conde Garci Fernández de Castilla, episodios que no figuraban en el arquetipo crítico y que, por tanto, hubo de suplir con la *Versión concisa*. Un propósito semejante le lleva a combinar ambas redacciones en la historia de los Infantes de Lara, sustituyendo asimismo la *VC* por su fuente secundaria, para incorporar los pasajes que faltaban en aquélla, como la hospitalidad que prestan Viara y Galve a los infantes (*PCG* c. 742), el diálogo entre Gonzalo Gustios y Almanzor en la prisión (c. 743) o la arenga que

Mudarra dirige a sus vasallos, antes de partir hacia Castilla (c. 751). En otras ocasiones el objeto de la colación no es añadir nueva información, pues se empalman las dos versiones incurriendo en repeticiones que finalmente no se eliminan, como se puede observar en el siguiente párrafo sobre la persecución de los condes traidores por el rey Sancho de Navarra:[19]

> E los traidores fijos del conde don Vela, quando *lo* sopieron, fueles muy gran mal, e *pesóles mucho con ellos*, ca bien entendieron que non venían por ál sinon por vengar la muerte del ynfante don Garçía. *E Yéñigo Vela dixo estonçes contra los hermanos: "Digo vos que éstos non vienen por ál sinon por vengar la muerte del ynfante Garçía".* (f. 274a$_{9-17}$)

No fue, en definitiva, muy diligente el corrector que introdujo estas interpolaciones en el manejo de ambos prototipos, pues dio lugar a incongruencias graves en el orden de los sucesos. Así sucede cuando, tras concluir la historia de los infantes de Lara, acude de nuevo a la *Versión concisa*, sin advertir las discrepancias cronológicas de las redacciones que combinaba, lo que le hizo anticipar inconsecuentemente el capítulo que trataba de las campañas de Abdelmelic, hijo y sucesor de Almanzor (*PCG* c. 756), postergando el capítulo que le debía preceder, pues en él se narraba la última batalla de Almanzor en Calatañazor y su muerte (c.755).

Estas interferencias textuales han dificultado la filiación de la *CGV*, sobre todo desde el reinado de Alfonso IV, donde la *VC* cuenta con otros dos representantes: *la Estoria del fecho de los godos* (*EfG*),[20] texto mixto que alterna y combina la redacción crítica (*L*) con el *Toledano romanzado*, y la *Crónica de veinte reyes*. Aun así, se confirma el parentesco de la *CGV* con la *EfG*, que derivan del mismo prototipo crítico, igual que en la sección inmediatamente anterior, donde la *VC* sólo contaba con otros dos mss., Ss y L (1289, Biblioteca Nacional de Madrid). Este último ms. se hermana con la *EfG* (*L*), que se interrumpe en el reinado de Alfonso II por mutilación.

Además del recurso a la contaminación, la *CGV* se caracteriza por otras innovaciones singulares. Entre ellas sobresalen las adiciones de algunos pormenores incorporados a los episodios de raigambre literaria. Así, el autor de la *CGV* muestra interés por las leyendas carolingias, según manifiesta en su propósito de completar la lista de los pares de Francia muertos en Roncesvalles, o en la precisión sobre la ascendencia novelesca de Mainete. Una inclinación semejante siente por la historia de los infantes de Lara donde, además de aprovechar el texto de la redacción primitiva para completar el de su prototipo crítico, incluyó también, por cuenta propia, aclaraciones o detalles novedosos que debía de conocer a través de la refundición del Cantar de los infantes del siglo XIV. Por ejemplo, identifica a la madre de Mudarra como hermana de Almanzor, aunque no revela su nombre, o destaca el parecido entre Gonzalo González, el menor de los infantes y Mudarra, motivo recurrente en la Segunda Gesta.

Incluso en puntualizaciones menores resuena el eco épico, como en la presentación de Nuño Salido, ayo de los infantes: 'un cauallero *muy leal, e muy sabidor en catar aues, e otras cosas muchas e buenas*' (f. 261c₄).²¹ En la prosificación del *Poema de Fernán González* (PFG), retiene versos del poema sin paralelo en los demás testimonios:

> e el conde non pudo yr de bestia por la montaña, *que era muy espesa*, e óuose de apear, *e arrendó (ató las rriendas del freno SlCV₂) el cauallo a un árbol, por que non sel' fuesse el cauallo; e por do entró el puerco, fuese por y adelante*; e entró por la ygresia, e llegó al altar, allí do yazie el puerco. (f. 241b₂₈₋₃₄)²²

Por otro lado, ya vimos cómo el autor de la *CGV* había rectificado la versión de la muerte de Pentesilea de acuerdo con la leyenda troyana. La simpatía por los personajes míticos de la antigüedad reaparece en una digresión moralizante sobre los perjuicios de la molicie, basada en el *PFG*, donde se invoca el ejemplo de tres famosos héroes –Alejandro, Judas Macabeo y Carlomagno–, catálogo que la *CGV* amplía, mencionando a otra tríada heroica igualmente célebre:

> E non cuentan de Alixandre los días nin los años, mas los buenos fechos e las cauallerías que fizo; e otrosí de Judas Macabeo, e del enperador Carlos, e de otros muchos que por los sus buenos fechos que fizieron serán mentados fasta la fin del mundo. *E otrosí de Héctor e de Archiles nin del rey Tolomeo, que nunca fueron alabados por dormir nin por estar en grandes viçios, nin por comer buenos comeres, nin por vestir buenos paños.* (f. 244a₁₂₋₂₄)²³

Como se puede inferir de los pasajes comentados, es improbable que el autor consultara fuentes auxiliares, dada la naturaleza de las interpolaciones efectuadas, las cuales revelan sencillamente su afición literaria. Asimismo parece infundada una segunda versión que ofrece la *CGV* sobre la muerte del rey godo 'Cindasuindo', o al menos no se corresponde con una fuente conocida: 'estando en Toledo, diol' Dios vna gran enfermedad, e murió *de su muerte natural, pero algunos dizen que le dieron ponçoña e que deso (desa O) murió*' (f. 184d₅₋₉). En otro lugar, donde se contaba cómo los franceses, huyendo de los moros, se ahogaron en el Ródano, y sus cuerpos, arrojados por el río, fueron allí mismo sepultados, la *CGV* introduce una acotación, bajo la apariencia de testimonio comprobado: 'e oy en día paresçen y las sepulturas dellos, *e veenlas los que quieren e por y pasan, por aquella ribera do es aquel lugar*' (f. 214b₆₋₈).²⁴

Otro tipo de adiciones consiste en breves juicios o valoraciones de hechos y conductas. La bondad de Recaredo o la clemencia de Bamba son virtudes regias que al autor de la *CGV* le importa realzar. Del primero se dice que levantó el destierro de los arzobispos '*por lo qual fue tenido por bueno este rrey Recaredo de los godos*' (ms. C, f. 168d) y del segundo, que concede la libertad a los nobles que habían luchado en el bando del traidor Paulo, destaca su actuación ejemplar: '*en lo qual fizo este rey Bamba según rey derechero deuie fazer*' (f. 191d$_{4-5}$); antes había defendido también su derecho a expulsar a los gascones '*desonrradamente, ca ellos meresçían esto, e mucho más, por la trayçión que fizieran (-ron O)*' (f. 187d$_{32-35}$). La mayor reprobación merece, en cambio, el rey Fruela I, cuya ignominiosa muerte a manos de sus vasallos juzga como castigo de la Providencia por el fratricidio que había cometido, de modo que tras dar noticia de su muerte, añade: '*E el rey don Fruela assí fizo enmienda del su pecado, por el juyzio de Dios que vino sobre él, según en la su muerte se demostró*' (f. 221b$_{10-13}$).[25]

Una comedida voluntad literaria aflora en la refundición del discurso que realiza el cronista, recurriendo habitualmente a la amplificación. Con esta técnica pretende resolver ambigüedades, especificando, por ejemplo, la identidad de los sujetos que actúan, o deslindando acciones que por ser superfluas se consideran sobreentendidas, según muestra este fragmento de la prosificación del *PFG*:

> E después que don Nuño Layn ouo dicho esta razón, plogo a todos con ella, e otorgaronse y *todos, e dixeron* que era bien *todo* quanto auie dicho, e que era muy buen acuerdo. *E embiaron luego por maestros,* e fizieron luego *fazer* la ymagen. *E después que fue fecha a la figura del conde*, pusieronla en el carro, así como lo auían dicho. *E caualgaron todos*, e metieronse al camino. (f. 250b$_{45}$–c$_8$)[26]

También se retocan los diálogos, a veces repitiendo frases dichas previamente, como en las palabras que doña Sancha dirige al conde Garci Fernández: 'Amigo, ¿qué ome sodes o de qué linage venides, *vos que dezides que sodes más fidalgo quel señor desta tierra*?' (f. 254c$_{32-34}$), donde se retoma lo que Garci Fernández había respondido a la doncella enviada por la condesa : '...yo vos mostraré en cómo só fidalgo más que non es el señor de aquesta tierra' (f. 254a$_{20-22}$).[27] Otras veces, en cambio, el cronista recrea libremente las escenas dialogadas. Entre ellas destaca la súplica de Diego González a Ruy Velázquez, cuando los infantes de Lara se ven abocados a una muerte segura por la traición de su tío.

> Ellos, estando allí, ouieron su acuerdo de embiar pedir treguas a Uiara e a Galue, fasta que lo fiziesen saber a su tío Ruy Velásquez, si los querie venir acorrer, o si non. E así lo fizieron. E los moros diérongelas *de grado. E estonçes embiaron allá a Diego Gonçález, e dixeronle que fuese a Ruy Velásquez; e él fizol así. E Diego Gonçález, quando llegó,* díxole *lo que le embiauan dezir sus sobrinos. E quandol oyó Ruy Velásquez díxol: "Non sé qué vos dezides". E Diego Gonçález le dixo*

otra vez: "Non se vos oluide, don Rodrigo, e sea la vuestra mesura que nos vayades acorrer (ayudar SlCV₂), ca mucho nos tienen los moros en muy gran quexa además, ca ya nos mataron a Ferran Gonçález, vuestro sobrino, e a los dozientos caualleros que trayamos. *E si por nos non lo queredes fazer, fazedlo por lo de Dios, e lo ál porque somos christianos e vuestros naturales de Castiella"*. (f. 246c$_{31}$–d$_5$)[28]

El cronista recurre igualmente a la amplificación con el propósito de justificar el sentido de algunas acciones, de sus circunstancias o consecuencias, o para anticipar hechos que considera relevantes:

- [Fernán González] non quiso matar el puerco, *maguer que estaua en logar que lo podiera él muy bien fazer* (f. 241b$_{35}$)
- [los castellanos] fueronse para sus lugares *a librar cada uno sus faziendas e a fazer su pro* (f. 248a$_{41-43}$)
- e moró y dos años *en esa tierra, pero que este Mahomad quebrantó el juramento que fiziera* (f. 230b$_{31-33}$)
- [Nuño Salido] tornóse para los infantes, *e fue con ellos e estudo fasta que prendió muerte y con ellos* (f. 263c$_{31}$)
- e aquella sazón era cabeça del condado Najara, *e aquélla era en aquel tienpo muy gran cosa* (f. 274b$_{27-30}$)[29]

La aplicación mínima de este procedimiento de ornato es la duplicación o triplicación de miembros de una frase, generalmente mediante la sinonimia, aunque no faltan ejemplos de bimembración de términos complementarios:

- e fiamos otrosí en la Virgen Santa María que seremos saluos, *e seguros*, e libres por el ruego della (f. 208c$_{35-37}$)
- don Gascón, visconde de Bearte, el que ouo despues castiellos *e villas* e heredamientos en Aragón (f. 227d$_{4-6}$)
- e bien vemos que somos en muy gran saña contra vos, porque vos nos dades esta cuyta *e este quebranto* tan grande (f. 248d$_{42-44}$)
- puso el rey don Ordoño aras e cruzes, e cáliçes, e ençensarios, *para las fiestas e para cada día*, e de todas las otras cosas que ay conuenían (f. 239b$_{1-5}$)[30]

Tanto las adiciones y glosas como las reformas estilísticas, aunque son más habituales en la Tercera parte, se producen en toda la redacción cronística, independientemente de cuál sea el modelo utilizado en cada sección, de modo que la refundición textual tuvo que ser simultánea o, en todo caso, posterior a la fase de colación de textos que hemos descrito.

La *CGV* es también objeto de otros arreglos relativos a aspectos más propiamente historiográficos. Por un lado, se interpolan sincronías, normalmente el año de la hégira y del pontificado, en los casilleros cronólogicos, allí donde la *Estoria de España* prescindía de ellas, pues sólo se consideraban pertinentes en los comienzos de reinado. Las fechas consignadas, salvo alguna excepción, son correctas, hecho sorprendente por cuanto que la obra acusa serias deficiencias en las secuencias cronológicas, provocadas por las extensas omisiones. Dichas deficiencias, por otro lado, se intentaron disimular insertando, donde convenía, los párrafos formulares mediante los que se excusaba la falta de noticias reseñables durante un período determinado, de manera que los saltos temporales y narrativos sólo se pueden detectar en el cotejo con otros manuscritos. Ambos procedimientos son incompatibles, pues no es posible la reconstrucción coherente de las sincronías a partir de las cronologías conservadas, así que sólo cabe suponer que cada uno corresponde a una etapa diferente de la transmisión del texto.

Esta hipótesis resulta la más cabal para dar cuenta conjunta de dos características de la CGV aparentemente inconciliables: la colación y las omisiones. En la CGV faltan buen número de capítulos en su Tercera parte –medio centenar aproximadamente– así como otros fragmentos de variable extensión. Las lagunas se detectan a partir del año 6º de Alfonso III en adelante, siendo los más perjudicados por esta pérdida los reinados de Alfonso III, Ramiro II y Alfonso V, además de la omisión de todo el reinado de Fruela II.

Las supresiones no parecen intencionadas, ni tampoco están condicionadas por la categoría de las fuentes compilatorias (eruditas o poéticas), aunque, por lo general, los relatos épico-legendarios se han conservado mucho mejor que la materia referente a la historia andalusí y extrapeninsular (imperio y pontificado), que sufre mayor deterioro. Esta última solía ocupar un lugar fijo en la composición, a final de capítulo, lugar que, como veremos, es particularmente sensible a la deturpación. Para subsanar los vacíos de contenido, no sólo se recompuso artificiosamente la secuencia temporal de cada reinado, añadiendo las fórmulas pertinentes para justificar los cambios cronológicos, sino que incluso se llegó a reducir su duración (Ordoño II, Ramiro II, Ordoño III).

La configuración de algunas lagunas textuales resulta desconcertante y desafía los supuestos más razonables. A menudo faltan capítulos consecutivos o sus finales, lo que parece indicar la existencia de un prototipo mutilado, pero otras veces se conservan párrafos o capítulos aislados limitados por amplias lagunas, que difícilmente se explican por deterioro material. Valga como ejemplo la estructura del reinado de Ordoño II. De su primer año se suprime la cronología a partir de la era, pero se conserva el resto del capítulo; se pierden los dos capítulos siguientes de los años 2º y 3º ; del año 5º nada falta, salvo pequeñas omisiones, pero luego se omiten los capítulos correspondientes a los años 6º, 7º y casi todo el del 8º último del reinado, del que sólo queda un párrafo final de 9 líneas. Esta última omisión equivaldría a la pérdida de un folio. Tras acabar el reinado con la muerte de Ordoño II, vuelve a aparecer una extensa laguna, que abarca todo el reinado de Fruela II, y que supondría también la pérdida de otro folio completo. Así pues, el capítulo del año 5º y el fragmento del año 8º, quedan enmarcados entre amplias lagunas textuales. Otros capítulos de la crónica pudieron suprimirse por descuido del amanuense, pues sus comienzos son tan similares que es fácil que se produjeran saltos de vista entre los mismos. También en algún casos la supresión pudo ser voluntaria.

Aprehender, sin embargo, en un solo acto de refundición hechos tan dispares como la contaminación textual, cuyo fin es completar o enmendar la información, y las omisiones extensas, resulta, ciertamente, incongruente. La hipótesis más lógica que permite conciliar ambos extremos exige que se atienda a dos estados de transmisión sucesivos. En primer lugar, se debió de proceder a la colación de textos, a pesar de que el responsable de la misma no fuera muy hábil en su tarea, al incurrir en repeticiones innecesarias y descuidos en la combinación de prototipos. Quizás quepa atribuir al mismo cronista la adición de sincronías y la refundición del texto, pues obedecen a un fin semejante. Posteriormente, esta redacción sufrió una considerable deturpación, causa de las lagunas, pero fue recopiada por otro amanuense que transcribió seguidamente el texto y lo amañó para paliar sus carencias. Esta explicación es la única que resuelve el contrasentido de no haberse completado la narración histórica si se disponía de una fuente complementaria.

La obra publicada por Ocampo no era, pues, la versión más autorizada de la *Crónica General de España* de Alfonso X. Su composición artificiosa, creada mediante la mixtura y colación parcial de versiones, su endeble estructura, mermada por la gran pérdida de capítulos y fragmentos, así como el frecuente recurso a la amplificación, muestran un avanzado estado de refundición que, por otro lado, confirma su tardía fecha de composición. Aun así fue esta crónica, en su forma impresa, la que, favorecida por el prestigio que le reportaba su regio autor, gozó del favor de eruditos y poetas, y del público en general, de las sucesivas generaciones, lo que, en definitiva, contribuyó a su perduración y celebridad en los siglos venideros.

NOTAS

1   Con el fin de no hacer enojosas las anotaciones, remito aquí a mi tesis doctoral, del que este artículo es, en parte, un extracto: María del Mar de Bustos, *La Crónica General Vulgata. Estudio y edición crítica (Tercera Parte, acompañada de la Vulgata Interpolada).* Tesis doctoral (Madrid: Universidad Autónoma de Madrid, 1994). Por otro lado, en las notas se recogen los principales estudios que conciernen a la *Crónica General Vulgata* y a su relación con la tradición historiográfica alfonsí.

2   *Las quatro partes enteras de la Cronica de España que mando componer*

el Serenissimo rey don Alonso llamado el Sabio...Vista y emendada mucha parte de su impresion por el maestro Florian d'Ocampo. Cronista del emperador rey nuestro señor (Zamora, 1541). La citaremos en adelante como O.

3 F. de Ocampo, *Crónica General de España que recopilaba el maestro Florián de Ocampo, coronista del rey nuestro señor don Felipe II*, I–II, ed. de Benito Cano (Madrid: 1791).

4 Las citas de Ocampo en el prólogo de la edición impresa: *Letra a don Luys de Stuñiga y Auila*, f. 1v. Añado la puntuación para mayor claridad en la lectura de los textos antiguos.

5 Después de la *Letra a don Luis de Avila*, da comienzo la crónica con el Prólogo regio (ff. 2–3); siguen luego cada una de las partes: I (ff. 3–145), II (ff. 145–204), III (ff. 204–79b), IV (ff. 279c–426), y al final se halla un Sumario añadido por el editor, y el colofón (f. 427).

6 Alfonso X, *Primera Crónica General de España*, ed. de Ramón Menéndez Pidal (Madrid: Seminario Menéndez Pidal y Gredos, 1977). La citamos siempre como PCG: c. 59, p. 43b$_{51-55}$. Si no se advierte explícitamente en el texto, las citas de la CGV, se remiten a la edición impresa.

7 D. Catalán, *De Alfonso X al conde de Barcelos. Cuatro estudios sobre el nacimiento de la historiografía romance en Castilla y Portugal* (Madrid: Gredos, 1962), pp. 190–193.

8 Sobre las características de la *ocampiana* véase D. Catalán (1962), pp. 333–5 y *La Estoria de España de Alfonso X. Creación y evolución* (Madrid: Fundación Ramón Menéndez Pidal y UAM, 1992), pp. 221–4, 288–91, 308–13; Luis F. Lindley Cintra, *Crónica Geral de Espanha de 1344* (Lisboa: Academia Portuguesa da História, 1991), I, pp. 210–28 y 303–8.

9 R. Menéndez Pidal, *La leyenda de los Infantes de Lara, Obras completas*, I (Madrid: Espasa Calpe, 1971³), pp. 404–5, 409–10; véase también *Crónicas Generales de España. Catálogo de la Real Biblioteca* (Madrid: Blas y Cia., 1918³), p. 132.

10 Mª. del Mar de Bustos, *El manuscrito Sl de la Crónica General Vulgata y la Estoria de España alfonsí*. Memoria de licenciatura (Universidad Autónoma de Madrid, 1985).

11 Véase D. Catalán, *De Alfonso X*, pp. 32–38, y más pormenorizadamente en *De la silva textual al taller historiográfico alfonsí. Códices, crónicas, versiones y cuadernos de trabajo* (Madrid: Fundación Ramón Menéndez Pidal y Universidad Autónoma de Madrid, 1997), pp. 34–41.

12 'et torno a Cordoua la siella del regno et la corte de los alaraues, la que ante era en Seuilla. Et de commo regno este rey don Pelayo et los otros reyes que fueron en Leon, en comienço del libro de la Coronica de Castilla lo fallaredes'. (*PCG*, c. 565, p. 320b$_{8-11}$).

13 D. Catalán, *La estoria*, p. 46 n 10 y *De la silva*, pp. 260–62.

14 Menéndez Pidal, *La Leyenda*, pp. 22–37 y p. 70.

15 "Tandem ibidem cum multis ex suis ab Achille dicitur interfecta", I, 12 en *Opera praecipua Complectens, PP. Toletanorum quotquot extant Opera*, III (Madrid: Ibarra, 1793).

16   Véase Fernando Gómez Redondo, *La prosa del siglo XIV* (Madrid: Júcar, 1994), pp. 86–104.

17   Inés Fernández-Ordóñez, *La Versión crítica de la Estoria de España. Estudio y edición desde Pelayo hasta Ordoño II* (Madrid: Fundación Ramón Menéndez Pidal y UAM, 1993). Desde Fruela II en adelante, se ocupa también del ms. Ss y de la *Versión crítica*, M. de la Campa, *La Crónica de Veinte Reyes y las versiones crítica y concisa de la Estoria de España: Ediciones críticas y estudio*, Tesis doctoral (Universidad Autónoma de Madrid, 1995).

18   I. Fernández-Ordóñez, *Op. Cit.*, pp. 65–114 y 286–91.

19   Utilizo la cursiva para señalar las frases tomadas de la *Versión concisa*. Cfr. *PCG*, c. 789, p. $472a_{26-31}$.

20   Ed. del ms. D (9559, Biblioteca Nacional de Madrid) en *Crónica de España del arzobispo Rodrigo Jiménez de Rada. Tradújola en castellano y la continuó hasta su tiempo don Gonzalo de la Hinojosa*, CODOIN, vols. 105–106 (Madrid: J. Perales, 1893).

21   Destaco en cursiva las adiciones propias de la *CGV*. Cfr. *PCG*, c. 736, p. $431b_{4-5}$.

22   'Non pudo por la peña el conde aguijar; / sorrendó el cauallo, óuose d'apear, / por dos' metió el puerco, metiós' por es' lugar, / entró por la ermita, llegó fastal' altar' (e. 229). ed. de Menéndez Pidal, *Reliquias de la poesía épica española* (Madrid: Seminario Menéndez Pidal y Gredos, 1980).

23   Cfr. *PCG*, c. 696, p. $398b_{19-31}$.

24   Cfr. *PCG*, c. 506, p. $200a_{50}–b_2$, y c. 583, p. $332b_{5-6}$.

25   Cfr. *PCG*, c. 474, p. $263b_{42}$; c. 522 p. $292a_{44}$ y c. 515, p. $285b_{14}$; c. 600, p. $343a_{46}$.

26   Cfr. *PCG*, c. 712, p. $415a_{2-6}$.

27   Cfr. *PCG*, c. 731, p. $428a_{15-16\ y\ 4-6}$.

28   Cfr. *PCG*, c. 742, p. $439b_{18-29}$.

29   Cfr. *PCG*, caps. 690, p. $393b_{13-14}$; 709, p. $410a_{28-29}$; 625, p. $358a_{19-20}$; 739, p. $437a_{23-24}$ y 790, p. $473a_{10-11}$.

30   Cfr. *PCG*, caps. 568, p. $323a_{33-35}$; 623, p. $356a_{31-33}$; 709, p. $411b_{41-43}$ y 673, p. $385a_{34-37}$.

Para una teoría de la historiografía de ámbito universal en la Edad Media: notas sobre su caracterización como relato

Juan Carlos Conde
Universidad Complutense de Madrid

Dentro de la predilección que la cultura y las letras medievales mostraron hacia el cultivo de la historiografía, es indudable que la historiografía de ámbito universal –aquella que toma como objeto historiable la historia del mundo en su totalidad– es, durante muy buena parte de la Edad Media occidental, uno de los tipos de relato historiográfico a los que muchos y muy importantes autores otorgaron una importancia preferente. Desde Isidoro a Alfonso X, pasando por Lucas de Tuy; desde Eusebio de Cesarea a Vicente de Beauvais, pasando por Pedro Coméstor o Brunetto Latini, muchos son los nombres de los autores que deben forzosamente inscribirse en la relación canónica de los cultivadores de la historiografía de ámbito universal, y, como la mínima relación expuesta pone de relieve, en ese canon de autores y obras no faltan nombres procedentes de la Península Ibérica.

No puede decirse, ni mucho menos, que en términos generales ámbito tan importante como el de este tipo de obras historiográficas haya sido desatendido por la crítica, ni en la globalidad del ámbito europeo ni en la particularidad del caso ibérico.[1] Sí tal vez pudiera hacerse la salvedad de que la mayor parte de la bibliografía referida a la historiografía de ámbito universal se caracteriza por un enfoque fundamentalmente positivista, historicista o descriptivo; posibilidades o vías de trabajo que, claro está, son absolutamente imprescindibles, pero que nunca deberían ser exclusivas. A partir de esa constatación, es mi propósito adoptar en estas páginas un punto de vista diferente, y aventurar una serie de observaciones sobre algunos conspicuos ejemplos del cultivo de la historiografía de ámbito universal tanto en Europa como en la Península Ibérica desde un punto de vista más teórico, en concreto desde el punto de vista de su ineludible condición de narraciones historiográficas: se trata aquí de emprender su estudio primordialmente como relatos, como construcciones narrativas, y ello dentro del ámbito definido por las diversas características compartidas por varios especímenes textuales que permiten dilucidar una serie de rasgos definidores de una identidad genérico-formal.

Claro que somos conscientes de que el punto de vista teórico adoptado aquí dista de ser novedoso, aunque parece razonable y ajustado a la realidad de los hechos afirmar que quizá su aplicación crítica no haya sido todo lo asidua y profunda que hubiera sido deseable. Como tantas otras cosas, ya queda dicho en la *Poética* de Aristóteles[2] que lo que diferencia al poeta del historiador 'no es decir las cosas en verso o en prosa [...]; la diferencia está en que uno dice lo que ha sucedido, y el otro, lo que podría suceder', es decir, la diferencia entre historia (léase historiografía) y poesía (léase, si se quiere, *literatura*) no estriba en el cómo –en el medio– sino en el qué –en el objeto–; no está en un modo particularizador de construir la historia como obra de arte verbal –en ambos casos, el principio de la *mimesis* es el núcleo de la praxis artística –, sino en la naturaleza de la materia argumental propia de una y otra: lo real en el caso de la historiografía, lo posible –lo verosímil– en el caso de la literatura. Esa afirmación contenida en el capital texto aristotélico abre y autoriza la posibilidad de un estudio de las obras historiográficas desde planteos similares o incluso idénticos a aquellos empleados para el estudio de los textos literarios; es decir, en términos de su peculiaridad textual, de su configuración formal como narraciones (bien que de asunto histórico, real, factual), de su disposición estructural; tipo de estudio o acercamiento teórico al texto historiográfico que efectivamente se ha reivindicado con fuerza y planteado con satisfactorio rigor por parte de diversos estudiosos a lo largo de los últimos tres decenios.

De entre ellos sobresale, tanto por el interés de sus propuestas como por la seriedad de las mismas, el profesor Hayden White, autor de una serie de trabajos insoslayables[3] que tienen como objetivo el estudio de la historiografía como narración, como relato, considerando no sólo el interés intrínseco de dicho estudio en sus propios términos, sino consignando incluso el hecho fundamental de que el cómo se narra, la forma del relato, no es ni mucho menos ajena a la significación global del texto historiográfico. En sus palabras:

> La narrativa no es meramente una forma discursiva neutra que pueda o no utilizarse para representar los acontecimientos reales en su calidad de procesos de desarrollo; es más bien una forma discursiva que supone determinadas opciones ontológicas y epistemológicas con implicaciones ideológicas e incluso específicamente políticas. Muchos historiadores modernos afirman que el discurso narrativo, lejos de ser un medio neutro para la representación de acontecimientos y procesos históricos, es la materia misma de una concepción mítica de la realidad, un «contenido» conceptual o peudoconceptual que, cuando se utiliza para representar acontecimientos reales, dota a estos de una coherencia ilusoria y de tipos de significaciones más características del pensamiento onírico que del pensar despierto.[4]

Nos sentiríamos plenamente satisfechos si las páginas que van a seguir fueran capaces de ilustrar la certeza de dichas afirmaciones en lo tocante a la historiografía universal de la Edad Media. Dentro del tenor de estudio a que nos proponemos ahormarnos en estas páginas acaso Aristóteles y White vengan a constituir las dos impostas de un arco de vasta amplura cronológica erigido por todos aquellos que han considerado la insoslayable necesidad de entender la escritura historiográfica –al menos, hasta un determinado punto cronológico previo a la consolidación de una 'historiografía científica', y valgan las comillas– como un tipo de discurso que necesitaba ser contemplado, analizado y entendido desde unos presupuestos más próximos a los utilizados en el estudio de los usos y registros literarios del lenguaje que a los de ningún otro ámbito discursivo. Distintas dovelas de ese arco son determinadas aportaciones de nombres tan señalados como Roland Barthes, Gérard Genette y –desde luego– Paul Ricœur. Todos ellos aceptarían en mayor o menor grado –con alguna violencia acaso Ricœur, más allegado a la hermenéutica que a ningún otro ámbito del pensamiento– ser de alguna forma asociados en virtud de la conciencia de la textualidad que reivindica de forma poderosa el estructuralismo literario francés si abroquelamos tras de tan vasta agrupación conceptual tan diversas realidades como la (deseable) reivindicación de la retórica como ciencia del texto, el interés por el estudio desde bases nuevas de los textos narrativos desde el punto de vista de, precisamente, su materialidad textual o incluso manifestaciones tan extremas como el texto placentero reivindicado por Barthes o la erección de la instancia textual como terreno privilegiado de fluencia literaria en función de su poderosa autorreferencialidad o de la comunicabilidad y penetración mutua que se encierra bajo un concepto tan típicamente estructuralista como el de intertextualidad.

En el caso que nos afecta, Roland Barthes aporta, como en tantos otros ámbitos de su multímoda actividad crítica y teórica, un texto que encuadra certeramente el meollo de la cuestión, apunta la vía del futuro análisis deseable y deja el intento en manos de otros como *desideratum* no formulado. En su temprano "Le discours de l'histoire" cifra el problema en los siguientes términos:

> La narration des événéments passés, soumise communément, dans notre culture, depuis les Grecs, à la sanction de la «science» historique, placée sous la caution impérieuse du «réel», justifiée par des principes d'exposition «rationelle», cette narration diffère-t-elle vraiment, par quelque trait spécifique, par une pertinence indubitable, de la narration imaginaire, telle qu'on peut la trouver dans l'épopée, le roman, le drame?[5]

Si descontamos de esta cita la escasamente afortunada acotación cronológica que supone ubicar la frontera del inicio de la historiografía 'científica, racional, realista' justo a la zaga de los griegos, cosa que borra de un plumazo no sólo el período medieval –cosa a la que los medievalistas no estamos deshabituados cuando se formulan consideraciones generales desde fuera de nuestro ámbito: por alguna razón hay, sigue habiendo, una resistencia a la Edad Media en muy diversos ámbitos–, sino el de la próvida historiografía romana, por ejemplo, y colocamos esa divisoria mejor en el territorio de la instauración historiográfica moderna promovida por los humanistas italiano o por los vientos ya inconmovibles –por ahora– con que se instaura un quehacer historiográfico en los inicios de la época contemporánea, podemos convenir con Barthes en que precisamente ese es el punto de vista en que se ubica la realidad de la verdadera pertinencia del estudio 'literario' de la historiografía. No importa tanto el resultado del escrutinio emprendido ('d'une façon libre, nullement exhaustive') por Barthes a partir de Herodoto, Maquiavelo, Bossuet y Michelet, sino el hecho de que el examen de esa pertinencia se lleve a cabo desde un análisis discursivo del enunciado historiográfico, desde su consideración formal y pragmática de resultado de un acto narrativo que produce como resultado un discurso fuera del cual no es aceptable la existencia del hecho histórico:

> A partir du moment où le langage intervient (et quand n'interviendrait-il pas?), le fait ne peut être défini que d'une manière tautologique: le noté procède du notable, mais le notable n'est –dès Hérodote, où le mot a perdu son acception mytique– que ce qui est digne de mémoire, c'est-à-dire digne d'être noté. On arrive ainsi à ce paradoxe qui règle toute la pertinence du discours historique (par rapport à d'autres types de discours): le fait n'a jamais qu'une existence linguistique (comme terme d'un discours), et cependant tout se passe comme si cette existence n'était que la «copie» pure et simple d'une autre existence, située dans un champ extra-structural, le «réel». Ce discours est sans doute le seul où le référent soit visé comme extérieur au discours, sans qu'il soit pourtant jamais possible de l'atteindre hors de ce discours.[6]

Y, amén de esto, Barthes formula un punto de vista sumamente cercano a una afirmación efectuada por White y que antes ha quedado recogida:

> Comme on le voit, par sa structure même et sans qu'il soit besoin de faire appel à la substance du contenu, le discours historique est essentiellement élaboration idéologique, ou, pour être plus précis, *imaginaire*, s'il est vrai que l'imaginaire est le langage par lequel l'énonçant d'un discours (entité purement linguistique) «remplit» le sujet de l'énonciation (entité psychologique ou idéologique).[7]

Así pues, Barthes pone de relieve el indeclinable interés que el aspecto discursivo de los textos historiográficos posee dentro del encuadre global de su estudio, por ser la vertiente narrativa o lingüística de los mismos una dimensión no sólo fundamental, sino, en cierto modo, englobadora de cualquier otro ámbito de lo histórico, pues todo, hasta lo presuntamente factual en exclusiva, se nos manifiesta a través del lenguaje, o, más exactamente, como lenguaje, a través de su presentación discursiva.

Posiciones homólogas son las alcanzadas y exploradas, aunque desde presupuestos muy diferentes y a través de una indagación mucho más densa, detallada y profunda, por Paul Ricœur. A través de diversos trabajos, que culminan en su monumental y por tantas razones imprescindible *Temps et Récit*, Ricœur busca 'esbozar una teoría general del discurso narrativo' a partir 'de la hipótesis principal de toda nuestra investigación. A saber, a pesar de las diferencias evidentes que existen entre el relato histórico y el de ficción, ambos poseen una *estructura* narrativa común, que nos permite considerar el ámbito de la narración como un modelo discursivo homogéneo'. Nótese que nos encontramos ante un punto de partida idéntico al afrontado por Barthes a finales de los cincuenta o al que afrontará –pronto lo veremos– Genette a finales de los años ochenta: la dilucidación de si hay una identidad ontológica entre la narración ficcional y la no ficcional en cuanto tales narraciones. La respuesta afirmativa que ofrece Ricœur a esa pregunta mediante esa apelación a una estructura narrativa común sitúa las cosas en un plano que, contempladas las cosas desde el punto de vista de la historia, posee una relevancia especial, pues 'la dimensión narrativa, en última instancia, nos permite distinguir entre la historia y el resto de las ciencias humanas y sociales'.[8] No nos interesan aquí tanto esa peculiarización que su intrínseca condición narrativa impone a la historia como ciencia humana ni la indagación emprendida por Ricœur acerca de la homologabilidad entre las 'pretensiones referenciales' de una y otra (vale decir, entre la 'verdad' de la historia y la 'verdad' de la ficción), sino las repercusiones que dicha condición narrativa tiene para el estudio adecuado de los enunciados historiográficos concretos: desde este punto de vista, y en gran medida basado en una crítica de base historicista y fenomenológica de las contribuciones de la filosofía analítica por una parte –el nombre de Arthur Danto es referente ineludible– y de la narratología estructuralista de otra –esta sometida a un durísimo escrutinio crítico en sus insuficiencias diacrónicas y de procedimiento heurístico–, la contribución de Ricœur representa un hito fundamental para el estudio de la historiografía, y, en general, de los textos narrativos, o, mejor, de la ontología narrativa; aunque tal vez no haya sido tenida en cuenta por los estudiosos de los textos historiográficos en el grado que sería de desear. Hay una constatación suya –a la zaga del comentario a las ideas básicas del acercamiento a la historiografía de Hayden White tal y como se formulan en *Metahistory*–[9] que nos parece ofrecer un encuadre insoslayable para todo aquel que pretenda aprehender y deslindar la complejidad que encierran los textos historiográficos:

La historia es un artefacto literario y, al mismo tiempo, una representación de la realidad. Consiste en un artefacto literario en la medida en que, al igual que los textos de la literatura, tiende a asumir el estatuto de un sistema autosuficiente de símbolos. Pero consiste también en una representación de la realidad, en la medida en que pretende que el mundo que describe –que es, desde el punto de vista de la realidad, el «mundo de la obra»– equivalga a los acontecimientos efectivos del mundo «real».[10]

Además, resulta a nuestros propósitos sumamente interesante llamar la atención acerca de la preeminencia que otorga Ricœur al concepto de *trama*, básicamente definido en los mismos términos en que lo fue por los formalistas rusos, y que él reivindica con base en la necesidad de postular una instancia cronológica, temporal y diacrónica en el análisis de la narración.[11] Instancia que, sea cual fuere su denominación, está habitualmente ausente de los análisis de la narratología estructural francesa, que adolecen de una acronía indisculpable en un ámbito como el narrativo, caracterizado por naturaleza por su 'temporalidad irreductible',[12] tal y como pone de manifiesto su análisis de las propuestas de Greimas y, sobre todo, de Bremond, así como de su precedente y modelo Propp.[13] Carencia gravísima, pues 'para elaborar un relato, es decir, para llevar concretamente una situación y unos personajes desde el comienzo hasta el final, se precisa la mediación de lo que aquí [sc., en *Logique du récit*, de Bremond] es considerado un mero arquetipo cultural, que no es otra cosa que la trama';[14] y además, y lo que es más relevante para nosotros, es precisamente 'en el nivel de la elaboración de la trama' donde 'la historia y el relato de ficción se encuentran imbricados'.[15] Todo esto dentro de un planteo general en que lo narrativo viene caracterizado por ser reflejo fiel de la inabdicable temporalidad de la experiencia humana (tesis que es probablemente la base argumental de *Temps et Récit*):

L'enjeu ultime aussi bien de l'identité structurale de la fonction narrative que de l'exigence de vérité de toute œuvre narrative, c'est le caractère *temporel* de l'experience humaine. *Le monde déployé par toute œuvre narrative est toujours un monde temporel. Ou, comme il sera souvent répeté au cours de cet ouvrage: le temps devient temps humain dans la mesure où il est articulé de manière narrative; en retour le récit est significatif dans la mesure où il dessine les traits de l'expérience temporelle.*[16]

Parece difícil no estar con Ricœur en estos extremos, y más adelante se verá cómo en el caso de la historiografía de ámbito universal de la Edad Media la idea de trama como instancia capital de la dimensión temporal de los textos narrativos y sus implicaciones son absolutamente cruciales para comprender adecuadamente dichos textos. Si le damos la vuelta al aserto precedente, podemos decir que una categoría tan característicamente propia del ámbito de la narrativa como es la de trama resulta ser capital en la caracterización de la historia, dada la esencial caracterización narrativa de esta.

Apreciaciones y argumentaciones todas ellas que, en último término, nos llevan de nuevo a la esencial idea de la textualidad de la historia. Constatación esta a la que se acerca, bien que por otras vías bien diferentes, Gérard Genette, al acoger a la categoría de *dicción* –como término opuesto al de *ficción*– todos aquellos discursos en prosa no ficcionales sujetos a un régimen de literariedad condicional, agrupación en la que, de pleno derecho, halla su acomodo la historiografía, o, al menos y como poco, la denominada precientífica unque habrá quien tuerza el gesto ante un proceder que incluya a Tito Livio y a Alfonso X y excluya a Gibbon o a Duby, y quien replique airado si la relación de incluidos se extiende a, digamos, Isidoro o Pedro Coméstor.[17] Si, a partir del planteo efectuado por Genette, la historiografía es –puede ser– literatura, su textualidad emerge como plano constitutivo capital de su ser. Por ello reivindica Genette la necesidad de cubrir la carencia por él sentida de un estudio de los relatos no ficcionales –historiográfico, biográfico, autobiográfico, etc.– verificado en los mismos términos en que se lleva a cabo el del relato de ficción, con objeto de 'examinar las razones que podrían tener el relato factual y el relato ficcional para comportarse de forma diferente de la historia que «relatan» por el simple hecho de que dicha historia sea (considerada) en un caso «verdadera» y en el otro ficticia'.[18] Tras un escrutinio circunscrito al ámbito de las categorías de *orden*, *velocidad*, *frecuencia*, *modo* y *voz*, sobre las que Genette ha basado sus capitales aportaciones acerca de los textos narrativos,[19] este deduce que son más las similitudes constitutivas entre el relato ficcional y el relato factual que las diferencias (tal vez la más importante de estas es que en el caso del relato histórico autor y narrador se identifican, cosa que no tiene por qué darse en el relato de ficción),[20] y que esto lleva 'a atenuar en gran medida la hipótesis de una diferencia a priori de régimen narrativo entre ficción y no ficción',[21] hecho que, llevado a sus últimas consecuencias, nos parece que lleva a la conclusión ineludible de que si para el conocimiento de los textos narrativos de ficción es importantísimo su estudio en términos de discurso –y las aportaciones de la narratología estructuralista, de la que Genette es tan insigne como peculiar representante, lo corroboran irrefutablemente–, lo es igualmente para el caso de los textos no ficcionales, entre los que los textos historiográficos figuran en lugar –creemos– preeminente; cosa que, de nuevo, ubica en lugar preeminente de un *desideratum* de investigación futura la dimensión textual de la historia.

El resumen que acabamos de aventurar, bien que apresurado y tal vez insuficiente, creemos da cuenta del interés que desde diversos ámbitos de los estudios teórico-literarios ha suscitado en los últimos años el estatuto de la historiografía en tanto relato o narración, perspectiva que nosotros deseamos modestamente reivindicar en estas páginas. Pero también pueden allegarse a este modo de entender la historiografía afirmaciones por completo ajenas –y si se nos disculpa el latente anacronismo diríamos que opuestas– a las citidas, incluso muy anteriores en el tiempo. Ya se mencionó el testimonio –fundacional, como de costumbre– de la *Poética* aristotélica; pero querríamos aducir aquí otro de características bien diferentes y de importancia capital. Hacemos referencia a las aportaciones efectuadas por Hegel en su importante estudio previo a sus *Lecciones sobre la filosofía de la historia universal*, donde se encierran diversos pasajes que vindican la importancia de la naturaleza narrativa de la historia. Comencemos por un pasaje en que se recoge una constatación sobre la que también efectuó algunas observaciones Paul Ricœur:[22]

> La palabra *historia* reúne en nuestra lengua el sentido objetivo y el subjetivo: significa tanto *historiam rerum gestarum* como las *res gestas* mismas, tanto la narración histórica como los hechos y acontecimientos. Debemos considerar esta unión de ambas acepciones como algo más que una casualidad externa; *significa que la narración histórica aparece simultáneamente con los hechos y acontecimientos propiamente históricos. Un íntimo fundamento común las hace brotar juntas.*[23]

Una afirmación que, descontada su raíz lingüístico-idealista, llega hasta sus últimas consecuencias cuando Hegel afirma que la historia no existe si no es relatada: 'Los espacios de tiempo que han transcurrido para los pueblos, antes de la historia escrita, ya nos los figuremos de siglos o de milenios, y aunque hayan estado repletos de revoluciones, de migraciones, de las más violentas transformaciones, carecen de historia objetiva, porque no tienen historia subjetiva, narración histórica'.[24] Las implicaciones de esta afirmación, que, por otra parte, es difícilmente discutible, son especialmente interesantes para nuestra indagación: si no hay historia subjetiva –esto es, relato, narración, de los hechos y acontecimientos–, no existe la historia objetiva –esto es, la historia factual, los hechos. Lo que es tanto como decir que sólo conocemos los hechos históricos (del pasado, *il va de soi*) a través o por medio de relatos o representaciones discursivas; que las narraciones de referente historiográfico son la única vía posible de acceso al conocimiento de los hechos históricos del pasado. Por consiguiente, las peculiaridades o características de tales representaciones discursivas son condicionantes ineludibles en la percepción y en el posible conocimiento de los hechos del pasado y, por ende, su estudio es capital para entender el modo en que los hechos, la historia, se configuran, representan y difunden. Si no estamos forzando las cosas aquí –y creemos sinceramente que en absoluto es así– , se convendrá en que las posiciones enunciadas por Hegel vienen a coincidir en lo sustancial con las ideas centrales sostenidas por Barthes, White, Ricoeur y Genette en los diversos trabajos que hemos intentado resumir en las páginas precedentes

A la vista de lo expuesto, la vindicación teórica (y digamos filosófica, en atención a Hegel) de la fundamental caracterización de la historia como instancia narrativa, de la esencial textualidad de la historia, se revela a nuestros ojos como una corriente vigorosa en los últimos decenios y con ilustres precedentes, corriente que pone de manifiesto que la pertinencia de un acercamiento literario o, al menos, textual a la historiografía no viene dada únicamente por la vertiente meramente estilística u ornamental, por el plano meramente elocutivo, o por el lado del estudio de fuentes e interferencias entre textos historiográficos y textos literarios, sino que también, y en realidad de forma especialmente significativa e importante, viene dada por esa característica indeclinable –y, desde luego, nunca declinada por los historiadores, antes al contrario– de discurso, de objeto semiótico, de texto, que tiene la historiografía en común con la literatura y con otros discursos, por más que, como señaló Aristóteles, sus referentes o sus contenidos temáticos sean, *a priori* –no obstante, muchas serían las objeciones que se podrían oponer a este aserto a poco que se indagara en la obra de Ricœur o que se aceptaran algunas de las observaciones que se harán *infra*– de naturaleza distinta en su grado de factualidad o ficcionalidad. Así pues, en torno a los presupuestos teóricos y las constataciones críticas de White, Barthes, Ricœur y Genette respecto de la historiografía como narración, y en alguna medida como ilustración o corroboración de los mismos, propondré aquí alguna constatación referida a los representantes del subgénero historiográfico *historia universal* en el medioevo europeo, con una especial inclinación hacia algunos de los especímenes de este tipo de textos producidos en la Península Ibérica.

La primera de estas constataciones es, precisamente, la de que todas estas consideraciones sobre la textualidad de la historia y sobre su condición primordial de relato son especialmente relevantes en el caso del subgénero historiográfico constituido por la historiografía de ámbito universal en vigor en la Edad Media. Esto es fácilmente perceptible si tomamos como punto de comparación otras modalidades de cultivo historiográfico y procedemos a analizar de qué modo uno y otras registran muy diversos grados de espesor en cuanto a la densidad de su textualidad. Veámoslo cotejando la historiografía universal del medioevo europeo con diversos especímenes textuales de la historiografía de la Antigüedad clásica, tal y como la cultivan algunos de los más conspicuos historiógrafos grecolatinos, como Heródoto o Tito Livio

Cualquier lector de las Historias de Heródoto percibe por doquier la enorme importancia que el historiador griego confiere a la fidelidad de los hechos a los que da cabida en su relato, preferentemente aquellos de los que ha sido testigo presencial, o de los que puede cobrar conocimiento a través de quienes fueron testigos presenciales, o siquiera aquellos de los cuales todavía ha alcanzado a contemplar objetos, hechos o realidades consecuencia o producto de aquellos hechos a los que hace referencia. Así se percibe, entre otros muchos lugares, en la narración que hace de la historia de Candaules y Giges,[25] donde Heródoto se apoya siempre en evidencias que él ha visto o de cuya fiabilidad tiene constancia. Véase, por ejemplo, al final del relato de dicha historia, la declaración acerca de una de sus fuentes de información: 'De Giges hizo mención Arquíloco de Paro, *que vivió hacia la misma época*, en un trímetro yámbico'.[26] Más adelante, el testimonio no es ya indirecto a través de un contemporáneo testigo de los hechos narrados, sino que la base del conocimiento de la materia historiada por parte de Heródoto es directo, de primera mano, *de visu*: 'El nuevo soberano [Giges] envió a Delfos no pocas ofrendas, pues en cuanto a ofrendas de plata, *hay* muchísimas suyas en Delfos; aparte la plata, ofrendó inmensa cantidad de oro, y entre otras [...] consagró seis crateras de oro; *están colocadas en el tesoro de los corintios y tienen treinta talentos de peso*. (A decir verdad, *no es este tesoro de la comunidad, sino de Cípselo*, el hijo de Eeción.)'.[27] O poco más adelante, donde además se introduce el relativismo en la certeza del conocimiento histórico que impone la limitación indagatoria de un *yo* historiante: 'De todos los bárbaros, este Giges fue, *que sepamos*, el primero que consagró ofrendas a Delfos después de Midas [...]. Pues Midas había consagrado el trono real en el que se sentaba para administrar justicia, pieza digna de verse. *Está dicho trono en el mismo lugar que las crateras de Giges*'.[28] Tiene Heródoto sumo cuidado en precisar cuándo está manejando informaciones de primera mano o datos de cuya veracidad él mismo pueda hacerse cargo testimonialmente; el comienzo del primer libro de sus nueve está trufado de indicaciones de responsabilidad o procedencia de la información mediante los que la encuadra perfectamente: 'Entre los persas, *dicen los doctos* que los fenicios fueron los autores de la discordia [*entre fenicios y griegos*] porque, después de venir del mar Eritreo al nuestro, se establecieron en la misma región que hoy ocupan, y se dieron luego a largas navegaciones. *Afirman* que [...]. *Dicen* que [...]. *De este modo, y no como cuentan los griegos, dicen los persas*, Ío llegó a Egipto, y éste fue el principio de los agravios. *Cuentan* que [...]'.[29] Y con frecuencia aparece un cierto grado de tensión entre los hechos o realidades de que el historiador tiene constancia documental o factual –aquellos que ha visto, de los que ha sido testigo o de los que ha contemplado evidencia– y aquellos de que solo tiene constancia a través de referencias indirectas: '*Así lo cuentan* al menos los persas y los fenicios. *Yo no voy a decir si pasó de este o del otro modo*. Pero, después de indicar quién fue, *que yo sepa*, el primero en cometer injusticias contra los griegos, llevaré adelante *mi historia*, reseñando del mismo modo los estados grandes y pequeños'.[30]

Creemos que los pasajes que se aducen –nada más fácil que su multiplicación, dicho sea de paso– son representativos de un entendimiento de la labor historiográfica como indagación, como testimonio fehaciente –recuérdese, con el trasfondo que suministra Lozano,[21] el inicio de las *Historias* de Heródoto: 'Ésta es la exposición de las *investigaciones* de Heródoto de Halicarnaso'–[32] fruto de una observación directa de los hechos historiados. Una historia, pues, de clara veste factual, de innegable base documental o fenoménica, donde aquello no alcanzado por la vista, o incluso el oído,[33] queda sometido, como se vio, a un grado de relativización acarreada por la incertidumbre. Procedimientos historiográficos, en suma, que aparecen reflejados epidícticamente en el siguiente pasaje, fiel trasunto de los límites y las potencialidades de un determinado modo de entender el *metier d'historien*: '*De nadie más pude averiguar nada*; pero averigüé estas otras noticias, las más remotas, cuando *llegué como testigo ocular* hasta la ciudad de Elefantina, y desde allí, *de oídas*, gracias a *mis investigaciones*'.[34]

No obstante, esa preeminencia de lo factual no anula la apreciación –y, en su caso, la valoración– de la condición discursiva de la historia, como muestra la apostilla que efectúa Heródoto al discurrir acerca de por qué el Nilo tiene crecidas durante el verano y su caudal desciende durante el invierno: al hilo de la exposición de una de las explicaciones conocidas acerca del hecho, dice el historiador que 'la otra opinión es menos docta que la primera, *pero despierta más admiración como relato*; dice que el Nilo hace sus inundaciones porque procede del Océano y que el Océano corre alrededor de toda la tierra'.[35] Heródoto es bien consciente de la diferencia de niveles en que las diversas posibilidades explicativas se despliegan, y las valora conforme a su ser primordial y al ajuste de este dentro del plan del discurso historiográfico: eso le permite asentar, en su evaluación de otra de las aludidas explicaciones a las avenidas del Nilo, afirmaciones en las que se distinguen tan nítidamente la verdad historiográfica y el mérito narrativo como la siguiente: 'la tercera de las explicaciones, con mucho la más plausible, es la más equivocada',[36] aserción que antecede en poco a la muy razonada, documentada y científica propuesta al respecto que él efectúa. Una sensibilidad semejante hacia esa doble vertiente presentada entre la verdad histórica, por una parte, y los relatos no basados en hechos, en verdades factualmente verificadas, por la otra, es la que se deja traslucir en el prefacio que Tito Livio antepone a su *Ab urbe condita*:

Los hechos anteriores a la fundación de la ciudad o a la idea de fundarla, *más bien embellecidos con leyendas poéticas que apoyados en auténticos documentos históricos, no me propongo sostenerlos ni rechazarlos*. Se otorga a la antigüedad la licencia de ennoblecer los primeros tiempos de las ciudades mezclando lo humano con lo divino.

Y si a cualquier pueblo hay que permitirle santificar sus orígenes y atribuirlos a iniciativa de los dioses, es tal la gloria militar del pueblo romano, que cuando presenta como padre suyo y padre de su fundador precisamente a Marte, las otras naciones lo han de tolerar con la misma serenidad con la que toleran su imperio. *Pero estos relatos y otros semejantes a ellos, comoquiera que se los considere o juzgue, no los someteré a riguroso escrutinio.* Otros son los asuntos en que deberían prestarme más atención todos y cada uno de los lectores: cuál fue el concepto de la vida y cuáles las normas de conducta; con qué héroes y por qué medios, políticos y militares, alcanzó vida y prosperidad el imperio.[37]

Aquí Tito Livio, como Heródoto en tantos pasajes de su obra, deja más allá de su cometido de historiador la valoración de todo aquello que no es más que relato, es decir, todas aquellas afirmaciones que no son verificables por medio de la prueba de la evidencia. El trabajo del historiador, por tanto, tiene como punto de partida esencial, básico e ineludible, la observación lo más directa posible de los hechos o, como mucho, el acceso directo a constancia documental de los mismos. Nos hallamos, pues, en el ámbito de la 'historia inmediata', la primera de las modalidades que integran la tipología de los discursos historiográficos desarrollada por Hegel. Así la define Hegel:

Por lo que se refiere a la primera, empezaré por citar los nombres de Herodoto, Tucídides y demás historiógrafos semejantes [...]. Estos historiadores vivieron en el espíritu de los acontecimientos por ellos descritos; pertenecieron a dicho espíritu. *Trasladaron al terreno de la representación espiritual lo sucedido, los hechos, los acontecimientos y estados que habían tenido ante los ojos* [...]. Sin duda, estos historiógrafos de la historia inmediata tuvieron a su disposición relaciones y referencias de otros –no es posible que un hombre solo lo vea todo–; pero solo al modo como el poeta maneja, entre otros ingredientes, el lenguaje culto, al que tanto debe [...]. Estos historiógrafos inmediatos transforman, pues, en una obra de la representación los acontecimientos, los hechos y los estados de su presente.[38]

El párrafo me parece sumarizar perfectamente la situación pragmática en que se ubica el menester de historiadores como Heródoto o Livio (o Tucídides, o Salustio, o...): en primer lugar, y como punto de partida inexcusable, los hechos de los que los historiadores son testigos ('que habían tenido ante los ojos'); en segundo lugar, pero a otro nivel, 'relaciones y referencias de otros', y como resultado final, 'una obra de la representación', esto es, la conversión de esos hechos en relato, en relación narrada, en discurso. En suma, una situación resumible en los siguientes términos, por lo que respecta a las relaciones entre los hechos objeto de la obra histórica y el lector que la lee:

LECTOR $\longrightarrow$ | Discurso | $\longleftarrow$ Historiador $\longleftrightarrow$ HECHOS

Sin duda, es un modelo pragmático-comunicativo al que es hacedero acoger en su totalidad o en su mayor parte –su parte fundamental, e importa la precisión– la totalidad de las producciones historiográficas de la Antigüedad grecolatina, desde Heródoto, cuyos *Nueve libros* se circunscriben al ámbito abarcado por sus viajes y al rango cronológico al que abarca su contemplación y el testimonio de los *vetera vestigia* que le fue dable ver, hasta Tácito, cuyos *Annales* abarcan del año 14 al 68, y cuyas *Historiae* cubren del 69 al 96, vale decir, el tiempo de su vida y el de la de las generaciones que le precedieron y de las cuales él pudo recabar informaciones o hallar testimonios fehacientes; pasando por las obras de Tucídides, Jenofonte, Polibio, Julio César o Salustio (en menor medida, desde luego, Tito Livio, aunque ya quedó mencionada su capacidad para tratar de modo distinto las informaciones procedentes de una observación directa y las derivadas de una observación o indagación personales por parte del historiador). En todos estos casos, el ámbito cronológico y el rango espacial están también limitados por esa inmediatez deseada o buscada por el historiador, inmediatez que se ve reflejada por el esquema que se ha representado. En este tipo de relatos historiográficos, por lo tanto, el nivel discursivo es un nivel culminante o de superficie de una proyección que parte –fundamentalmente– de los hechos y que culmina en una plasmación textual; añádase a ello el hecho de que, tal y como dijo Cicerón, la historia, si bien está obligada a la verdad –frente a la poesía, tendente a lo deleitoso– es, esencialmente, un género oratorio: vale decir, el mencionado nivel discursivo, textual o narrativo, que es el único mediador entre la información recogida por el historiógrafo y el lector, no es un nivel transparente, indiferente o neutro, sino objeto de una preocupación artística, deleitable, suasoria o duradera.[39]

En el caso de la historiografía universal del Medievo, la situación es diferente. No es preciso recordar con mucho detalle que la historiografía universal de la Edad Media es descendiente directa del modelo historiográfico cristiano de ámbito universal que nace en los últimos siglos de Roma, modelo historiográfico que nace y se extiende con una clara voluntad polémica respecto de la historiografía del mundo clásico; de ahí el gran número de divergencias entre sus rasgos caracterizadores y los de la historiografía clásica. Uno de ellos es determinante: la perspectiva del historiador ya no es una perspectiva a escala humana –la de una trayectoria vital, la de unas guerras, la de los avatares *ab urbe condita*–, sino una perspectiva divina, una perspectiva de la historia *in conspectu Dei*. La historia es vista desde una perspectiva global, totalizadora, ecuménica –el Dios judeocristiano es el Dios de todo lo creado, de todos los pueblos–, y la historiografía cristiana debe adaptarse a esa situación: la historiografía cristiana ha de ser universal. Más allá de esto, que ya supone un cambio radical de los planteamientos historiográficos precedentes, hay que tener en cuenta que, desde el punto de vista cristiano, los acontecimientos, sucesos, hechos y personajes de la historia no surgen, se desarrollan, acontecen o florecen y decaen por azar, coincidencia o voluntad humana, sino que su razón última es de muy distinta índole a las dichas. Consta en Daniel 2,20–21 lo siguiente: 'Sit nomen Domini benedictum a saeculo et usque in saeculum, quia sapientia et fortitudo eius sunt. Et ipse mutat tempora et aetates; transfert regna, atque constituit; dat sapientiam sapientibus, et scientiam intelligentibus disciplinam'. También el profeta Daniel en su libro (4,22), dice, dirigiéndose a Nabucodonosor, rey de Babilonia: 'Septem quoque tempora mutabuntur super te, donec scias quod dominetur Excelsus super regnum hominum, et cuicumque voluerit det illum'. Esto es, los hechos de la historia son voluntad de Dios. Todos: tanto los pasados, como los presentes, como los futuros: estos últimos encaminados al fin de los días y a la llegada del Segundo Advenimiento, de los que el historiador cristiano no tiene otra certeza más allá de la certidumbre futura de su consumación ('Caelum et terra transibunt, verba autem mea non transibunt. De die autem illo vel hora nemo scit, neque angeli in caelo, neque Filius, nisi Pater', Marcos 13,31–32). A partir de estos presupuestos allegados por la verdad revelada en las Escrituras (a lo citado puede añadirse, por ejemplo, lo dicho en Dan 5,20–21; Hch 1,7; Gén 17,7–8 o Dan 2,31–45), es obvio que la Historia –así, con mayúsculas– no es sino el desarrollo de un plan divino que se inicia con el inicio de los tiempos y que concluirá con el fin de los mismos, plan providencial, con un principio y un fin, cuyo objetivo es el alcance de la vida ultraterrena: la historia como *gesta Dei*[40] dentro de la concepción típicamente cristianomedieval de que 'el mundo es el discurso que Dios hace al hombre',[41] o, tal y como lo expresó de modo perdurable Hugo de San Víctor, '[mundus] quasi quidem liber scriptus digito Dei'.[42] En palabras de Guenée: 'La conviction des Chrétiens que tout ce qui était arrivé, tout ce qui arrivait, tout ce qui allait arriver était le seul résultat de la volonté divine les avait forcés à considerer d'un seul regard l'histoire du monde entier de sa création à sa fin. La foi chrétienne appelait l'histoire universelle'.[43]

De todos estos principios caracterizadores de la historiografía cristiana medieval,[44] dos nos interesan especialmente: la necesidad de que la historia sea historia universal y la idea de que la historia es manifestación de un designio divino. El primero de ellos cancela la posibilidad de que el historiador pueda seguir siendo un testigo directo de los hechos que narra; el segundo margina o deja de lado el sentido crítico del historiador en beneficio de su fidelidad a los hechos. Que en este caso, y a consecuencia de todo lo dicho, es fundamentalmente fidelidad a las fuentes. Ya nadie, desde que el modelo historiográfico cristiano se convierte en el modelo hegemónico, podrá iniciar una historia apelando, como Heródoto, a sus investigaciones; ahora será forzoso acudir a otro tipo de fuentes. Que serán, claro está, fuentes escritas; pero dentro de estas es obvio que las hay de muy diverso tipo y de muy diversa naturaleza. Cuando Eusebio de Cesarea escribe a finales del siglo III o comienzos del IV sus Χρονικοι κανοϝεσ (*Chronici canones*) que, en la traducción latina que de ellos hizo San Jerónimo a fines del siglo IV serán la piedra angular y el modelo –confesado o no– de la historiografía cristiana medieval, escribe lo siguiente:

> Complura volumina veterum historiarum perlegi, sive quae apud Chaldaeos Assyriosque narrantur, sive quas minute Aegyptii perscribunt, sive denique quas Graeci referunt, nulla interposita dubitatione; quibus in scriptis tempora regum et olympiadum, qui sunt athletici ludi, continentur: nec non si quae praeclara facinora a Barbaris et a Graecis, tamque a fortibus quam ab imbecillibus gesta sunt: tum et horum cuius mirandi exercitus, duces, sapientes, viri strenui, poetae, historiographi et philosophi recensentur. Porro opportunum duxi, impo perutile et neccesarium, breviter haec omnia disponere: praeterea sanctis Hebraeorum litteris contentas Hebraicas antiquitates atque chronologiam sermoni meo adjiungere: scilicet ut possimus apprime intelligere quant tempore ante salutarem Dei manifestationem Moses exstiterit.[45]

Eusebio estaba al corriente, según muestran sus palabras, de la existencia de un cultivo historiográfico intenso por parte de los pueblos paganos de la Antigüedad. Su gran aportación –la que él de algún modo reivindica aquí, la que le han reconocido todos sus secuaces y los estudiosos de la historiografía– será vincular a esa historiografía pagana lo relativo a las 'hebraicae antiquitates' y –lo que más importancia tiene– la 'hebraica chronologia'. La cronología es, se ha dicho hasta la saciedad, la aportación por excelencia del cristianismo al ámbito de la historiografía, y será el criterio ordenador y vertebrador por autonomasia de las producciones historiográficas cristianas del medievo; al tiempo, y por lo mismo, será la principal arma polémica de que dispondrán los historiógrafos cristianos frente a la historiografía pagana. Como certeramente apunta Guenée:

> Pour critiquer les témoignages, la meilleure arme dont disposèrent les historiens du Moyen Age fut la chronologie. Car si l'historien de l'Antiquité classique avait mis tout son soin à donner un récit bien écrit et bien construit où apparût l'enchaînement des causes, celui du Moyen Age eut pour premier souci de situer les evenements dans le temps. L'historiographie médiévale est d'abord marquée par l'obsession de la date.[46]

No es extraño, por tanto, que los *Chronici Canones* sean, básicamente, una ordenación paralelizada de los hechos de las diversas civilizaciones o culturas de la Antigüedad al hilo de una sincronización cronológica de años de reinado, Olimpíadas y –y como principio rector fundamental– la era cristiana. Ese proceso de reescritura y *ordinatio* abre todo un camino historiográfico en el que lo fundamental no es la investigación de los hechos y el testimonio, sino la recepción de relatos previos y la estructuración. La diferencia respecto a lo precedente es nítida, y, nos parece, determina un punto de inflexión en el que la idea de la historia como narración cobra una preponderancia insoslayable.

Ya vimos como Eusebio menciona precedentes escritos en su prefacio. Esto será una constante en la historiografía universal medieval, inexorablemente: es obvio que una historia ajustada al diseño de la historiografía universal cristiana, tal y como este queda descrito en las páginas precedentes, solo puede basarse en precedentes escritos. Y no en unos precedentes cualquiera. En primer lugar, el hecho de llevar el comienzo del relato historiográfico al inicio de los tiempos supone tanto como llevarlo al momento de la creación del mundo, y ese momento, evidentemente, no se dilucida por medio de una indagación científico-positiva, sino que aparece perfectamente descrito y circunstanciado –y, desde luego, no se olvide, dotado del aval de la Verdad revelada– en la Biblia, en el Génesis. A partir de ahí, la idea de la historia universal y la idea de la Biblia como fuente histórica, se entrecruzan, y se entrecruzarán repetidas veces a lo largo de la Edad Media europea.[47] Y en segundo lugar, el historiador cristiano encuentra relatos historiográficos previos: al principio discrepantes –los procedentes del mundo pagano– pero, al correr de los años, afines y, hasta cierto punto, indiscutibles: en primer lugar, porque su antigüedad los hace respetables y les confiere *auctoritas*, en segundo lugar porque la historia, *gesta Dei*, solo admite ser escrita de un modo, del modo correcto (falsearlo podría, consecuentemente, tener concomitancias cuasi blasfemas), y los textos precedentes de historiadores cristianos no admiten, por tanto, discusión. El historiador cristiano se va a sentir pronto integrante de una tradición, de una línea, que él sólo puede respetar y ayudar a prolongar. Así lo atestigua elocuentemente Juan de Bíclaro (c. 540–621), autor de un *Chronicon* (c. 589–591) en que prosigue y prolonga en el tiempo el *Chronicon* (565) de Victor Tunnunense, obispo de la provincia Africana. Su comienzo dice:

Huc usque Victor Tunnunensis ecclesiae episcopus Affricanae provinciae ordinem praecedentium digessit annorum; nos quae consecuta sunt adicere curavimus. *Post Eusebium Caesariensis ecclesiae episcopum, Hieronymum toto orbe notum presbyterum, nec non et Prosperum, virum religiosum, atque Victorem Tunnunnensis ecclesiae Africanae episcopum, qui historiam omnium paene gentium, summa brevitate et diligentia contexere visi sunt* et usque ad nostram aetatem congeriem perduxerunt annorum et quae acta sunt in mundo ad agnitionem nostram transmiserunt, *nos ergo in adiutorio domini nostri Iesu Christi, quae temporibus nostris acta sunt ex parte quod oculata fide pervidimus et ex parte quae ex relatu fidelium didicimus, studuimus ad posteros notescenda brevi stilo transmittere.*[48]

Nótese la conciencia de continuidad: Eusebio (ss. III–IV), Jerónimo (ss. IV–V), Próspero de Aquitania (autor de un *Chronicon*, escrito en 455), Víctor Tunnunense (565). Esa continuidad es indicio de concordancias ideológicas y religiosas, desde luego, pero también de una homogeneidad formal, temática y estilística en la propuesta y consolidación de un cierto diseño historiográfico, y en último término muestra de que el conocimiento historiográfico, bien que prolongable y ampliable mediante los testimonios de la *oculata fides*, es, fundamentalmente, materia de naturaleza discursiva. Y lo irá siendo de forma más notoria según avancen los tiempos, al compás de la conversión del modelo 'historia universal' de género historiográficamente 'vivo' en género 'estático' o *receptus*, es decir, no entendido ya como un modelo de visión del mundo necesitado de actualización, sino como una *imago mundi* estática y asentada. Veamos como ejemplo de lo mismo el modo en que Isidoro da comienzo a su muy influyente *Chronicon*:

> Brevem temporum seriem per generationes et regna primus ex nostris Julius Africanus, sub imperatore Marco Aurelio Antonio, simplici historiae stylo elicuit. Deinde Eusebius Caesariensis episcopus, atque sanctae memoriae Hieronymus presbyter, chronicorum canonum multiplicem ediderunt historiam regnis simul et temporibus ordinatam. Post hos alii atque alii, inter quos praecipue Victor Tunnensis Ecclesiae episcopus, recensitis praedictorum historiis, gesta sequentium aetatum usque ad consulatum Justini Junioris explevit. Horum nos temporum summam, ab exordio mundi usque ad Augusti Heraclii et Sisebuti Gothorum regis principatum, quanta potuimus brevitate notavimus, adjicientes e latere descendentem lineam temporum, cujus indicio summa praeteriti saeculi cognoscatur.[49]

Hay más de repetición de lo ya dicho por los modelos que de adición novedosa en todas estas historias universales de la Edad Media, aunque no todas recojan esa constatación en su prefacio.[50] No son excepción a ello algunos de los más destacados representantes peninsulares del cultivo de la historia universal en la Península Ibérica. Veamos algunos pasajes de la *General Estoria* alfonsí. El primero de ellos está tomado del prólogo, donde al hilo de los condicionantes que la naturaleza del tiempo impone a los quehaceres historiográficos, Alfonso sitúa el tiempo pasado como único tiempo historiable y por tanto cognoscible, gracias a 'los sabios om*n*es' que se ocuparon

> de meter en escripto los fechos que son passados pora auer rem*em*brança dellos, como si estonçes fuessen *e* quelo sopiessen los que auien de uenir assi como ellos. Et fizieron desto muchos libros, que son llamados estorias *e* gestas, en que contaron delos fechos de Dios, *e* delos prophetas, *e* delos sanctos, et otrossí delos reyes, *e* delos altos om*n*es, *e* delas cauallerias, *e* delos pueblos; *e* dixieron la uerdat de todas las cosas e non quisieron nada encobrir, tan bien delos que fueron buenos como delos que fueron malos.[51]

Así las cosas, y dado el ámbito del periodo historiado, el quehacer del historiador solo admite un camino:

> Onde por todas estas cosas yo don Alfonsso, por la gr*a*cia de Dios rey de Castiella [...] despues que oue fecho ayuntar muchos escriptos *e* muchas estorias delos fechos antiguos, escogi dellos los mas uerdaderos *e* los meiores que y sope; *e* fiz ende fazer este libro, *e* mande y poner todos los fechos sennalados tan bien delas estorias dela Biblia, como delas otras grandes cosas que acahescieron por el mundo, desde que fue començado fastal nuestro tiempo.[52]

La única vía de acceso a los hechos del pasado que el historiador reconoce como practicable es la del acceso a través de previas composiciones historiográficas, o lo que es igual, un acceso a través de otras narraciones, de otros relatos ('los mas uerdaderos *e* los meiores que y sope'); no un acceso a una factualidad a través de la observación directa personal, la investigación ante testigos de los hechos o el rastreo de primera mano de *vetera vestigia*. Es un cambio que afecta radicalmente a la contextura del discurso historiográfico. Compárense todos los pasajes de los *Nueve libros* de Heródoto en que este apela constantemente a su observación, a sus averiguaciones personales, con los siguientes pasajes de la *General estoria* alfonsí:

> Sobre aquellos siete peccados mortales que Caym fizo en matar assu hermano *e* matar om*n*e, departen los sanctos Padres. Et aquellos peccados fueron estos, segund los cuenta mahestre Pedro enla su Hystoria Escolastica e Ecclesiastica.[53]

> Mas otrossi fallamos que dize Rabano enla Glosa del Genesis sobreste logar que este Iubal la fizo esta escriptura, *e* prueua lo Rabano otrossi por el Iosepho.[54]

Desta Eco diz Ouidio en el tercero del su Libro Mayor que fue tiempo que era manceba cuemo otra [...][55]

Et del recodimiento que aquella manceba Eco faze a los sones, segunt lo que cuenta Ouidio, fabla otrossi Plinio en el quarenta e seyseno capitulo del segundo libro de la Natural Estoria [...][56]

Todos, tan bien los latinos cuemo los griegos, acuerdan que este rey Phorco que assi fue como es dicho, e que ouo estas tres fijas: Medusa, et Euriale, et Stenio; et pues que murio Phorco, heredaron estas tres fijas lo suyo. *E* tod esto fasta aquí estoria es. Et dize adelant Maestre Joan el yngles, *e* la glosa de Maestre Ebrardo, *e* en el libro a que dizien Grecismo –*e* otorgan con estos sabios todos quantos escriptos nos fallamos que desta razon fablen– [...].[57]

Los ejemplos, de muy fácil multiplicación, ponen de manifiesto que el referente del historiador universal cristiano del medievo no es –no puede ser– la realidad real, la base no es factual; al contrario, el referente es textual, el historiador, como aquí Alfonso (vale decir, sus equipos), procede a construir su narración historiográfica basándose en otros relatos historiográficos precedentes, única vía posible de acceso, por mor del hiato temporal, a los *dicta et facta memorabilia* del pasado.

Otro de los ejemplos de cultivo de la historiografía universal *more christiano* en la Castilla medieval es el de *Las siete edades del mundo* de Pablo de Santa María (1416–1418), tal vez una de las últimas historias universales de aliento amplio producidas en la Europa de la Edad Media. Basta con acudir al prólogo que antepuso Santa María a su recopilación para percibir que a esas alturas la recopilación de una historia universal era una labor fundamentalmente libresca: 'Entre otras obras que a la vuestra magestad, muy poderoso Príncipe e Illustrisimo Rey e Señor, ayan seydo presentadas, so breve compendio de escriptura *una copilación, casi reportorio, de algunas estorias* a vuestra alteza pensé dirigir'.[58] Y esas fuentes librescas, esos relatos historiográficos previos, han de cumplir ciertos requisitos inexcusables: 'En la qual de diversas estorias traeré, apartando della *algunos fechos que por escripturas apócrifas son conosçidos e allegándome otrosí a aquellos non solamente abténticos, mas aún que por ley divina nos son demostrados*, en los quales, aunque poco, algún tanto me deterné'.[59] Y esto, incluso en un relato tan escueto como el de las *Siete edades*, no es mera declaración preliminar, sino que consta a menudo a lo largo del texto: así, al aludir a la edad de Set, hijo de Adán y Eva, dice don Pablo: 'los años del qual yo bien los contaré / porque en me acusar ninguno se goze, / los quales fueron nueveçientos e doze, / *que por escriptura derecha fallé*'; o al establecer los años de le edad de Matusalén, afirma 'los quales porque non queden en olvido, / como de razón me paresçe que deve, / son nueveçientos e sesenta e nueve, / *segund que por muchas vezes he leído*'; o para retomar el hilo de la historia después de una divagación sincrónica dedicada a la materia troyana apela a su base libresca autorizada (y poco importa la eventual ambigüedad del término *cuento*, merced a la esencial coincidencia etimológica): 'Tornando a la orden que se començó / *por el cuento de los fijos de Ysrael*, / tras los juezes luego fue Samuel'; o al tener que dilucidar los años de la cautividad de los hebreos en Egipto alude explícitamente a su fuente: 'El tiempo que aquestos fijos de Israel / estovieron presos en poder de estraños / *segund Jeremías* fueron setenta años'; o, en fin, y para no dilatar desmesuradamente esta enumeración, también se pone de relieve la procedencia narrativa de los datos historiados al hacer referencia a Alejandro Magno, 'uno de los nobles en grande memoria / quedó por sus fechos e grandes proezas, / *aqueste de quien dizen muchas noblezas* / *segund que más largo se cuenta en su estoria*'.[60] En suma, una pluralidad de lugares donde la referencialidad de lo narrado no se halla en lo factual, en lo real pasado, sino en lo que en alguna ocasión se denomina 'la vulgar opinión / de todos aquellos que ovieron fablado',[61] donde, evidentemente, el uso de *hablar* tiene el sentido de narrar, de relatar hechos o acontecimientos. Ni rastro –en unas fechas en las que en otros ámbitos historiales se habían llevado o se estaban llevando a cabo cambios tan importantes como los realizados por Pero López de Ayala o, a otro nivel y con otros propósitos, por Petrarca o los historiadores del humanismo italiano– de una indagación histórica basada en el rastreo crítico de los hechos o las evidencias, sino una labor de recopilación, de combinación, de selección, pero siempre a partir de relatos historiográficos previos, y desde una perspectiva que ya, a priori, descarta todos aquellos relatos que no sean no solo 'abténticos', sino lo que es más, 'por ley divina [...] demostrados'. Desde ese punto de vista la historia universal es ya un territorio exclusivamente textual, literario (como discurso en prosa no ficcional sujeto a un régimen de literariedad condicional, tal y como antes vimos que lo entendía Genette).

Así las cosas, y por todo lo dicho, el caso del modelo historia universal forjado y cultivado a lo largo de la Edad Media en Europa presenta una situación pragmática muy distinta de la presentada por la historiografía de la Antigüedad grecolatina, de la que antes nos ocupamos. El plano discursivo ya no será únicamente un nivel culminante de resolución y culminación superficial-textual de un trabajo indagatorio previo a partir de hechos o evidencias reales, sino que será un nivel de creación terminal de una narración, de un discurso, forjado sobre otros discursos precedentes que, en la mayor parte de los casos, vienen a su vez a ser consecuencia de una labor similar sobre otros antecedentes textuales. Por todo ello, la relación pragmático-comunicativa entre el lector de una obra historiográfica de estas características, el discurso y los hechos que lo motivan presenta un perfil sumamente diferente a la antes expuesta para el caso de las producciones de la historiografía grecolatina:

LECTOR → ⟦Discurso⟧ ← Historiador ← ⟦Discurso⟧ ← ⟦Discurso⟧ ← ⟦Discurso⟧ ← HECHOS

siendo así que el número o grado de *auctoritas* de los discursos precedentes es una magnitud variable. Incluso en muchos casos nos hallamos en realidad ante un esquema como el siguiente:

LECTOR → ⟦Discurso⟧ ← Historiador ← ⟦Discurso⟧ ← ⟦Discurso⟧ ← ⟦Discurso⟧

donde el punto de partida no es una realidad de hecho, donde no hay una base factual. Pensemos, por ejemplo, en un tramo o periodo de la historia inexcusable en toda historia universal de le Edad Media, aquel correspondiente a los inicios de la historia a partir del relato de Génesis 1,1 en adelante: la cosmogonía cristiana tiene el valor de un relato mítico y carece de base factual, de evidencia material, y su aceptación es cuestión de fe; el propio relato bíblico es el punto de partida para la conversión de esa materia en discurso historiográfico. En la misma situación, por poner otro ejemplo, se halla la adaptación efectuada por Alfonso X de la materia mitológica romana incorporada en la *General Estoria* a la zaga de Ovidio: en este caso no hay, claro está, ninguna base factual, sino que todo el referente de construcción de ese relato historiográfico viene dado por otro discurso, por otro relato, el de las *Metamorfosis* ovidianas. Por ende, la base del relato historiográfico de un Isidoro, de un Eusebio, de un Alfonso X, etc., etc., no va a ser una observación de los hechos, sino la recepción de tales hechos tal y como quedan elaborados discursivamente en textos precedentes que se apoyan en otros textos, y a su vez en otros, y no precisamente valorables en términos de su fidelidad a los hechos históricos, sino en términos de su autoridad o de su valor doctrinal, en la mayor parte de los casos (sin salir del ejemplo de Ovidio y la *General Estoria*, aquí es pertinente aludir al hecho de que Ovidio es en la Edad Media fundamentalmente un Ovidio moralizado, un Ovidio a la cristiana). Y esto, evidentemente, tiene unas consecuencias que afectan a la potencialidad o a la capacidad significativa del discurso historiográfico, o a su semiosis, si se prefiere. Cada uno de los estratos discursivos que se superponen en esta concepción del relato historiográfico acrece la capacidad semiótica del relato final por la evidente razón de que cada uno de los relatos que concurre en condición de subtexto en la creación de la obra historiográfica final es, por sí, un discurso, y el discurso es, por definición, instancia productora de sentido.[62] Con lo que según aumente la densidad de esa concurrencia discursiva –según aumente la cantidad de subtextos concurrentes– mayor es la carga semiótica que el relato final es capaz de liberar o producir. Eso explica la enorme capacidad significativo-simbólica del género historiografía universal en la Edad

Media, género historiográfico bajo el que subyace una enorme cargazón conceptual, simbólica o imaginaria que supera, con mucho, el grado de interés que posee –y, en cualquier caso, no hay necesidad de negar este– la mera reseña discursiva de la materia factual y evenemencial que constituye la base real de hechos configuradores del texto historiográfico.

No en vano llama la atención Hegel acerca de la importancia que la idea caracterizadora por excelencia de la historiografía universal cristiana –la historia como manifestación de la voluntad de Dios, como resultado de la revelación de la Providencia– posee como 'punto de partida necesario de la filosofía en general y la filosofía de la historia universal':[63] toda esa densidad conceptual que ostentan los textos historiográficos agrupables bajo el mencionado rubro genérico viene dada no por la especial relevancia de los hechos en ellos relatados como hechos realmente sucedidos, sino por la idea omnipresente de que dichos hechos y acontecimientos aparecen en la historia por su relevencia como manifestación de un desarrollo, de un plan –el de la historia humana– dispuesto por Dios, plan acerca de cuya existencia, y acaerca des cuyas características no sabemos nada que no hayamos conocido por mediación de una instancia escrita. Férrea limitación de la escritura historiográfica del Medievo, en la cual la materia argumental no es relevante en cuanto *inventio*, sino fundamentalmente por mor de una *dispositio* teógena, de transmisión, desarrollo y constitución de índole inadicablemente textual y discursiva. Por eso, en nuestra opinión, el siempre necesario estudio de la historiografía como relato, como narración –a la par o al mismo nivel, si se quiere, de los relatos de ficción– es, en el caso de la historiografía cristiana universal de la Edad Media, especialmente necesario y forzosamente ineludible.

NOTAS

1   Como mínima introducción bibliográfica, véase para el ámbito europeo R.G. Collingwood, *Idea de la Historia* (México: Fondo de Cultura Económica, 1965); Juan Carlos Conde, *La creación de un discurso historiográfico en el Cuatrocientos castellano: «Las siete edades del mundo» de Pablo de Santa María* (Salamanca: Universidad de Salamanca, Textos Recuperados, 1999), pp.27–80; Bernard Guénée, *Histoire et culture historique dans l'Occident médiéval* (París: Aubier, 1980); Denys Hay, *Annalists & Historians. Western Historiography from the VIIIth to the XVIIIth Century* (Londres: Methuen & Co., 1977); Karl Heinrich Krüger, *Die Universalchroniken* (Turnhout: Brepols, Typologie des Sources du Moyen Âge Occidental, 16, 1976); C.A. Patrides, *The Grand Design of God. The literary form of the Christian view of History* (Londres: Routledge & Kegan Paul, 1972); Beryl Smalley, *Historians in the Middle Ages* (Londres: Thames and Hudson, 1974); James Westfall Thompson, *A History of Historical Writing, I: From the Earliest Times to the End of the Seventeenth Century* (Nueva York: MacMillan, 1942). Específicamente

para el ámbito hispánico véanse Fernando Gómez Redondo, "Historiografía medieval", en Carlos Alvar, Ángel Gómez Moreno y Fernando Gómez Redondo, *La prosa y el teatro en la Edad Media* (Madrid: Taurus, Historia crítica de la literatura hispánica, 3, 1991); Francisco Rico, *Alfonso el Sabio y la «General Estoria»* (Barcelona: Ariel, 1984) y Benito Sánchez Alonso, *Historia de la historiografía española*, I (Madrid: CSIC, 1947).

2   *Poética*, edición, traducción y notas de Valentín García Yebra (Madrid: Gredos, 1974), 51a36–51b5.

3   Principalmente *Metahistory. The historical imagination in nineteenth-century Europe* (Baltimore: The Johns Hopkins University Press, 1975); *Tropics of discourse: Essays in CulturalCriticism* (Baltimore: The Johns Hopkins University Press, 1978) y *El contenido de la forma. Narrativa, discurso y representación histórica* (Barcelona, Paidos, 1992).

4   Hayden White, *El contenido de la forma. Narrativa, discurso y representación histórica* (Barcelona: Paidós, 1992), p.11. Véanse también las pp. 20–21, 29, 34 y 38, entre otras.

5   Roland Barthes, "Le discours de l'histoire", en *Le bruissement de la langue. Essais critiques IV* (París: Éditions du Seuil, Points Essais, 1984), p.163.

6   Barthes, "Le discours", pp.174–75.

7   Barthes, "Le discours", p.174.

8   Todo lo citado en Paul Ricœur, *Historia y narratividad*, introd. de Ángel Gabilondo y Gabriel Aranzueque (Barcelona: Paidós-I.C.E. de la Universidad Autónoma de Barcelona, 1999), pp. 83–155 y 157–81, esp. p.83: téngase en cuenta que dos de los trabajos contenidos en este volumen "Para una teoría del discurso narrativo" y "Relato histórico y relato de ficción", originariamente publicados en 1980, son el verdadero germen de *Temps et Récit*: véase Paul Ricœur, *Temps et récit* (París: Éditions du Seuil, Points Essais, 1983–1985, 3 vols.); y Ricœur, *Historia*, p.33. En lo sucesivo nos referiremos a ellos independientemente.

9   Hayden White, *Metahistory. The historical imagination in Nineteenth-Century Europe* (Baltimore: The Johns Hopkins University Press, 1975).

10 Ricœur, "Para una teoría", pp.138–39.

11 Para el concepto de *trama* en la poética de los formalistas y su repercusión posterior, véase Antonio García Berrio, *Significado actual del formalismo ruso* (Barcelona: Planeta, 1973), pp. 199–283, y Cesare Segre, *Principios de análisis del texto literario* (Barcelona: Critica, 1985), pp. 207–10 y 306–7.

12 Ricœur, "Para una teoría", pp.123–28.

13 Ricœur, "Para una teoría", pp.106–32, y "Relato", pp.157–181.

14 Ricœur, "Relato", p.164.

15 Ricœur, "Relato", p.180.

16 Ricœur, *Temps et récit*, p. 17; cursiva nuestra.

17 Gérard Genette, *Ficción y dicción* (Madrid: Lumen, 1993), pp. 23, 27, 32, 53–76.

18 Genette, *Ficción y dicción*, p.55.

19   Gérard Genette, "Discurso del relato", en *Figuras III* (Barcelona: Lumen, 1989), y *Nuevo relato del discurso* (Madrid: Cátedra, 1998).

20   Genette, *Ficción y dicción*, pp. 65–72.

21   Genette, *Ficción y dicción*, p.75.

22   Véase por ejemplo Ricœur, "Para una teoría", pp.93–100 y 144.

23   Georg Wilhelm Friedrich Hegel, *Lecciones sobre la filosofía de la historia universal* (Madrid: Revista de Occidente, 1974), p.137, cursiva mía.

24   Hegel, p.137.

25   Para un análisis de su valor emblemático y función metahistórica véase lo aducido en Jorge Lozano, *El discurso histórico* (Madrid: Alianza Editorial, 1987), pp. 23–24.

26   Heródoto, *Los nueve libros de la historia*, traducción de María Rosa Lida de Malkiel (Barcelona: Hyspamérica – Ediciones Orbis, 1987), 2 vols, I, § 12, p. 16; cursiva mía.

27   Heródoto, I, § 14, pp. 16–17; cursiva nuestra.

28   Heródoto, I, § 14, p. 17; cursiva nuestra.

29   Heródoto, I, § 1, p. 11.

30   Heródoto, I, § 5, p. 13.

31   Lozano, *El discurso*, pp. 15–18.

32   Heródoto, p. 11; de nuevo cursiva nuestra.

33   Véase Lozano, *El discurso*, pp. 19–22, y el texto que poco más adelante citamos.

34   Heródoto, II, § 29, p. 127.

35   Heródoto, I, § 21, p. 124.

36   Heródoto, I, § 22, p. 124.

37   *Ab urbe condita*, *apud* J.C. Fernández Corte y A. Moreno Hernández, *Antología de la literatura latina*, (Madrid: Alianza Editorial, 1996), p. 403.

38   Hegel, p. 153; cursiva nuestra.

39   Cicerón, *De Legibus*, I, 5–2, 6; ed. y trad. de Roger Labrousse (San Juan de Puerto Rico – Madrid: Ediciones de la Universidad de Puerto Rico – Revista de Occidente, 1956), pp. 2–3.

40   Véase Guenée, *Histoire*, p. 29.

41   Umberto Eco, *Arte y belleza en la estética medieval* (Barcelona: Lumen, 1999), p.70.

42   *Apud* Eco, *Arte*, pp. 77–78.

43   Guenée, *Histoire*, p. 148.

44   Se recapitulan a partir de Conde, *La creación*, pp. 30–32; a su vez recapitulación de Collingwood, Patrides, Guenée, Hay, Smalley, Rico y otras contribuciones clásicas al respecto (véanse referencias completas en nota 1).

45   Eusebio de Cesarea, *Chronicon*, traducción al latín de San Jerónimo, en *Patrologia Latina*, *Cursus Completus*, XXVII, cols. 11–13.

46   Guenée, *Histoire*, p. 147.

47   Véase Guenée, *Histoire*, pp.30–32.

48   Juan de Bíclaro, *Chronicon*, ed. en *Juan de Bíclaro, Obispo de Gerona. Su vida y su obra*, introducción, texto crítico y comentarios por Julio Campos, Sch. P. (Madrid: CSIC, 1960), p.77.

49 Isidoro de Sevilla, *Chronicon*, ed. en *Patrologia Latina, Cursus Completus*, LXXXIII, cols. 1017–1019.

50 Véanse otros casos en Conde, *La creación*, pp. 34–40.

51 Alfonso X, *General estoria. Primera parte*, ed. de Antonio G. Solalinde (Madrid: Centro de Estudios Históricos, 1930), pp. 3*a*–3*b*.

52 *General estoria. Primera parte*, p. 3*b*.

53 *General estoria. Primera parte*, p. 10*a*.

54 *General estoria. Primera parte*, p. 14*a–b*.

55 Alfonso X, *General estoria. Segunda parte*, I. ed. de Antonio G. Solalinde, Lloyd A. Kasten, Victor R. B. Oelschläger (Madrid: CSIC, 1957), p.162*b*.

56 *General estoria. Segunda parte*, p.163*a*.

57 *General estoria. Segunda parte*, p. 278*a*.

58 Conde, *La creación*, p. 267*a*, cursiva nuestra.

59 Conde, *La creación,*p. 268*a*, cursiva nuestra.

60 Citas según Conde, *La creación*, pp. 277*a*, 278*a*, 298*a*, 304*a*, y 308*a* (cursivas nuestras).

61 Conde, *La creación*, p. 301*a*..

62 Véase Segre, *Principios*, pp. 177 y 373, y Oswald Ducrot y Jean-Marie Schaeffer, *Nouveau dictionnaire encyclopédique des sciences du langage* (Paris: Éditions du Seuil, Points Essais, 1995), pp. 594–607.

63 Hegel, p. 55.

Índice